Barbara Kagerer

Yves Hebinger · Christian Schneider

Süßes München

Cafés, Konditoreien, Restaurants und mehr

UMSCHAU

Inhalt

10 ÜBERSICHTSKARTE

15 VORWORT

16 KAFFEEHAUSTRADITIONEN

20 Cafe Luitpold
    München-Innenstadt
    Luitpold-Torte

22 Dallmayr
    München

24 Rischart´s Backhaus
    München-Innenstadt
    Osterfladen

26 Café Arzmiller
    München-Innenstadt
    Zwetschgenbavesen

28 Café-Konditorei Kreutzkamm
    München-Innenstadt
    Dresdner Eierschecke

30 Café Münchner Freiheit
    München-Schwabing
    Vanille-Rahm

34 Woerner's Caféhäuser
    München-Altstadt
    Apfelstrudel

36 Mariandl – Café am Beethovenplatz
    München-Ludwigvorstadt
    Vanillesoße zum Apfelstrudel

38 The Victorian House
    München-Altstadt
    Cranberry Walnut Cake

40 Wiener's – der Kaffee
    Starnberg

42 MEISTERSTÜCKE
    MIT GESCHICHTE

46 Widmann Konditorei-Café
    München-Großhadern
    Bratapfel-Ragout mit Topfenmousse
    und Kirschgelee

48 Café Richter
    Planegg
    Bayerische Apfeltorte

50 Café-Konditorei Bacher
    München-Schwabing
    Cappuccino-Roulade

52 Bodo´s Backstube
    München-Altstadt
    Bodo´s Käsekuchen

54 Traublinger in den RiemArcaden
    München-Messestadt
    Calvados-Sahne-Torte

56 Café Tela
    München-Giesing
    Japansahne

58 Bäckerei-Konditorei-Confiserie Hoffmann
    München-Laim
    Honig-Rosmarin-Mango-Sahnetorte

60 Ratschiller's
    Holzkirchen
    Ratschiller Spezial

64 Konditorei Detterbeck
    München-Laim
    Erdbeer-Rhabarber-Sorbet

66 Konditorei-Bäckerei Paul Schmidt
    München-Bogenhausen
    Rote Grütze

68	Konditorei-Bäckerei Riedmair *München-Freimann* Herrentorte	95	Café Glyptothek *München-Maxvorstadt*

68 Konditorei-Bäckerei Riedmair
München-Freimann
Herrentorte

70 Bäckerei-Konditorei Sickinger
Gräfelfing-Lochham
Sauerrahm-Rhabarberkuchen

72 Kistenpfennig
München-Schwabing
Obstkuchen

74 Konditorei-Café Schmid
München-Nymphenburg
Prinzregententorte

76 Café-Bar-Backhaus Stacherias
München-Innenstadt
Kuppeltorte Stacherias Spezial

78 Café Glas
München-Pasing

79 Ratschiller's
Feldkirchen

80 LITERATEN, KONZERT UND MUSEUM

84 Café Kunsthalle
München-Innenstadt
Wiener Kirschkuchen

86 Sammlung Café Luitpold
München-Innenstadt

88 Cafiko – Das Künstlercafé
München-Haidhausen
Cafiko`s Schokokuchen

90 Café-Restaurant im Müller'schen Volksbad
München-Au
Waldbeerenmousse à la Chef

92 The Victorian House Café Klenze
München-Maxvorstadt

93 Stadt-Café im Stadtmuseum
München-Altstadt

94 Café Lenbachhaus
München-Maxvorstadt

95 Café Glyptothek
München-Maxvorstadt

96 Residenzladen
München-Altstadt

97 Café Mozart
Ludwigvorstadt

98 TRENDS & SZENE

102 aran Brotgenuss + Kaffeekult
München-Innenstadt
Nusszopf

104 Nespresso Boutique Bar
München-Innenstadt
Eiskalter Kaffee mit gewürzter Milch
Vanille-Wirbelwind

106 Forum Café-Bar-Restaurant
München-Gärtnerplatzviertel
American Cheesecake

108 Das Kranz
München-Glockenbach
Schokoladentörtchen mit flüssigem Kern

110 Butterbrot – Feine Backwaren
München-Altschwabing
Warmes Laugen-Croissant

114 Café an der Uni
München-Schwabing

115 Café am Nordbad
München-Schwabing

116 Café Dinzler
Rosenheim

117 Dinzler in der Kunstmühle
Rosenheim

118 Maria
München-Glockenbach
Paul´s Karottenkuchen mit
Philadelphia-Creme

120 The Victorian House Brown's Tea Bar
München-Maxvorstadt

121 Selig Café Bar
München-Glockenbach

122 Espresso Bar
Freising
Schokoladenkuchen

126 Tahitian Noni Café
München-Innenstadt
Mousse au Chocholat-Coconut

128 Café Schwabing
München-Schwabing
Panna Cotta mit Erdbeeren

130 Café Trötsch
München-Schwabing

131 karo – Das Kaffee-Haus
München-Schwabing

132 Café Bistro Stemmerhof
München-Sendling

133 Kaffee Giesing
München-Giesing

134 Kreiller`s
München-Berg am Laim
Kreiller`s Kokos-Panna Cotta

136 CONFISERIE
& SÜSSE LEBENSART

140 Petite Patisserie
München-Schwabing
Schokosahne

142 Das Schokolädchen
Puchheim-Bahnhof
Fürstenpralinen

144 Stolberg-Schokoladen
München-Altstadt

145 Pralinenschule Kerstin Spehr
München-Neuhausen

146 Becks Cocoa –
Münchner Cacao Gesellschaft
München-Westend
Buttermilch-Trüffelkuchen

148 Confiserie Fesl
Gräfelfing
Florentiner

152 Schoko & Bohne
München-Maxvorstadt

153 Confiserie Heinemann
München-Altstadt

154 Franz – Kontor für Schokolade
München-Altstadt

155 Meisterwerk chocolaterie
Landsberg/Lech

156 Hussel im OEZ
München-Moosach

157 Die Tortenfee
Alling

158 Confiserie Leysieffer
München-Innenstadt
Zwetschgenkuchen mit Haselnüssen und Marzipan

162 Amai
München-Altstadt
Orangen-Preiselbeer-Torte

164 DER DUFT DER BRAUNEN BOHNEN

168 Dinzler Kaffeerösterei
Rosenheim

170 Dallmayr Kaffee
München-Innenstadt

172 Supremo Kaffee
Unterhaching
Supremo`s Espresso Shakerato

176 Burkhof Kaffee
Sauerlach

178 O Cafe
Landsberg am Lech

179 Meyerbeer Coffee
München-Altstadt

180 Signor Rossi
München-Innenstadt

181 Segafredo
München-Laim

182 Vee's Kaffee & Bohnen
München-Altstadt

184 Kaffee, Espresso & Barista
München-Neuhausen
Eiskaffee

186 KAFFEE & MEHR

190 café meisterwerk im werkhaus
Raubling

191 s-pressimo
München-Lehel

192 Coffee Cult
Germering
Baileys Cappuccino

194 Restaurant-Café im Modehaus C&A
München-Innenstadt

196 Kustermann
München-Altstadt

198 Doppelpunkt
München-Maxvorstadt
Schoko-Gewürzkuchen

200 Ratschiller's
Sauerlach

201 Café-Restaurant Horn
München-Haidhausen

202 KULINARISCHE EMPFEHLUNGEN

212 VERZEICHNIS DER REZEPTE

München und Umland

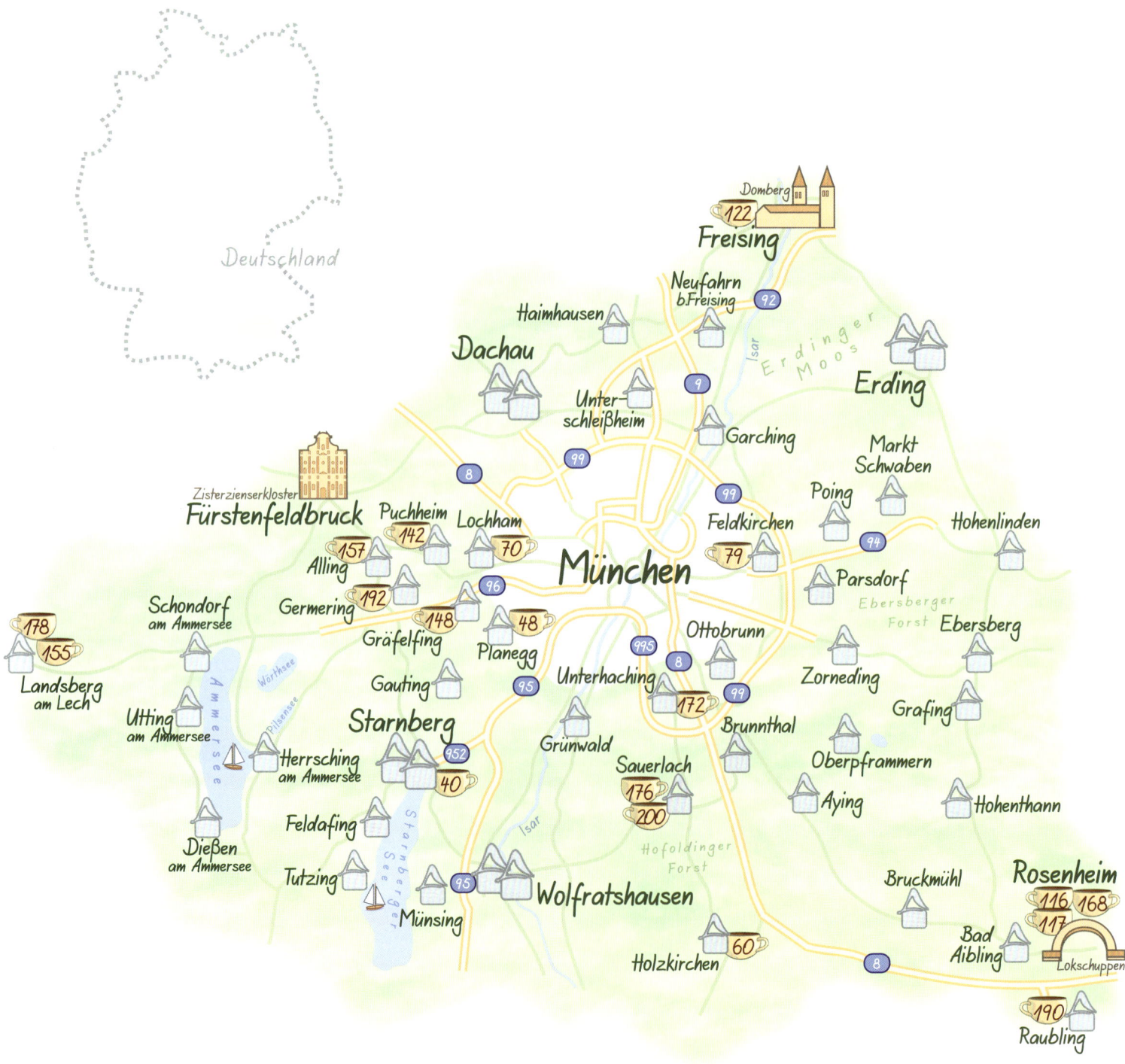

Die Zahlen 128 *sind identisch mit den Seitenzahlen der einzelnen Betriebe in diesem Buch und bezeichnen ihre Lage in der Region.*

München
Nymphenburg
Schloss Nymphenburg
Pasing
Neuhausen
Schwabing
Englischer Garten
Bogenhausen
Altstadt
Haidhausen
Westend
Laim
Theresienwiese
Sendling
Giesing
Fürstenried
Harlaching
Tierpark Hellabrunn
Isar
Mittlerer Ring
Freisinger Landstr.
Ungererstr.
Ingolstädter Str.
Wintrichring
Dachauer Str.
Menzinger Str.
Verdistr.
Karl-Theodor-Str.
Schwere-Reiter-Str.
Hohenzollern Str.
Leopoldstr.
Johanneskirchner Str.
Effnerstr.
Cosimastr.
Englschalkinger Str.
Arnulfstr.
Wotanstr.
Landsberger Str.
Prinzregentenstr.
Riemer Str.
Einsteinstr.
Wiener Str.
Berg-am-Laim-Str.
Kreillerstr.
Karlsplatz
Altstadtring
Orleansstr.
Rosenheimer Str.
Bad-Schachener-Str.
Planegger Str.
Blumenauer Str.
Lindwurmstr.
Kapuzinerstr.
Ohlmüllerstr.
Welfenstr.
Tegernseer Landstr.
Waldwiesenstr.
Fürstenrieder Str.
Albert-Roßhaupter-Str.
Würmtalstr.
Waldfriedhofstr.
Sauerbruchstr.
Plinganser Str.
Grünwalder Str.
Ständler-str.
Ottobrunner Str.
Wolfratshauser Str.
Geiselgasteigstr.

München-Altstadt
Türkenstr.
Ludwigstr.
Oskar-von-Miller-Ring
Von-der-Tann-Str.
Hofgarten
Englischer Garten
Königsplatz
Brienner Str.
Odeonsplatz
Prinzregentenstr.
Alter Botanischer Garten
Elisenstr.
Maximiliansplatz
Pacellistr.
Theatinerstr.
Karl-Scharnagl-Ring
Sternstr.
Oettingenstr.
Friedensengel
Hauptbahnhof
Karlsplatz
Herzogspitalstr.
Frauenkirche
Weinstr.
Residenzstr.
Maximilianstr.
Widenmayerstr.
Maximiliansbrücke
Ledererstr.
Marienplatz
Färbergraben
Herzog-Wilhelm-Str.
Sonnenstr.
Brunnstr.
Sendlinger Str.
Tal
Thomas-Wimmer-Ring
Steinsdorfstr.
Isar
Viktualienmarkt
Frauenstr.
Maximiliansanlagen
Theresienwiese
Pettenkoferstr.
Nußbaumstr.
Lindwurmstr.
Blumenstr.
Reichenbachstr.
Deutsches Museum
Ludwigsbrücke
Gärtnerplatz
Erhardtstr.
Fraunhoferstr.
Klenzestr.
Frühlingsanlagen

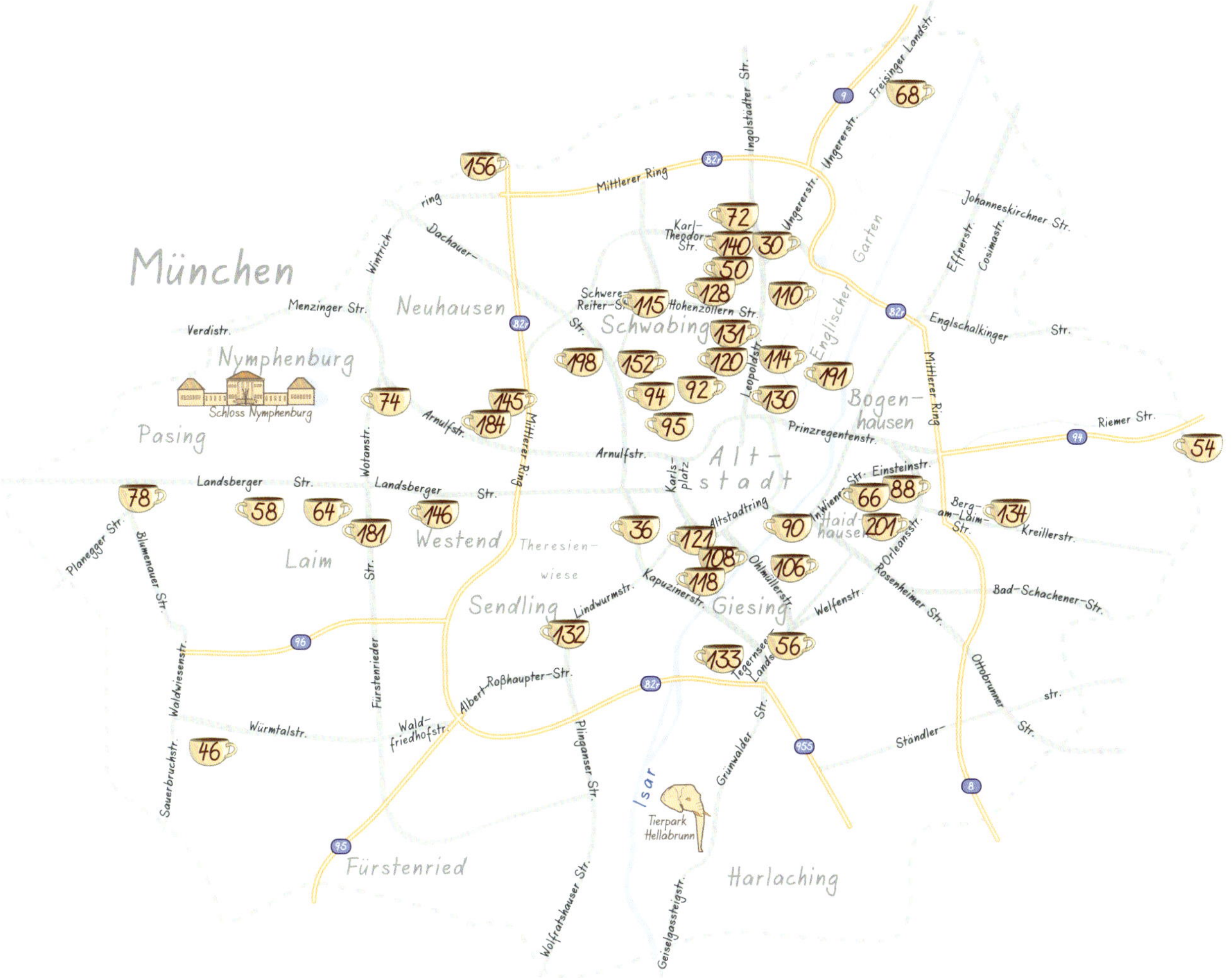

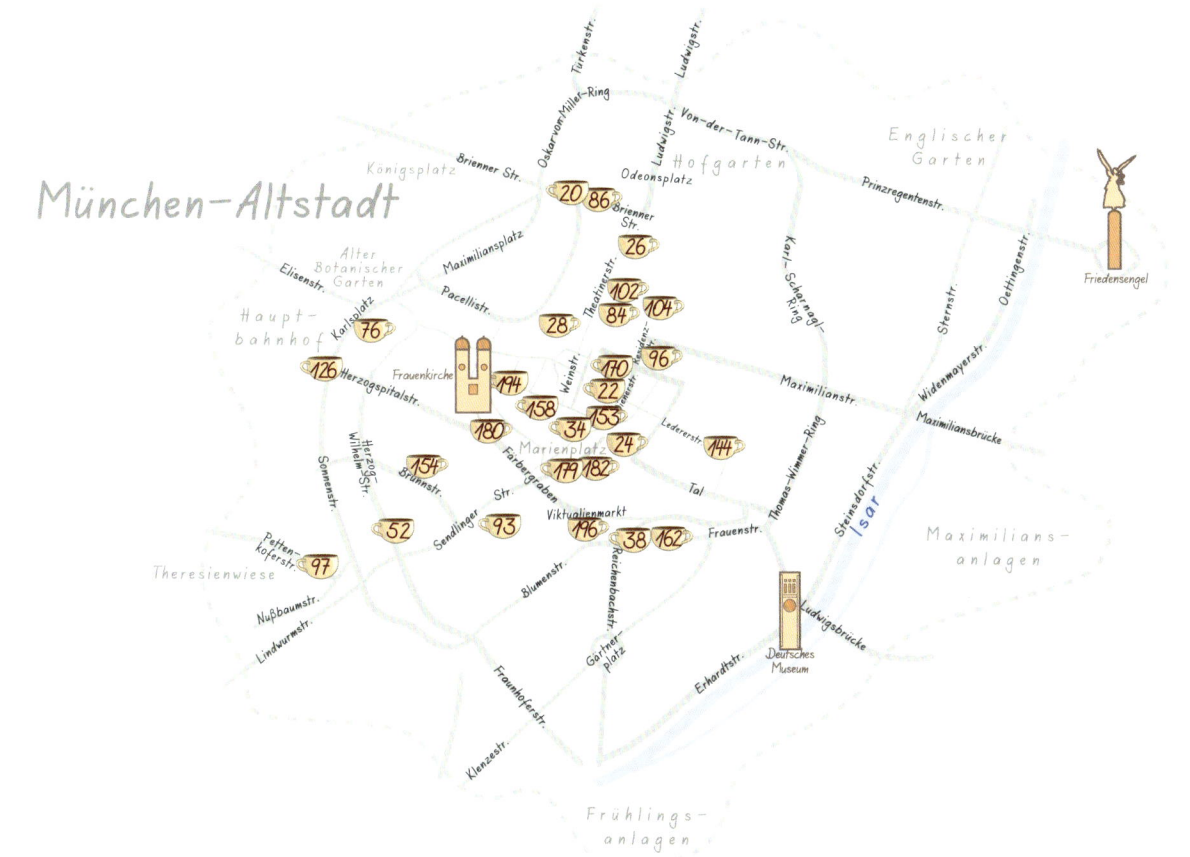

Müller`sches Volksbad an der Isar

vorwort

Kaffee und Schokolade, das darf ich gerne zugeben, da ist es um mich geschehen. Nun wollte ich diesen Emotionen einmal auf den Grund gehen, so ist dieses Buch entstanden. In meinem schönen München habe ich mich auf die Suche nach Kaffeesiedern und Cafetiers, nach Chocolatiers, Konditoren und Confiseurs gemacht. Eine spannende Aufgabe, denn viele außergewöhnliche Menschen sind mir bei meinen Streifzügen begegnet. Menschen, die mit Leidenschaft und großer Sorgfalt ihrem traditionellen Handwerk nachgehen, aber auch Menschen, die diesem Metier nur verfallen sind, weil sie vielleicht irgendwann einmal etwas über französische Torten gelesen haben. Und auch Menschen, die sich zurücklehnen, die Augen schließen und einen Moment voller Genuss erleben können.

Die süße Entdeckungsreise führte mich dorthin, wo früher der Stehgeiger spielte, wo heute noch der Kuchen wie bei Großmuttern schmeckt, wo es (heiße) Schokolade für die Seele gibt, wo man bis abends frühstücken kann, wo täglich frisch gebacken wird, wo Geschichten hinter Namen stehen, wo es unglaublich gut nach Kaffee duftet, wo man Trends erfindet, wo bittersüße Erinnerungen wach werden, wo „Dolce Vita" dazugehört, wo man am besten stehen und sehen kann, wo es Poesie und Milchkaffee gibt, wo man schwach wird bei Chili im Kakao, wo einem die Trüffel auf der Zunge zergehen und dahin, wo die Schokoladenbrunnen sprudeln in dieser Stadt, in der die schönen Künste so lebendig sind wie ihre Kaffeehauskulturen.

Dieses Buch ist eine Hommage, eine Hommage an das Kaffeehaus als Wohnstube. Das Kaffeehaus als Ort, an dem man nicht sich selbst überlassen bleibt und an den man immer wieder gerne zurückkehrt. Hier kann man seine Ruhe haben und seinen Frieden finden. Oder wie es der österreichische Literat Alfred Polgar einst so treffend gesagt hat: Ins Kaffeehaus gehen Leute, die allein sein wollen, aber dazu Gesellschaft brauchen. Dem ist nichts hinzuzufügen.

Barbara Kagerer

Zu danken habe ich an erster Stelle den beiden Fotografen Christian Schneider und Yves Hebinger, die mit ihren wunderbaren Aufnahmen alles ins rechte Licht gerückt haben. Mein ganz besonderer Dank gilt meinem Journalisten-Kollegen Alfred Brems, der mir bei der redaktionellen Arbeit in bewährter Art und Weise zur Seite stand.

Kaffeehaustraditionen

Kaffeehäuser blicken in München auf eine über 300-jährige Geschichte zurück: Als die Türken 1683 Wien belagerten, gelang die ersehnte Befreiung erst, als der bayerische Kurfürst und „Türkenbezwinger" Max Emanuel II. dem österreichischen Kaiser Leopold zu Hilfe kam. Der Legende nach ließen die besiegten Türken Kaffee zurück, und so verbreitete sich das orientalische Getränk alsbald in der bayerischen Residenzstadt. 1726 gab es in München bereits sieben Kaffeesieder, die unter dem Schutz des Hofes standen. Sie hatten die Erlaubnis, neben Kaffee und Tee auch Schokolade, Liköre und Limonade auszuschenken und wurden seinerzeit von sittsamen Bürgern als Mitverursacher „eines volksverderblichen und gesundheitsschädlichen Luxuslebens" benannt.

Mit „Sardis Cafe" eröffnete 1775 unter den Arkaden am Eingang des Hofgartens das erste „richtige" Kaffeehaus. Zunächst mehr ein Laden, befürchtete die Obrigkeit allerdings, dass sich „diese Caffeplämperer durchsetzen und es am Ende mehr Caffeschänken als Bierschänken in München gäbe". Dass beim Biertrinken ja auch die Zeit verplempert wird, galt insofern nicht, als dass dies wenigstens bayerisch war – und ist. 1810 kaufte Luigi Tambosi, Landsmann des italienischen Inhabers Giovanni Petro Sardi, das Cafe und machte es zum vornehmsten Haus am Platz. Es wurde schnell zum „Treffpunkt des mondänen München", in dem Künstler und Feingeister, Adelige und feine Damen ein- und ausgingen. „Der Boden ist aus weißem Marmor, die Wände sind mit himmelblauen Tapeten mit weißen Blumen verkleidet …", so hat man es seinerzeit beschrieben und selbst Johann-Amadeus Mozart kam mit Vater Leopold und seiner Schwester Nannerl zum Kaffeetrinken hierher.

Bald darauf öffnete das erste „Zeitungscafe" nach dem Vorbild des Wiener Kaffeehauses, das bis zum heutigen Tag ohne Zeitungen und Illustrierte zum ungestörten Lesen nicht vorstellbar ist. 1804 vereinigten sich Trai-

teurs, sprich „Speisegeber", mit den Cafetiers, die damit erstmals Billardtische zur Kurzweil aufstellen und neben Kaffee und den anderen Getränken auch kalte und warme Speisen servieren durften.

Trotz alledem waren die meisten Kaffeehäuser in München zunächst weit von der Eleganz und Kultur der luxuriösen Pariser oder Wiener Häuser entfernt. Die kleinen Kaffeeschänken lagen häufig „über die Stiege" im ersten Stock und erfreuten sich bei Dienstboten, Köchinnen, einfachen Bürgers- und Marktfrauen oder Händlern großer Beliebtheit – der Kaffeeklatsch war geboren. Schon damals, man mag es nicht glauben, gab es sozusagen „Coffee to Go": Für besonders Eilige und Leute mit wenig Geld wurde aus den Küchen der „Haferlkaffee" wie in einer Art Stehausschank zum günstigen Preis ausgeschenkt. Tische und Stühle waren nicht nur verboten, sie konnten aus Platzmangel gar nicht erst aufgestellt werden.

Schließlich entstand jedoch mit den noblen „Prachtcafés" eine neue Generation von Kaffeehäusern, die mit ihren reich dekorierten Sälen verschwenderische Lebensart dokumentierten. Exotische Palmen und plätschernde Brunnen luden zum langen Verweilen ein, Künstler und Studenten vertrieben sich beim Karten- oder Billardspiel angenehm die Zeit. Allerbeste Speisen und feine Konditoreiwaren zogen bevorzugt die elegante Gesellschaft an. Glanzlicht dieser luxuriösen Kaffeehaustradition war das 1888 eröffnete „Cafe Luitpold", das mit „allerhöchster Genehmigung" den Namen des Prinzregenten führen durfte. Auf der Praterinsel, direkt an der Isar, war um die Jahrhundertwende ein weiterer beliebter Anziehungspunkt für Kaffee-Ausflügler etabliert: das „Cafe Isarlust".

Der Besuch eines traditionellen Kaffeehauses mit all seinem ursprünglichen Charme bedeutet eine Zeitreise in vergangene Epochen im gegenwärtigen München.

Das Lenbachhaus im Museumsviertel

cafe Luitpold München-Innenstadt

Kein anderes Cafe der Münchner Innenstadt kann das „Cafe Luitpold" mit einer glanzvoller Geschichte übertreffen. Am 1. Januar 1888 öffnete es erstmals seine Pforten, und ganz Europa staunte über den Prunk und die Pracht des legendären Palastcafes, benannt nach seiner Königlichen Hoheit, dem Prinzregenten Luitpold von Bayern. Den überwältigenden Neo-Renaissancebau hatten erste Künstler der Zeit ausgestattet. Ein mächtiger Säulengang führte in eine dreischiffige Halle mit Deckengemälden und Wandfriesen. In den Sälen wurde getafelt, getagt, getanzt und gefeiert und im seinerzeit größten Billardsaal das Glück herausgefordert.

„Ich glaube, ich wohne hier", schrieb Vicco von Bülow alias Loriot in den 60er Jahren des vergangenen Jahrhunderts ins Gästebuch, und das kommt nicht von ungefähr: Das heutige „Cafe Luitpold" vermittelt mit seinen Ecken, Nischen und dem gemütlichen Mobiliar gepflegt heimische Atmosphäre und bildet doch auch einen zeitgemäß eleganten Treffpunkt für Münchner Bürger und auswärtige Gäste. Die südländische Sitte des Gehsteig-Cafes, mit der das „Luitpold" schon um die Jahrhundertwende die Gesellschaft begeisterte, wird im bayerischen Sommer noch immer ausgiebig gepflegt. Konditormeister Gerhard Brenner führt seit 1989 mit seiner Tochter Carmen das Cafe-Restaurant mit dem eleganten Palmengarten und der dazugehörigen Confiserie. Ihm ist eine wahre Symbiose zwischen Vergangenheit und Zukunft gelungen.

Kulinarisch werden Genießer im Cafe-Restaurant den ganzen Tag über mit den verschiedensten Speisen einer internationalen Karte verwöhnt. Viele „Luitpold-Liebhaber" kommen zum Kaffeetrinken hierher und schätzen dazu die Backkünste aus der darüberliegenden Naschwerkstatt, die von Konditormeister Albert Ziegler geleitet wird: Torten, Baumkuchen, Petit Fours und Mandelsplitter, Teegebäck, Pralinés, Trüffel und die berühmte, eigens kreierte „Luitpold-Torte" gehören absolut zur Königsklasse. Wer seine Lieben daran teilhaben lassen will, der kann sich dies alles von der „sündigen Meile", der langen Theke am Eingang, in exklusive Tütchen packen lassen und mit nach Hause nehmen. Alle Spezialitäten werden auf Wunsch in handbemalten Schatullen oder Künstler-Kistchen rund um den Erdball verschickt, ausgenommen nur die gar köstliche edle Stielkirsche aus monatelang in Alkohol eingelegten Weichseln. Sie ist einfach zu empfindlich: Vorsichtig, in fast aristokratischer Manier am Stiel angefasst, genießt sie der Kenner passend zum „Cafe-Schloß", wie der Schriftsteller Hans Carossa das „Cafe Luitpold" einst nannte.

LUITPOLD-TORTE

Zutaten

für den Teig
210 g Eiweiß
210 g Zucker
120 g Eigelb
210 g Weizenpuder
210 g Butter
Salz
Zitrone

für die Füllung
450 g Weißwein
75 g Zucker
50 g Eigelb
40 g Weizenpuder
225 g Marzipanrohmasse
60 g Weinbrand

für den Dekor
100 g Marzipan
10 g Weinbrand
Blattgold

Zubereitung

Eiweiß mit Zucker zu Schnee schlagen, das Eigelb ungeschlagen dazugeben. Weizenpuder und zuletzt heiße Butter untermelieren. Die Masse ergibt sechs Böden mit Ø 26 cm, die auf Papier gestrichen werden. Für die Füllung die Zutaten zu einer Creme abziehen und langsam unter das mit Weinbrand weich gemachte Marzipan mischen. Die Böden im Ring zusammensetzen und gut kühlen lassen. Die Torte ganz dünn mit Aprikosenmarmelade einstreichen und mit Rohmarzipan ganz eindecken. Anschließend mit Kuvertüre überziehen und mit Mandeln absetzen. Zum Dekorieren aus Marzipan und Weinbrand Kugeln formen, mit Kuvertüre überziehen und auf Gitter rollen. Etwas Blattgold anbringen.

Cafe Luitpold
Pächter: Gerhard Brenner
Briennerstraße 11
80333 München
Telefon 0 89 / 24 28 75-0
Telefax 0 89 / 24 28 75-10
www.cafe-luitpold.de

Dallmayr München-Innenstadt

Das Stammhaus des Münchner Delikatessenhauses Dallmayr, 1912 errichtet und 1948 im frühklassizistischen Stil mit markanter Fassade wieder aufgebaut, ist weltweit ein Begriff. Die Geschichte der ursprünglichen „Spezereien-Handlung" lässt sich aber über drei Jahrhunderte zurückverfolgen und damit auch die Geschichte der Ess- und Trinkkultur und des guten Geschmacks.

Das historische Gewölbe wird von glänzenden Marmorsäulen getragen, dazu setzen in allen Ladenbereichen wunderschön gearbeitete Porzellanfiguren und Vasen wiederum feine Akzente. Im Mittelpunkt steht der mit Putten gestaltete Brunnen als „Meeting-Point" für die Besucher aus nah und fern. Die Fülle der angebotenen Raritäten und Köstlichkeiten ist es aber, die einen Rundgang in den ehrwürdigen Hallen wahrlich zu einem Fest der Sinne werden lassen. Das in München unübertreffliche und allumfassende Feinkostsortiment repräsentiert die ganze Welt der Genüsse. Der Duft von Kaffee, Trüffel und Schokolade liegt in der Luft, und die appetitlich arrangierten Leckereien erfreuen allein schon das Auge. An den kleinen Bars können sie auch gleich verspeist werden, vielleicht mit einem Gläschen Wein aus der eigenen Weinhandlung dazu. Café und Restaurant befinden sich in der ersten Etage. Süße Verführungen, denen kaum einer widerstehen kann, kommen aus Patisserie und Konditorei.

Auf eine lange Tradition kann die exklusive Teeabteilung mit ihrem reichhaltigen Sortiment verweisen. Die Einzelprovenienzen für alle Sorten werden von Experten auf ihrem qualitativen Höhepunkt und nach gewissenhaften „Verprobungen" eingekauft, anschließend sorgfältig gemischt und aromageschützt verpackt: edle, feinblumige Darjeeling Tees, exklusive Grüntees oder klassische Kräutertees. Eine begehrte Seltenheit ist der „First flush Darjeeling", jedes Jahr aus der ersten Pflückung im Frühling und immer nur kurze Zeit zu haben. Lose Tees werden aus original Nymphenburger Porzellangefäßen auf eigens für „Dallmayr" entworfenen Balkenwaagen abgewogen – für die unkomplizierte Zubereitungsweise gibt es auch eine große Auswahl an Aufgussbeuteln. Tee ist eine Wissenschaft für sich, deshalb steht auch hier fachkundige Beratung an erster Stelle. Sollte es für eine gelungene Teezeremonie noch an etwas fehlen, zeigt die Teeboutique als Anregung noch Schönes und Nützliches: Präsente, Accessoires und Zubehör.

In der Münchner Handelshaus-Sehenswürdigkeit „Dallmayr" führt der Duft von feinem Kaffee direkt in die schöne alte Kaffeeabteilung mit den besten Mischungen wie Prodomo, Espresso d'Oro, Crema d'Oro, Dyawa Antara, Antigua Tarrazu, Ethiopian Crown, San Sebastian und die nur zu bestimmten Jahreszeiten unter „Dallmayr Selection" angebotenen Raritäten. Frisch geröstet werden sie aus den bekannten handbemalten Kaffeevasen der Nymphenburger Porzellanmanufaktur ebenfalls mit Balkenwaagen abgewogen und auf Wunsch in die extravaganten Schmuckdosen gefüllt. Eine dieser Dosen weist mit dem Motiv „Hoflieferant" auf den Titel hin, den der Feinkosttempel noch immer innehat: Königlich Bayerischer Hoflieferant.

FÜNF GOLDENE TEE-REGELN FÜR SCHWARZTEE

Wärmen Sie zunächst die Teekanne mit heißem Wasser vor.

Rechnen Sie pro Tasse mit einem Teelöffel Tee.

Den Tee mit frisch gekochtem, gutem Leitungswasser aufgießen. Hartes Leitungswasser wird weicher, wenn Sie es länger mit offenem Deckel kochen lassen oder ein zweites Mal aufkochen.

Für eine anregende Wirkung 2 bis 3 Minuten ziehen lassen, oder für eine beruhigende Wirkung 4 bis 5 Minuten.

Je nach Geschmack mit weißem Kandis, Zucker, Sahne oder Milch verfeinern.

Alois Dallmayr
Gesellschafter: Familien Wille und Randlkofer
Dienerstraße 14–15
80331 München
Telefon 0 89 / 21 35-0
Telefax 0 89 / 21 35-167
www.dallmayr.de

Rischart's Backhaus München-Innenstadt

1881 – noch zur Regierungszeit König Ludwigs II. – kam ein tüchtiger Bäcker und Melber, so nannte man damals die Mehlhändler, vom Starnberger See her in die königlich baierische Haupt- und Residenzstadt München. Hier eröffnete er im Frühjahr 1883 in der Isarvorstadt eine Bäckerei mit Ladengeschäft. Es war Max Rischart sen., der Begründer der Münchner Bäcker- und Konditorendynastie. Fünf Generationen haben „Rischart's Backhaus" behutsam „von der Tradition in die Moderne" begleitet. Heute sind es Gerhard Müller-Rischart und sein Sohn Magnus, die sich weiter um das Wachsen und Gedeihen der mittlerweile elf Filialen kümmern.

Mittelpunkt des süßen Imperiums aber ist seit 1932 das Haus am Marienplatz Nr. 18/19, gegenüber dem Rathaus. Schon seinerzeit herrschte dort Hochbetrieb und so ist es noch immer. Dies kommt nicht von ungefähr: Es ist der Qualitätsbegriff „Rischart", der die Kundschaft mit ihren vielfältigen Wünschen in den modernen Laden und Gäste aus nah und fern in das großräumige und behagliche Etagencafé zieht. Dort sitzen bei Kaffee und Kuchen Menschen, die auf Menschen schauen, denn der Blick auf das Herz der Stadt kann besser nicht sein. Vom Fischbrunnen mit seinen wasserspeienden bronzenen Delfinen und Löwenköpfen aus sieht man auf die 2006 neu gestaltete Fassade des „Hauses, wo's duftet und schmeckt". Darin werden Kuchen, Torten, Eis, Krapfen, Osterfladen, Weihnachtsplätzchen und Pralinen zu reinsten Versuchungen. Auch Brote und Semmeln, Laugenstangen und Butterbrezen tragen original Rischart-Rezepturen in sich. In der nahe gelegenen Backstube in der Buttermelcherstraße – sie zählt zu den modernsten Deutschlands und wurde mit mehreren Architekturpreisen ausgezeichnet – werden all diese duftenden und wohlschmeckenden Backwaren und dazu die Confiseriekörperköstlichkeiten von über 65 Bäckern und Konditoren täglich frisch hergestellt.

Backen ist hohe Handwerkskunst. Deshalb liegt die Liebe zu anderen Künsten doch sehr nahe: Gerhard Müller-Rischart fördert seit den achtziger Jahren im Rahmen der „RISCHart-PROJEKTE" Künstler, um junge Kunst in den öffentlichen Raum zu bringen und „etwas den Staub des Alltags von der Seele zu wischen". Für sein Kunstsponsoring hat der Chef des individuellen Familienbetriebs die Auszeichnung „München leuchtet – Den Freunden Münchens" erhalten. Diese Medaille wird seit 1961 nur Persönlichkeiten verliehen, die sich besondere Verdienste um die Stadt München erworben haben.

OSTERFLADEN

Zutaten

für den Vorteig
100 g Mehl
15 g Hefe
70 ml Milch

für den Hauptteig
130 g Mehl
75 g Butter
30 g Zucker
3 g Salz
1 Ei
1 Eigelb
100 g Sultaninen
20 g Orangeat
20 g Zitronat
30 ml Rum

für das Dekor
25 g Hagelzucker
25 g gehobelte Mandeln

Zubereitung

Aus Mehl, Milch und Hefe einen Vorteig kneten. Inzwischen die Sultaninen in Rum einlegen. Nach etwa einer Stunde Ruhezeit den Vorteig zusammen mit den übrigen Zutaten (außer den Sultaninen) verkneten. Zum Schluss die Sultaninen vorsichtig einarbeiten. Den Teig in runde Fladen formen. Danach etwas angehen lassen. Die Oberfläche mit Eigelb bestreichen und für das Relief mit einem Messer quadratisch einschneiden. Die gehobelten Mandeln und den Hagelzucker vermischen, den Laib damit bestreuen und bei 170 °C 40 Minuten backen.

Max Rischart's Backhaus
Inhaber: Gerhard Müller-Rischart und
Magnus Müller-Rischart
Marienplatz 18
80331 München
Telefon 0 89 / 23 17 00-0
Telefax 0 89 / 23 17 00-509
www.rischart.de

Café Arzmiller
München-Innenstadt

Italien kann gar nicht so weit sein, denkt manch einer unweigerlich, wenn er den malerischen Theatinerhof am Ende der schicken gleichnamigen Straße betritt.

Der ehemalige Klosterkomplex gehört zur angrenzenden Theatinerkirche St. Kajetan mit ihren freundlich-sandgelben Farben und üppigen Formen des italienischen Barock. Ihr Entstehen verdankt sie dem Gelöbnis der Kurfürstin Henriette Adelaide für die Geburt des lange erwarteten Erbprinzen Max Emanuel.

Mediterranes Flair im eleganten Arkadenhof mit seinem modernen Brunnen inmitten dieser städtischen Oase. Auf der Sonnenseite im nördlichen Bereich befindet sich das „Café Arzmiller", eines der wenigen noch existierenden klassischen Kaffeehäuser in der bayerischen Landeshauptstadt. 1949 gründete Eduard Arzmiller das „Haus feinster Spezialitäten". Es wurde mit seinen Sahnetorten, Kuchen und Pralinen schnell stadtbekannt. Der Sohn und jetzige Inhaber Oscar Arzmiller fühlt sich dieser Tradition verpflichtet. Diese Verpflichtung und die Freude an seinem Beruf sind es, die ihn antreiben, und so ist er täglich selbst präsent.

Im Sommer sitzen Einkaufsbummler, München-Besucher und Stammgäste vor dem Café in einem sonnigen Garten, abgeschirmt durch dicht bepflanzte Blumentröge, und genießen die entspannte südliche Atmosphäre. Dem klassischen Kaffeehaus entspricht das Ambiente innen. Freundlich und sehr aufmerksam wird man bei der großen Auswahl der Konditoreiwaren an der Kuchentheke beraten – auch gerne zum Mitnehmen: Wo sonst gibt es schon Mohngugelhupf, „Esterhazy"-Schokogugelhupf oder die empfehlenswerten Köstlichkeiten aus gezogenem Teig wie Apfel-, Topfen- oder Topfen-Mohn-Strudel? Nach altem Brauch empfiehlt Oscar Arzmiller in der kalten Jahreszeit Zwetschgenbavesen, eine altbayerisch-österreichische Süßspeise, die aus zwei in Weißwein getauchten Weißbrotscheiben besteht. Sie werden mit Zwetschgenmus gefüllt, in siedendem Schmalz herausgebacken und zum Schluss mit Zimtzucker bestreut, manchmal auch flambiert. Wem das zu mächtig ist, für den gibt es kleine Speisen und Snacks wie Spinatstrudel mit Kräutersauce, Pastetchen mit Ragout fin oder Scampi auf Blattsalaten – und das den ganzen Tag über.

Frühstücken kann man im „Café Arzmiller" natürlich auch, „Continental" oder üppig mit dem „Theatinerhof"-Frühstück. Für den Nachmittag bietet sich einer der tollen Eisbecher an, die ganzjährig serviert werden, oder wie wäre es mit einer alkoholischen Kaffee-Schlemmerei „Philosoph" (mit Rum) oder „Walliser Kaffee" (mit Williams-Birne)? Dazu jetzt vielleicht doch eine Zwetschgenbavese?

ZWETSCHGENBAVESEN

Zutaten für ca. 10 Bavesen

300 g Mehl
3 Eier
30 g Hefe
1 Prise Salz
etwas Zitronenschale
50 g Zucker
50 g Butter
1/8 l Milch
250 g Zwetschgenmus
Weißwein
Butterschmalz
Zimtzucker

Zubereitung

Aus Mehl, Eiern, Hefe, Salz, Zitronenschale, Zucker, Butter und Milch einen Hefeteig kneten, in einer Kuchenform ca. 20 Minuten backen und über Nacht stehen lassen.

Danach in ca. 1 cm breite Scheiben schneiden, mit Zwetschgenmus füllen und noch einmal eine Nacht stehen lassen. Einen dickflüssigen Pfannkuchenteig herstellen, die fertigen Scheiben in Weißwein tauchen, sofort in den Pfannkuchenteig legen und das Ganze unter zweimaligem Wenden in heißem Butterschmalz herausbacken. Die fertigen Bavesen mit Zimtzucker bestreuen.

Café Arzmiller
Inhaber: Oscar Arzmiller
Theatinerstraße 22
80333 München
Telefon 0 89 / 29 42 73
Telefax 0 89 / 24 24 58 28
www.cafe-arzmiller-muc.de

Kreutzkamm Café-Konditorei München-Innenstadt

„Einem geehrten Publikum mache ich die Ehre hiermit anzuzeigen, dass ich heute mein Conditorei-Geschäft eröffnet habe. Zugleich empfehle ich mich in allen dahin einschlägigen Waren, so wie besonders in feinen französischen Bonbons und allen Arten von Schweizergebäck zu den möglichst billigen Preisen", so kündigte 1825 Heinrich Jeremias Kreutzkamm die Eröffnung seines Konditor-Geschäftes in Dresden an, der damaligen Hauptstadt des Königreichs Sachsen. Schon bald waren die Konditoreiwaren stadtbekannt, und sein Sohn Heinrich Julius wurde zum Königlichen Hoflieferanten ernannt.

Ein Zeitsprung: Die „Conditorei Kreutzkamm" sollte nach den Kriegswirren wieder ein Stammhaus bekommen. Fritz Kreutzkamm, Urenkel des Firmengründers, hatte sich inzwischen in München bestens etabliert und übernahm 1954 das angesehene alte „Café Eyrich" in der Maffeistraße, das heute neben dem Café in der Maxburg und dem Produktionsbetrieb im Münchner Osten von seiner Frau, Friederike Kreutzkamm, geführt wird. Sie ist die Seele der Traditionskonditorei und achtet akribisch auf die bekannt gute Qualität von Kreutzkamm. Das gilt insbesondere für die legendären Spezialitäten Baumkuchen, Baumkuchenspitzen und den „Original Kreutzkamm Christstollen", der schon zu Dresdner Zeiten weithin berühmt war und dessen Geheimrezept wohl gehütet wird. 800 weitere süße Köstlichkeiten von Petit Fours, Lebkuchen, Tee- und Diabetikergebäck, Pralinen, Marzipan, Nougat, Kuchen und Torten bis hin zu feinsten Saisonartikeln wie Schokoladenmaikäfer und Marzipanobst kommen aus der Backstube, der ein kleiner Verkaufsladen angeschlossen ist. Von dort aus gehen die handgefertigten Meisterwerke als Einzelstücke oder liebevoll zusammengestellte Geschenkpakete über den hauseigenen Versand in das In- und Ausland.

Alle Welt trifft sich im „Café Kreutzkamm" im Herzen der Stadt. Es trägt gleichermaßen die Handschrift von Friederike Kreutzkamm, die die hellen und eleganten Räume renoviert und gestaltet hat. Doch auch immer bleiben Spuren von Dresden: an den Wänden Dresdner Stiche von dem berühmten venezianischen Maler Canaletto sowie das berühmte Schokoladenmädchen von Jean Étienne Liotard, dessen Original in der Gemäldegalerie zu Dresden ausgestellt ist, und die an das Stammhaus am Altmarkt der sächsischen Residenzstadt erinnern. Nach der Wiedervereinigung eröffnete Friederike Kreutzkamm nahe des Stammhauses wieder ein Konditorei-Café. Die Tochter Elisabeth trat ebenfalls in diese Fußstapfen. Sie gründete das „Dresdner Backhaus" und setzt somit die Familientradition in der jetzt fünften Generation fort.

Mit der sechsten – sie hat vier Kinder – wird der Name Kreutzkamm wohl weiter für Spitzenqualität stehen.

DRESDNER EIERSCHECKE

Zutaten

für den Hefeteig	für die Eiermasse
250 g Weizenmehl	250 g Milch
25 g Zucker	20 g Puddingpulver
40 g Butter	100 g Butter
15 g Hefe	2 Eier
1 Eigelb	15 g Zucker
1/8 l Milch	15 g Mehl
1 Prise Salz	Vanille, Salz

für die Quarkmasse
175 g Magermilchquark
40 g Zucker
10 g Weizenmehl
50 g Vollmilch
Vanille, Zitrone

Zubereitung

Mehl in eine Schüssel sieben, eine Vertiefung hineindrücken. Die Hefe in etwas lauwarmer Milch und etwas Zucker verrühren. Diesen Vorteig zugedeckt 10 Minuten gehen lassen. Dann weiche, in Stücke geschnittene Butter, Zucker, Eigelb, Salz und die restliche Milch dazugeben und zu einem geschmeidigen Teig verarbeiten. Mit einem Tuch abdecken und 30 Minuten gehen lassen. Anschließend den Teig noch mal durchkneten, ausrollen und ca. 1 cm dick in die Form einlegen.

Für die Quarkmasse alle Zutaten verrühren und gleichmäßig auf dem Teig verteilen.

Für die Eiermasse Milch, Butter und Zucker aufkochen. Puddingpulver, Eier, Mehl und Gewürze mit etwas kalter Milch anrühren und unter die kochende Milch rühren. Etwas auskühlen lassen und auf der Quarkmasse verteilen.

Im vorgeheizten Backofen bei 180 °C etwa 45 Minuten backen, bis die Oberfläche goldbraun ist, anschließend noch mit Zucker bestreuen.

Kreutzkamm Café-Konditorei
Inhaberin: Friederike und Elisabeth Kreutzkamm
Maffeistraße 4
80333 München
Telefon 0 89 / 29 32 77
Telefax 0 89 / 99 35 57-80
www.kreutzkamm.de

Café Münchner Freiheit München-Schwabing

Was wäre Schwabing wohl ohne das „Café Münchner Freiheit"? Nicht vorstellbar. Es wäre die reinste Zeitverschwendung, auch nur darüber nachzudenken. Denn das „Café Münchner Freiheit", kurz „CMF", gehört zu Alt-Schwabing wie auch der große Platz, der 1947 den Namen „Münchner Freiheit" erhielt. Zuvor hieß er Feilitzschplatz, und der eine oder andere nennt ihn auch heute noch so.

Hier, mitten drin im weithin bekannten Künstlerviertel und späteren Zentrum des Nachtlebens, übernahmen Karl und Lieselotte Eisenrieder vor über 40 Jahren ein kleines Ladencafé mit gerade mal 30 Sitzplätzen. Das wurde dem gelernten Konditormeister und seiner engagierten Frau bald zu eng: Kurz vor der Olympiade 1972 entstand an dieser Stelle ein luxuriöses und modernes, ja für damalige Zeiten sogar futuristisches Caféhaus mit mehreren Etagen. So etwas hatte Schwabing bislang noch nicht gesehen und das lockte die „Schickeria" und prominente Künstler-Zeitgenossen zum „Sehen und Gesehenwerden" in – und vor allen Dingen auch vor – das stattliche Gebäude. Von „leichten Mädchen" bis hin zu „schweren Jungs", von Curd bis Udo Jürgens, Ron Williams und Veronika Ferres, Ilse Neubauer und Wolfgang Fierek, Stars und Sternchen, gaben sich alle miteinander ein Stelldichein in „ihrer Freiheit". Selbst Arnold Schwarzenegger ließ da kurz die Muskeln spielen. Marianne Sägebrecht kochte zusammen mit der Chefin ihre „Überlebenssuppe" und Regisseur Helmut Dietl bekam hier die Inspiration zu seinen melancholisch-grotesken „Münchner Geschichten", die Kultserie zum Altmünchner Flair. Das kleine Frühstück kostete seinerzeit 1,10 DM, der Ruf des bombastischen Eisbechers für unglaubliche 99 Mark hallte weit über Bayerns Grenzen hinaus bis ins benachbarte Österreich, sodass es sogar einer Wiener Zeitung eine Meldung Wert war.

Noch immer schaut Münchens Oberbürgermeister und waschechter Schwabinger Christian Ude mit seiner Frau Edith Welser-Ude auf einen Kaffee bei den Eisenrieders vorbei, gibt sich dabei ganz bürgernah. Und einer sitzt dort, der gar nicht mehr weggeht: Es ist der unvergessliche „Monaco Franze" alias Schauspieler Helmut Fischer. In Bronze gegossen blickt er entspannt über sonnenhungrige Gäste hinweg, die beim ersten milden Licht des Sommers bis in die späte Nacht hinein im großen „Cappuccino-Garten" die vielfältigen kulinarischen Ideen genießen.

Fast nicht wiederzuerkennen ist der moderne Verkaufsladen, der im Frühjahr 2007 völlig neu gestaltet und ausgebaut wurde. Wohl wiederzuerkennen und unvergesslich aber sind die feinen Torten, Kuchen, Träume aus Schokolade, Früchte und viele andere süße Delikatessen, regelrechte Inszenierungen in den Vitrinen. Sie regen alle Sinne an, kein Wunsch bleibt hier offen – Roswitha und Petra im Verkauf sorgen dafür. Die Wünsche im Cafébetrieb selbst erfüllen die drei dienstältesten Kaffeehaus-Bedienungen Heidi, Slawica und Roswitha zusammen mit ihren Kolleginnen und Kollegen. Sie sind schon über 25 Jahre dabei, haben das „CMF" in ihrer freundlichen Art mit geprägt und kennen ihre Stammgäste mit all ihren Vorlieben ganz genau.

Über drei Stockwerke hinweg pulsiert hier das Leben. Es ist die Leichtigkeit des Seins, die sich durch das ganze Haus zieht. Farben wie Brombeere und Grau, Malerkunst an den Wänden, Glastische und Stühle mit halbrunden Lehnen tun das ihrige dazu. Wer von außen den Blick himmelwärts richtet, entdeckt kleine Balkone für zwei Personen eingedeckt, die beispielsweise zu einem gemütlichen Frühstück mit freier Sicht über die „Münchner Freiheit" einladen. So mancher Nachtschwärmer blinzelt von hier aus in die Sonne, denn Frühstücken im „Café Münchner Freiheit" hat für die Schwabinger schon lange Tradition. Jahrzehntelang war das „CMF" das erste Café, in dem man schon ab 6.30 Uhr seine erste Morgenstärkung bekam und – bekommt. Neben den Klassikern stehen spezielle Angebote wie „Jungbrunnen" (mit grünem Tee und Müsli), „Petit Dejeuner" (Croissants und Milchkaffee) oder „Wolkenlos und Endlos" (auf einer Etagere für zwei serviert) und originellerweise „Lederhosen" (mit Weißwürsten und Brezen) auf der Karte.

Es ist ein Multi- und Kult(i)-Caféhaus und eine wahre Institution. Mit viel Freude und Phantasie arbeiten die Eisenrieders an ihren interessanten Eigenkreationen. „Konditoren sind in der Regel Künstler", meint Sohn Charly, der mit seiner Frau Nicole und Bruder Max die jüngere Generation des Familienunternehmens vertritt. Der jüngste Spross heißt traditionsgemäß Karl-Maximilian und rührt mit seinen zwei Jahren schon jetzt kräftig in den Teigschüsseln. Aus der eigenen Backstube kommen viele Spezialitäten wie beispielsweise Dampfnudeln, die „Krapfenparade" und alle möglichen Spezialanfertigungen für viele Gelegenheiten. Zwei Konditormeister fertigen eigens themenbezogene Torten in über 400 möglichen Varianten an, wählbar aus einem „Tortenbuch". Sämtliche Erzeugnisse werden aus besten und reinen Naturprodukten hergestellt, ebenso wie das berühmte Eis aus frischer Milch, in der Waffel oder als Riesen-Becher – so oder so Legende.

„Die Qualität vom Konditormeister K. und K. Eisenrieder" übt auch in den anderen, über ganz München verstreuten „CMF-Cafébetrieben" eine unwiderstehliche Anziehungskraft aus: im „Café am Salvatorplatz" in der Innenstadt, „Café am Rotkreuzplatz" im Stadtteil Neuhausen, das „Café Eisenrieder" im nördlichen Schwabing, „Café im Forum", ein paar Schritte die Treppe hinunter vom Stammhaus entfernt und, als jüngstes Kind, im „Café Kunsthalle" mit Event-Konditorei und Außer-Haus-Catering in den „Fünf Höfen".

VANILLE-RAHM

Zutaten

80 g Zucker

160 g Butter

320 g Mehl

300 g Topfen (Quark)

220 g Zucker

3 g Salz

60 g Cremepulver

1 Vanilleschote

830 g flüssige Sahne

Zubereitung

Für den Mürbeteig Zucker und Butter mischen und das Mehl unterkneten. Anschließend den Teig ausrollen, auf ca. 0,5 cm in der Form auslegen und leicht anbacken. Für die Füllung Topfen, Zucker, Salz, Cremepulver, ausgekratzte Vanilleschote und die flüssige Sahne vermischen. Die Masse auf den Mürbeteigboden geben und zuerst bei etwa 140 °C 1 Stunde backen. Dann aus dem Ofen nehmen und 10 Minuten stehen lassen. Danach wieder 1/2 Stunde bei gleicher Temperatur backen, aus dem Ofen nehmen und erneut 10 Minuten stehen lassen. Zum Schluss alles noch einmal 20 Minuten backen, anschließend abkühlen lassen.

Café am Rotkreuzplatz

Café Münchner Freiheit
Inhaber: Karl und Max Eisenrieder
Münchner Freiheit 20
80803 München
Telefon 0 89 / 33 00 79 90
Telefax 0 89 / 3 30 07 99-22
www.muenchner-freiheit.de

Woerner's Caféhäuser München-Altstadt

Peter Reber, Konditormeister zu München, gründete 1865 sozusagen als Ahnherr sein „Caféhaus Reber" im alten Servitinenkloster in der Herzogspitalstraße. Der Ur-Urenkel Peter Woerner führt nun in der 6. Generation nicht nur das Stammhaus, in dem heute noch immer die Produktion untergebracht ist, sondern seit der Jahrtausendwende auch das „Woerner's", Marienplatz, Hausnummer 1.

Auf dem Marienplatz selbst geht es lebhaft zu, vor den Arkaden des Hauses stehen unter großen Schirmen Tische und Stühle für den „Freiluft-Kaffee". Der ebenerdige Laden zeigt in der rundlich geschwungenen Theke, was täglich frisch immer noch im Gründerhaus hergestellt wird: 50 verschiedene Kuchen und Torten, Strudel, Rohrnudeln und „Bayerische Marzipan-Brotzeiten", Pralinen und „1-Meter-Schokolade" zum Mitnehmen. Bei sommerlicher Hitze ist das selbst gemachte Woerner-Eis in 32 Sorten hoch begehrt.

Im 1. Stock des Caféhauses aber ist Hektik trotz anregendem Stimmengewirr nicht gefragt. Freundliche und aufmerksame Bedienungen weisen auf einen guten Platz, die Räumlichkeiten sind durch große Rundbögen abgeteilt. Auf dem schön verlegten alten Nussbaum-Parkett ist das Mobiliar in angenehmem Abstand platziert, darüber große Kronleuchter, viele Spiegel, Glas und Messing. Ein gepflegtes Kaffeehaus eben. 150 Gäste, Stammpublikum, Touristen und Einkaufsbummler finden dort Zeit und Raum zur Entspannung. Wer das Glück hat, am Fenster zu sitzen, schaut direkt auf die Mariensäule, das Alte Rathaus und den Alten Peter. Viele interessante historische Stadtansichten hängen an den in edlem Creme-Weiß gehaltenen Wänden, darunter auch Stiche vom „Schäfflertanz", den die Figuren des weltberühmten Glockenspiels im neugotischen Neuen Rathaus täglich um 11 und 17 Uhr zeigen – vom Café aus gut zu beobachten. Der echte Zunfttanz der Schäffler, ein seltenes und erlebenswertes Schauspiel mit historischem Hintergrund, wird nur alle sieben Jahre aufgeführt, das nächste Mal 2012 zur Faschingszeit.

Das Speisen- und Getränkeangebot ist kaffeehausgerecht: Suppen, Salate, Bayerisches, Toasts, Pasta und Vegetarisches gibt es da, ein „Mittagsschnapperl" für eilige Gäste, Filterkaffee, Espresso und Cappuccino. Ganz international die Schokoladen: Russisch mit Wodka, Jamaikanisch mit Rum oder Italienisch mit Amaretto.

„Aus der Vergangenheit schöpfen und Neues, Wertvolles schaffen", das ist der Wahlspruch der alteingesessenen Familie Woerner. Deshalb freut sich der junge Unternehmer Peter über die tatkräftige Unterstützung seiner Eltern Lore und Walter, die seit den 60er Jahren die Geschicke der Caféhäuser erfolgreich gelenkt haben.

APFELSTRUDEL

Zutaten

210 g Mehl (Manitoba)
50 g Butter
3 g Salz
10 g Zucker
100 ml Milch
30 ml Öl
1100 g Äpfel (geschält und klein geschnitten)
50 g Zucker
50 g gestiftelte Mandeln
75 g Sultaninen

Zubereitung

Aus Mehl, Butter, Salz, Zucker, Milch und Öl einen Teig zubereiten. Diesen so lange kneten, bis er glatt und geschmeidig ist. Den Teig eine Stunde lang zugedeckt ruhen lassen, danach auf einem bemehlten Tuch ausrollen und mit dem Handrücken so lange auseinanderziehen, bis er hauchdünn ist. Unten eine Handbreit mit flüssiger Butter bestreichen. Dickere Teigränder abschneiden. Für die Apfelfüllung die geschälten und klein geschnittenen Äpfel, den Zucker, die Mandeln und Sultaninen gut miteinander vermengen und gleichmäßig auf dem Teig verteilen. Den Strudel auf ein mit Butter bestrichenes Backblech rollen und bei ca. 210 °C in 20 bis 25 Minuten goldbraun backen. Nach dem Backen mit Puderzucker bestreuen.

Woerner's Caféhäuser
Inhaber: Peter Woerner
Marienplatz 1
80331 München
Telefon 0 89 / 22 27 66
Telefax 0 89 / 29 57 29
www.woerners.de

Mariandl – Café am Beethovenplatz
München-Ludwigvorstadt

An der Wende zum 20. Jahrhundert kam eine neue Mode und Nebenform des Kaffeehauses aus Paris nach München: das Konzertcafé. Es war auf musikalische Unterhaltung angelegt, und somit wurden auch die gastronomischen Angebote breit gefächert. Die dort gastierenden Kapellmeister und Solisten waren berühmt und gefeiert, Orchester- und Tanzmusik gehörten dazu, auch wenn sie später auf den Klavierspieler oder Stehgeiger reduziert wurden. Das älteste Münchner Konzertcafé entstand 1899 nahe der Theresienwiese im Anwesen Goethestr. 51 und zwar als „Kaffeesiederei mit Bier- und Weinausschank, Speiseabgaben, Zuckerbäckerei und Beherbergung".

Seit mehr als 100 Jahren ist im Erdgeschoss dieses im neugotischen Stil erbauten Hauses ein Restaurant-Café etabliert. Seit 1968 heißt es „Mariandl – Café am Beethovenplatz", und sogar der Charakter des Konzertcafés blieb unverändert: jeden Abend klassische und zeitgenössische Livemusik, sonntags Klassik- oder Jazzfrühstück oder beides „Klassik meets Jazz". Kultur wird großgeschrieben bei den beiden Besitzern Rudi Bayer, gleichfalls Chef des Kultur- und Gastro-Zelts „Schloss", und Josef Bachmaier, der die Kleinkunstbühne „Fraunhofer" im Gärtnerplatzviertel betreibt. Stilvoll ist es eingerichtet, das „Mariandl", mit dunkler Holzbestuhlung, Stuckdecken, prächtigen Lüstern und roten Plüschkanapees, in der Mitte ein Flügel für die Künstler und spontane musikalische Einlagen begabter Besucher. Das ist auch draußen zu hören, im Gastgarten vor dem Haus, abgegrenzt durch einen kunstvollen schmiedeeisernen Zaun.

Studenten und Liebhaber der „Belle Epoque" sitzen dort bei einem „Verlängerten" oder einer „Melange", bei einem „Einspänner" und köstlicher Sachertorte – ganz wienerisch. „Richard Strauß" oder „Gershwin", „Vivaldi" und „Tschaikowsky" heißen die Frühstücksangebote, und die weich gekochten Eier dazu stammen aus ökologischer Tierhaltung, die Marmeladen sind hausgemacht. Der Apfelsaft ist ebenso naturtrüb wie das naturtrübe Keller-Bier der Brauerei „Maisach". Weitere Bierspezialitäten wie „Räuber Kneissl dunkel" löschen den Durst und die Küche bietet ein breites Spektrum an wohlschmeckendem Essen: traditioneller Schweinebraten, aber auch Fisch oder „Nudeliges" wie Ravioli und Lasagne. Und die „Beherbergung" ist anschließend auch noch möglich: im gleichnamigen „Hotel Mariandl" nebenan.

VANILLESOSSE ZUM APFELSTRUDEL
(für 8 Personen)

Zutaten
1/4 l Milch
1/2 Vanilleschote
2 Eigelb
40 g Zucker

Zubereitung
Die längs aufgeschnittene halbe Vanilleschote auskratzen und beides zusammen in der Milch erwärmen. Zucker mit dem Eigelb verrühren und in den Milchtopf geben. Kurz aufwallen lassen. Vom Herd nehmen und im kalten Wasserbad unter Rühren kühlen. Tipp: Es sollten echte tahitianische Vanilleschoten verwendet werden; man erkennt dann als Qualitätsmerkmal die kleinen schwarzen Pünktchen in der Soße, die bei Soßen mit Vanilleextrakten nicht zu finden sind.

Mariandl – Café am Beethovenplatz
Inhaber: Rudolf Bayer und Josef Bachmaier
Goethestraße 51
80336 München
Telefon 0 89 / 54 40 43 48
Telefax 0 89 / 54 40 43 96
www.mariandl.com

The Victorian House — München-Altstadt

Das Herz Münchens, so heißt es, schlägt am heftigsten am Viktualienmarkt, dem weltberühmten Marktplatz für Feinschmecker, aber auch quirliger Schmelztiegel der Gegensätze, Kulturen und Weltanschauungen. Es könnte deshalb für das anglophile „The Victorian House" in der ganzen Stadt keinen besseren Ort geben, um britische Lebensart zu zelebrieren.

„The Victorian House" vermittelt – very charming – die Atmosphäre eines kleinen luxuriösen Londoner Boutique-Hotels. Die sorgfältig aufeinander abgestimmte Innenausstattung mit kostbaren Antiquitäten stammt original aus England: Sitzmöbel, Mahagoni-Tische, Gardinenstoffe, die „Globle Lamps", ja sogar Silberbesteck, Kristall und das feine Bone China-Porzellan erinnern an das Viktorianische Zeitalter. Junge und ältere Gäste, die diese höfische Gediegenheit schätzen, werden nach englischem Vorbild den ganzen Tag über verwöhnt: Bei den Frühstücken angefangen (alle nach Londoner Stadtteilen wie Notting Hill, Covent Garden oder Piccadilly benannt) über einen täglich wechselnden Business Lunch bis hin zum stimmungsvollen abendlichen Dinner wird alles in einem bemerkenswert distinguierten Ablauf serviert.

Relaxen ist hier in der angenehmsten Form möglich. Das kann man am besten einmal beim traditionellen Afternoon-Tea ausprobieren – ein Stück englischer Kulturgeschichte. Allein die Zubereitungszeremonie des Tees „entschleunigt" und kann dennoch zum entspannten Small Talk anregen. An die 90 frische Blatt-Tees stehen zur Auswahl, die wie in England gerne mit Milch getrunken werden. In heißer Milch lösen sich aber auch langsam Chocetta-Sticks auf. Das sind handgeschöpfte Schokoladen, süß-cremig, nussig-mild und feurig-herb, die den Gaumen erfreuen. Selbstverständlich gibt es auch Kaffee in allen Variationen. Dazu englische Kuchen, Biskuits, vor allen Dingen aber „Scones", die in ganz München nur im „The Victorian House" zu finden sind. Waren sie früher nur der Aristokratie vorbehalten, sind sie heute fester Bestandteil der britischen Küche. Das Gebäck kommt „handmade" mit den besten Zutaten aus der eigenen Backstube. Untrennbar verbunden mit dem Genuss von Scones ist die dicke „clotted cream", die aus der Milch von „glücklichen Kühen" von kleinen Farmen in Cornwall hergestellt wird. Aber auch mit Oliven, Käse oder Kartoffeln sind sie eine wundervolle Kleinigkeit für „zwischendurch". Zur Freude aller Tee-Freunde hat das „Victorian-House" noch einen Ableger in den edlen „Fünf Höfen": Scenery and tea to go. Alle Köstlichkeiten stehen hier zur Mitnahme für den eigenen häuslichen Afternoon-Tea bereit. Enjoy a cup of tea.

CRANBERRY WALNUT CAKE

Zutaten

2 Eier
200 g Zucker
1 Prise Salz
1 unbehandelte Orangenschale
60 g Sahne
80 g Speiseöl
250 g Mehl
1/2 EL Backpulver
200 g zerkleinerte Walnüsse
250 g Cranberrys

Zubereitung

Eier, Zucker, Salz und Orangenschale zusammen kurz aufschlagen, dabei nicht schaumig rühren. Sahne und Öl in die aufgeschlagene Masse geben. Danach Mehl, Backpulver und die etwas zerkleinerten Walnüsse unterheben. Eine Kastenform mit Backpapier auslegen, die Masse einfüllen und bei 150 °C Umluft 1 Stunde backen. Den warmen Kuchen in der Form lassen und mit gekochtem Orangensaft tränken.

The Victorian House
Inhaber: Victorian House Company
Frauenstraße 14
80469 München
Telefon 0 89 / 25 54 69 47
Telefax 0 89 / 25 54 69 78
www.victorianhouse.de

Wiener's – der Kaffee Starnberg

Der Legende nach wurde während der Befreiung aus der zweiten Türkenbelagerung 1683 das erste Wiener Kaffeehaus gegründet. Es bildet bis heute ein wichtiges Stück Wiener Tradition. Der österreichische Schriftsteller Peter Altenberg, ein echter Kaffeehausliterat, charakterisiert es als „nicht zu Hause und doch nicht an der frischen Luft". Das Rascheln der Zeitungen, die hitzigen Debatten, die distinguierten Herren Ober und der köstliche Duft frischen Kaffees machten den damaligen Kaffeehausbesuch so besonders.

Diese in Wien gelebte Art der Kaffeekultur ist der Ursprung der Kaffeebar-Idee, die der gebürtige Wiener Franz Kaiser 1992 mit seinen mittlerweile auf zwölf angewachsenen Dependancen in Deutschland umsetzte, allein acht davon in München. „Wiener's – der Kaffee" ist in der bayerischen Landeshauptstadt zu einem Markenzeichen geworden – zu einem Markenzeichen für österreichische Moderne. Die Lokalitäten präsentieren sich unterschiedlich und doch wienerisch durch und durch: einmal das „Kaffeehaus", das durch seine typisch gediegene Einrichtung mit Thonet-Stühlen, Marmortischen, Kristall-Lüstern und Büfetts großzügig traditionsreiche Atmosphäre vermittelt und dabei zum Sitzenbleiben einlädt. Zum Zweiten die „Kaffeebar", die, dem Geist der Zeit entsprechend, „Kaffee über die Straße" und Snacks zum Mitnehmen bietet. Mit hellem Holz, hohen Sitzmöbeln, großen Fensterfronten und aktueller Musik längst ein Anziehungspunkt für jüngeres Publikum.

Das Lebensgefühl der Donaumetropole, „Genieße den Augenblick", damals wie heute, ist bei beiden Varianten zu spüren. Auf der Karte finden sich klassische Mehlspeisen, die eigens von einem österreichischen Konditor hergestellt werden: Kipferl und Gugelhupf, Sachertorte und Esterhazy-Schnitte, Petit Four und Wiener Mandel, Palatschinken, Mohr im Hemd und Kaiserschmarrn mit warmem Zwetschgenröster, alles serviert mit viel „Schlagobers" (Sahne). „Jour-Semmerln" heißen die belegten Brötchen, das „Schnitzel Wiener Art" kann sprachlich wieder leichter eingeordnet werden. Authentisch und keinesfalls als Cappuccino oder Espresso zu bezeichnen sind die „Wiener's" Kaffee-Spezialitäten, die für nicht-alpenländische Gäste bis auf „Milchkaffee" einer Übersetzung bedürfen: Wiener Melange, Kaffee Schlagobers, großer und kleiner Mocca, großer und kleiner Brauner, Kaffee verkehrt, Verlängerter, Einspänner, Mozart Fidelio und Fiaker werden stets mit dem obligatorischen Glas Wasser „am Tablett" und einer guten Portion österreichischen Charmes serviert.

Wie alle diese Kaffees schmecken müssen, davon hatte Franz Kaiser seine eigenen Vorstellungen: Grundessenz sollte der typische Wiener Mocca sein. Deshalb begann er 1993, zunächst mit Hilfe eines pensionierten Röstmeisters, selbst Kaffee zu rösten. Das Ergebnis ist die Eigenmarke „Fidelio", Kaffeebohnenmischungen aus 100% Arabica Hochlandbohnen erster Qualitätsgüte. Die Münchner Filialen erhalten ihre Mischungen tagesfrisch aus der Rösterei in Starnberg und können deshalb immer gleichbleibenden Geschmack garantieren: ob als Bohne zum Mitnehmen oder zum direkten Genuss. In allen „Wiener's" Kaffeebars gibt es einen kleinen Verkaufsshop, wienerisch „Greislerei" genannt, dort hat's – auch via Internet – vom eigenen flaschenvergorenen Sekt über österreichische Weine und Schokoladen bis hin zur „Fidelio-Honduras-Zigarre" alles für ein rot-weiß-rotes Festmahl zu Hause. „Ba-ba" und Aufwiedersehen im „Wiener's".

Wiener's – der Kaffee
Inhaber: Franz Kaiser
Münchner Straße 27
82335 Starnberg
Telefon 0 81 51 / 26 82 84
Telefax 0 81 51 / 26 82 85
www.wieners.de

Meisterstücke mit Geschichte

„Gott grüße das ehrsame Handwerk!", das waren einst nach strenger Zunftregel die Einführungsworte, mit denen ein Bäckergeselle bei einem Meister um Arbeit vorzusprechen hatte. Früher war das Bäckerhandwerk in Zuckerbäcker, Pfeffer- oder Lebkuchenbäcker, Los- oder Weißbäcker und den Fast- oder Schwarzbäcker unterteilt. 1752 wurde diese Unterscheidung aufgehoben, weil sie ständig und zum Nachteil der Kundschaft zu Reibereien führte. Die Zuckerbäcker (Konditoren) hatten sich auf die Herstellung von süßem Brot spezialisiert. Dieses wurde mit kandierten Früchten angereichert, daher stammt auch der Begriff des Konditors. Das angesehene Konditoren-Handwerk stellt heute vorwiegend Torten, Kuchen, Kleingebäck, Pralinen, Marzipan und Speiseeis her.

Die Prinzregententorte hat für München und Bayern denselben legendären Ruf wie die Sachertorte für Wien und die Esterházy-Torte für Österreich und Ungarn als Erinnerung an die ehemalige Doppelmonarchie der Donauländer. Die Münchner Konditoren verstehen sich natürlich auch auf die berühmten Spezialitäten des Nachbarlandes Österreich, die Prinzregententorte zählt jedoch zum bajuwarischen Meisterstück. Der Konditor Heinrich Georg Erbshäuser wurde 1890 zum königlich-bayerischen Hoflieferanten bestellt und soll die Prinzregententorte 1911 zum 90. Geburtstag des Prinzregenten Luitpold erfunden haben. Sie besteht aus acht Böden, die die damaligen acht Regierungsbezirke symbolisieren, ist mit Schokoladenbuttercreme gefüllt und mit Schokoladenguss überzogen. Wer die Torte tatsächlich kreiert hat, ist allerdings umstritten: In Frage kommen auch der Leibkoch des Prinzregenten, Johann Rottenhöfer, und der Hofbäcker Anton Seidl.

Der Baumkuchen, wegen seiner Herstellungsweise bayerisch auch „Prügeltorte" genannt, gilt als das höchste Kunstwerk der Konditorei. Baumkuchen wurde einer Legende nach als Hochzeitskuchen in der weiten ungarischen Puszta gebacken, das Rezept geriet über wandernde Handwerker nach Deutschland. Der zähflüssige Teig aus Butter, Eiern, Zucker, Vanille, Salz und Mehl wird in einzelnen Schichten auf einem sich drehenden Holzspieß über offenem Feuer gebacken. Dadurch ähneln die fertigen Kuchen den Jahresringen eines Baumes.

Die frankophile Orientierung des ersten bayerischen Königs Max I. Joseph mag sich bei den Petits Fours zeigen, die in jeder Münchner Konditorei in allen Varianten zu finden sind: Seit über 200 Jahren sind sie das klassisches Kleingebäck der französischen Küche und werden wörtlich als „kleine Öfen" übersetzt. Aus Biskuitteig geschnitten, mit Cremes und Marzipan gefüllt, anschließend mit Zuckerguss glasiert und kunstvoll verziert sind sie die süßesten Kuchenminiaturen der Welt.

Französisch-bayerische Wurzeln hat ebenfalls die Bayerische Creme oder Crème bavaroise: Als Königin von Frankreich soll die Tochter des Herzogs von Bayern-Ingolstadt Isabella (Isabeau von Bayern) die aus ihrer Heimat bekannte „Rahmsulz" in der französischen Haute Cuisine etabliert haben. Es ist eine im heißen Wasserbad aufgeschlagene Creme aus Eigelb, Zucker und Sahne und wird meist mit frischen Früchten oder Beeren serviert.

Ende des 13. Jahrhunderts beschrieb Marco Polo die Herstellung einer Kältemischung aus Schnee beziehungsweise Wasser und Salpeter, die er in China kennengelernt hatte. Sie war die Voraussetzung zur Herstellung von Speiseeis. Es wurde zur italienischen Spezialität, und Katharina von Medici brachte diese im 16. Jahrhundert mit nach Paris. Dort eröffnete ein italienischer Koch am Hofe König Ludwigs XIV. 1660 das erste Eiscafé. Gegen Ende des 18. Jahrhunderts wurde in England das Milcheis erfunden, das bald auch in Münchner Kaffeehäusern Einzug hielt.

Die Konditorei-Cafés der Landeshauptstadt öffnen nicht nur zur „Eiszeit" ihre Gärten und Terrassen. Hier gibt es viele schöne Plätze zum Frühstück oder zur gemütlichen Kaffeestunde im Freien – wann immer das Wetter es zulässt.

Die legendäre Prinzregententorte

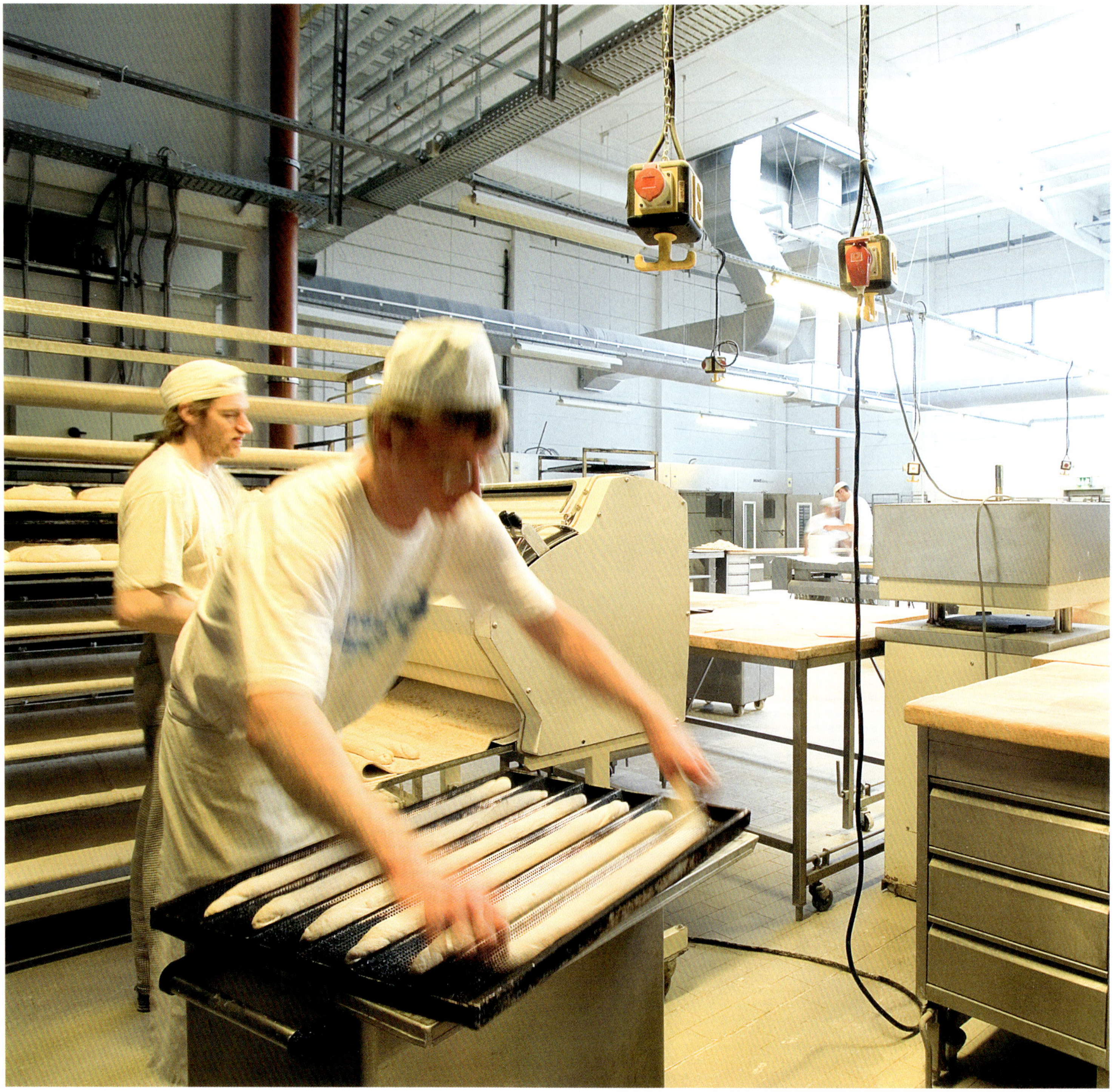

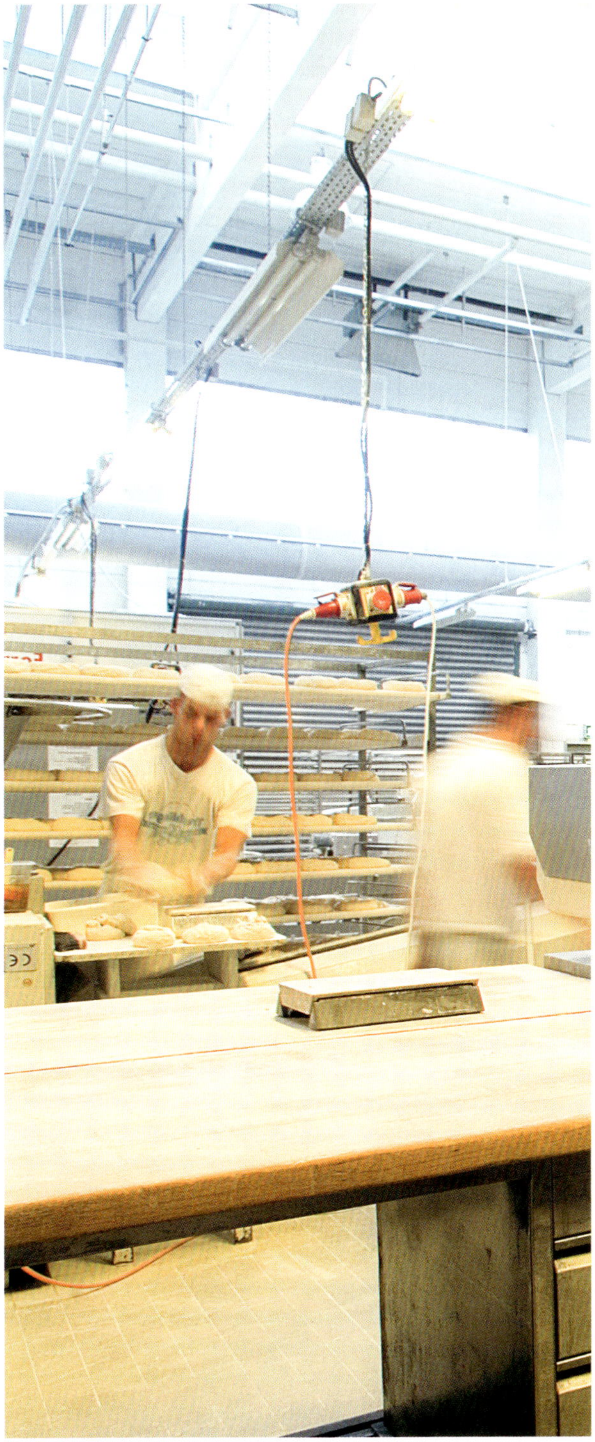

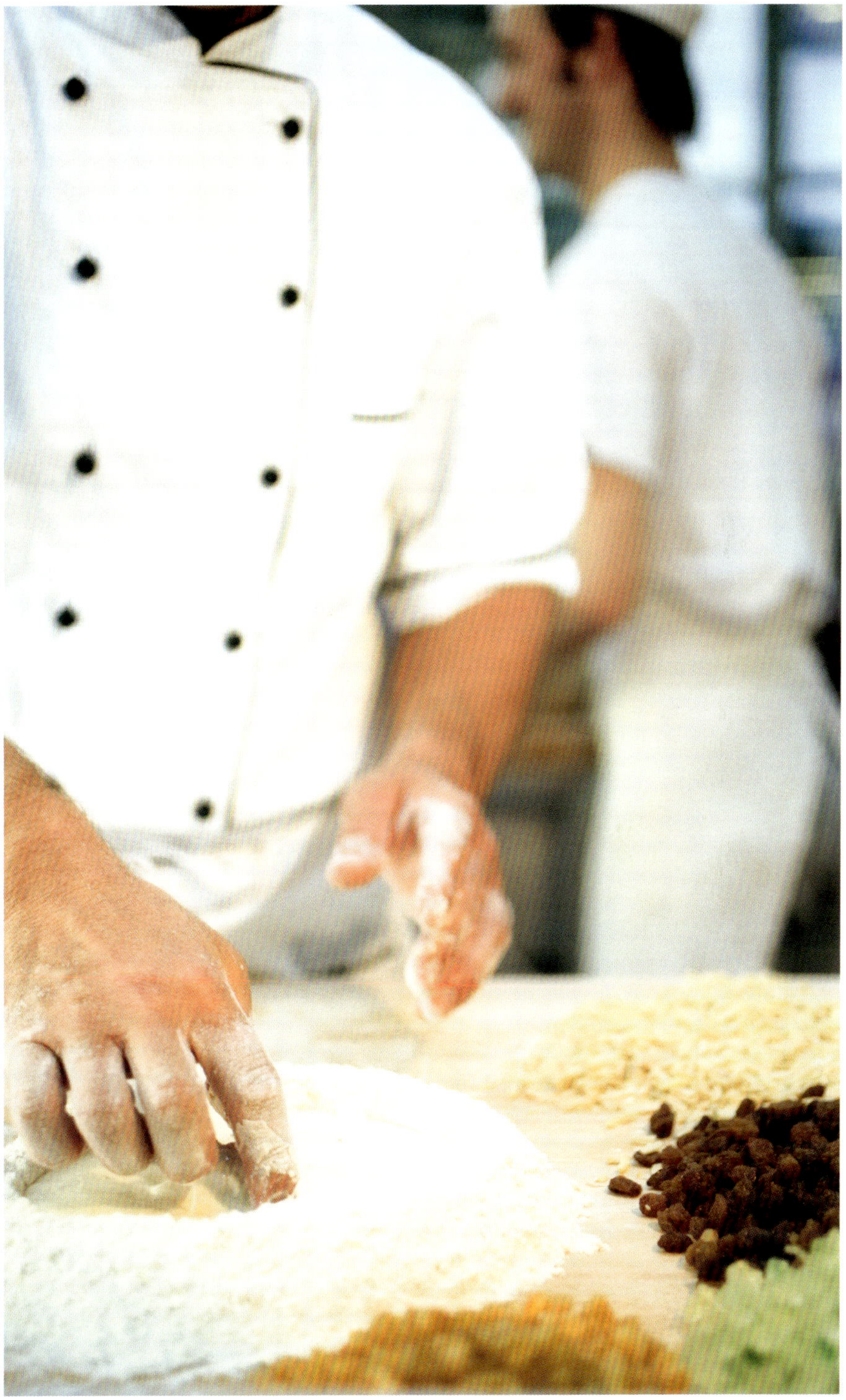

Widmann Konditorei-Café München-Großhadern

Der alte Dorfkern der früheren bäuerlichen Siedlung „Haderun" ist in der Heiglhofstraße besonders gut zu erkennen. Um die Kirche St. Peter stehen heute noch viele denkmalgeschützte Bauernhöfe, die den westlichen Münchner Stadtteil Großhadern ebenso prägen wie das nahe gelegene moderne Großklinikum.

Im besagten alten Dorfkern errichtete Jakob Widmann 1964 an der Stelle seines Geburtshauses das Konditorei-Café Widmann, das sich schnell zu einem beliebten Treffpunkt für die Haderner Nachbarschaft entwickelte. Schon recht bald kam die Kundschaft von überall her und das ist bis zum heutigen Tag so geblieben. Deshalb ist es tatsächlich längst kein Geheimtipp mehr: Die vortrefflichsten Sahne- und Cremetorten, Kuchen, Desserttörtchen, Gebäckspezialitäten, Rohrnudeln (Hefeteig mit Zwetschgen und Vanillecreme gefüllt, darüber eine Karamellkruste), Pralinen und hauchdünnen Schokoladentafeln weit und breit gibt es in dem großen, hellen Eckgeschäft mit überaus einladendem Interieur.

All die feinen Dinge, dazu Saisonangebote wie handgegossene Schokoladenfiguren oder köstliches hausgemachtes Konditor-Eis, werden nach raffinierten Rezepturen traditionell erlernter Konditorkunst in der Backstube und der Pralinenwerkstatt im selben Hause hergestellt. Für stil- und liebevolle Dekoration und Präsentation sorgt Gattin Gerdi, Mutter des heutigen Juniorchefs Franz Widmann. Seit 1999 führt der junge Konditormeister die Widmannsche Tradition fort: höchste Qualität bei den Zutaten und der Verarbeitung. Diese Prämisse beherzigen auch seine knapp 30 Mitarbeiter. Auf die qualifizierte Ausbildung des Nachwuchses wird größter Wert gelegt. Alles in allem hält es Franz Widmann mit dem englischen Schriftsteller Oscar Wilde: „Ich habe einen ganz einfachen Geschmack. Ich bin stets mit dem Besten zufrieden."

Das angeschlossene Café hat mit seinen marmorierten Tischen, dunklem Holzboden und lederbezogenen Bänken und Stühlen eine französisch anmutende Eleganz.

Hier haben Genießer auch sonntags je nach Lust, Laune und Tageszeit die Wahl: von internationalen Frühstücksangeboten über 100 tagesfrische Konditoreispezialitäten bis hin zum täglich wechselnden Mittagsgericht, das ganz individuell fast wie zu Hause zubereitet wird. Durch die großen Fenster des langen Raumes fällt der Blick nach draußen, sozusagen auf die Schokoladenseite des Kaffeehauses: eine weiträumige Sonnenterrasse, eingesäumt von immergrünen Buchsbäumchen. Dort haben 50 Gäste Platz, die sich im Sommer über fantasievolle Eiskreationen und fruchtige Frulattis freuen.

BRATAPFELRAGOUT MIT TOPFENMOUSSE UND KIRSCHGELEE

Zutaten

für das Bratapfelragout
2 Äpfel (Elstar)
etwas Zimtzucker
30 g Butter
1 Vanilleschote

für das Kirschgelee
80 g Kirschsaft
10 g Zucker
1 Blatt Gelatine
1 Prise Zimt

für die Topfenmousse
40 g Zucker
25 g Milch
1 Eigelb
160 g Topfen
130 g Sahne
2 Blatt Gelatine
Zitronenschale, Salz

Zubereitung

Die Äpfel schälen, entkernen und in kleine Würfel schneiden. Butter und Zucker in einem Topf leicht karamellisieren lassen, anschließend die Apfelwürfel und die ausgekratzte Vanillestange zugeben. Einige Minuten dünsten, darauf achten, dass die Apfelwürfel noch Biss haben. In Gläser füllen und in den Tiefkühler geben.

Den Kirschsaft mit Zucker leicht erwärmen, Zimt und die eingeweichte Gelatine zugeben. Davon etwa eine 1 cm dicke Schicht auf das angefrorene Apfelragout gießen und abermals kalt stellen. Für das Topfenmousse die kochende Milch langsam in das mit Zucker verrührte Eigelb gießen und zur Rose abziehen. Die eingeweichte Gelatine in den noch warmen Fond geben, anschließend unter den mit den Gewürzen vermengten Topfen und die geschlagene Sahne unterheben. Die Mousse aus einem Dressierbeutel auf das angefrorene Kirschgelee aufbringen. Vorgebackene Butterstreusel darüberstreuen und mit Puderzucker leicht abstauben.

Widmann Konditorei-Café
Inhaber: Franz Widmann
Heiglhofstraße 11
81377 München
Telefon 0 89 / 7 14 64 09
Telefax 0 89 / 71 90 94 25
www.konditorei-widmann.de

café Richter Planegg

Wer einen Platz an der Sonne sucht, der ist auf der großen Terrasse vor dem alteingesessenen Planegger „Café Richter" genau an der richtigen Stelle. Nur 100 Meter vom Bahnhof und fünf Minuten vom Naherholungsgebiet „Maria Eich" entfernt, heißt das Team von Günter Asemann und seiner Frau Franziska die Gäste mit einem sonnigen Lächeln willkommen.

Günter Asemann ist Obermeister der Konditoren-Innung Altbayern und Franken und betreibt sein Handwerk seit eh und je mit Leidenschaft. Dies wurde ihm in die Wiege gelegt, denn bereits 1919 gründete sein Onkel die Konditorei Richter, sein Vater machte sie schließlich zu dem florierenden Familienunternehmen, das es heute noch ist. Die drei verschiedenen Café-Räume mit insgesamt 130 Sitzplätzen verströmen den Charme der 80er Jahre, die dunklen Tische aus Wurzelholz laden zu gemütlichen Kaffeestunden ein. Aber nicht nur das: Am Sonntagmorgen kann man sich und „seine Lieben" mit kalten und warmen Schlemmereien vom Büfett verwöhnen lassen. Ansonsten gibt es Gerichte für den kleinen Hunger, Suppen und Salate, herzhafte oder süße Spezialomelettes.

Die große Passion von Günter Asemann sind Konditorei und Confiserie: Handwerklich perfekte Arbeit unter Verwendung von hochwertigen Rohstoffen, gepaart mit kreativen Ideen, wird nicht nur von den Café-Gästen hoch geschätzt. Den Kunden, die im rückwärtigen Laden ihre süßen Einkäufe tätigen, fällt die Entscheidung so manches Mal ziemlich schwer: Darf es ein Stück vom Blechkuchen sein? Oder lieber doch die Rübli-Torte, ein Blätterteig- oder Hefegebäck oder vielleicht sogar eine Sahnetorte-Schnitte? Dazu ist das Pralinen-Angebot in den Vitrinen und Verkaufsinseln verlockend. 100 Sorten gibt es, daneben 30 verschiedene gefüllte Schokoladen, die übrigens auf Wunsch in alle Welt versandt werden. Für Taufen, Hochzeiten, Geburtstage und andere Feierlichkeiten erhalten Kuchen und Torten liebevolle Verzierungen. Die schönsten Dekorstücke stammen aus der hauseigenen Zuckerbläserei, dem Glasmachen nicht unähnlich. Sie werden aus rotem, weißem oder Perlmuttzucker individuell hergestellt.

Über 20 Mitarbeiter unterstützen den Chef bei seinem kunstvollen Handwerk. Darunter sind immer wieder Bundessieger, die es schaffen, wie er, mit Motivation und Enthusiasmus neue Ideen zu verwirklichen, fremde Einflüsse zuzulassen und das – ohne mit der Tradition zu brechen.

BAYERISCHE APFELTORTE

Zutaten

800 g Äpfel (in Würfel geschnitten)
110 g 50%iger Rum
225 g Butter
225 g Zucker
4 Eier
130 g Haselnüsse (gemahlen)
25 g Kakaopulver
4 g Zimt
260 g Mehl
4 g Backpulver

Zubereitung

Die in Würfel geschnittenen Äpfel in Rum ziehen lassen. Die Butter mit dem Zucker und den Eiern vermengen, nach und nach die gemahlenen Haselnüsse, den Kakao, den Zimt und das mit dem Backpulver gemischte Mehl dazugeben. Anschließend die in Rum gezogenen Apfelwürfel hinzufügen. Eine 6 cm hohe Form mit 26 cm Ø mit Backpapier auslegen, die Teigmasse einfüllen und im Ofen bei 170 °C ca. 1 Stunde und 10 Minuten backen. Die Torte aus der Form lösen, mit farblosem Gelee oder Tortenguss überziehen und mit gehobelten Mandeln verzieren.

Café Richter
Inhaber: Günter Asemann
Bahnhofstraße 47
82152 Planegg
Telefon 0 89 / 85 98-425
Telefax 0 89 / 85 93-390
www.cafe-richter.de

Café-Konditorei Bacher München-Schwabing

Stammgäste, die er tagsüber in seinem Kaffeehaus verwöhnt, klopfen abends schon noch mal schnell zu einem kurzen Gruß an die Scheiben. „Guten Abend, Herr Lehmann", ruft dann Peter Bacher, Inhaber und Spezialist für feinste französische Patisserie-Waren, mitten drin im Münchner Künstlerviertel Schwabing. Beschaulich das Ganze – es ist, als wäre die Zeit ein wenig stehen geblieben.

Dieses gute familiäre Verhältnis zu den Nachbarn und auch zu seinen langjährigen Mitarbeitern gehört für den Chef des „Café Bacher" mit zum Allerwichtigsten. Gerade die Intimität und Ruhe der „Schwabinger Café-Stube" schätzt zum Beispiel der bayerische Kabarettist Gerhard Polt ungemein, der hier in seinem Stamm-Café oft und gerne ungestört seinen Kaffee trinkt. Daneben sitzt die ältere Dame von nebenan auf ein köstliches Petit Four und der Büroangestellte, der das täglich wechselnde mittägliche Bistro-Angebot genießt. Die Einrichtung ist klassisch im Stil der 80er Jahre gehalten. Das soll auch so bleiben. Das kleine Gärtchen vor der Tür lädt im Sommer ein, beim Eisbecher in die Sonne zu blinzeln – das berühmte Schwabinger Flair entfaltet sich fast wie von selbst. Der Kalenderspruch: „Die Cafés sind gute Erfindungen, günstig für die Freundschaft: Jemanden einladen, heißt, ihm seine Zuneigung beweisen", kommt hier so richtig zum Tragen.

Im dazugehörigen Laden werden tagesfrische Kuchen, jahreszeitliche Konditoreiwaren und feine Pralinen angeboten. Dazu noch exklusiv ganz besondere Kaffeebohnen zum Mitnehmen: delMocca, Premiumkaffeesorten ausgesuchter Herkunft und handgeröstet aus der noch jungen Privaten Kaffeemanufaktur von Jens Pilgrim. Auf Bestellung gibt es von der Brioche bis hin zur Pièce monté und der Croque en bouche, einer französischen Patisserie-Spezialität für Kenner, auch ganz individuelle und besondere Wunsch-Torten. Eine Hommage an Peter Bachers französische Mutter. Er selbst hat in vielen Jahren praktische Erfahrungen in Frankreich gesammelt und dort die Herstellung von der Pike auf gelernt.

Schon über 40 Jahre besteht die Konditorei an der Ecke Clemens-/Bismarckstraße und seit fast 20 Jahren wird sie von der Familie Bacher geführt. Neben Vater Werner und Schwester Carolin wird der engagierte Peter B. auch von Azubis aus aller Herren Länder unterstützt. Auf sein Ausbildungs-Programm ist er besonders stolz und gibt damit vielen jungen Menschen die Möglichkeit, sich im vielfältigen Konditoren-Handwerk zu beweisen. Sein etablierter Partyservice genießt weit über Münchens Grenzen hinaus einen exzellenten Ruf. Ob herzhafte oder süße, vegetarische oder klassische kulinarische Zusammenstellungen, die persönliche Beratung steht an oberster Stelle – und die Referenzliste zufriedener Kunden ist lang.

CAPPUCCINO-ROULADE

Zutaten

für die Roulade
200 g Eiweiß
150 g Zucker
25 g Maizena (Weizenpuder)
80 g Mehl
80 g geröstete und geriebene Haselnüsse
1 Prise Salz
1 geriebene Zitronenschale

für die Creme Cappuccino
200 g flüssige Sahne
80 Butter
300 g gehackte Kuvertüre
1 starker Espresso

Zubereitung

Zucker mit Maizena mischen. Eiweiß mit Salz und Zuckermischung steif schlagen. Nüsse und Mehl mischen und mit der Zitronenschale unterheben. Auf ein Backpapier streichen und bei ca. 170–180 °C ca. 15 Minuten backen. Nach dem Backen vom Blech nehmen.

Sahne mit Butter kurz aufkochen, Espresso dazugeben und mit der Kuvertüre glatt rühren. Den gebackenen Boden umdrehen, das Papier abziehen, die noch leicht warme Creme aufstreichen und zu einer Roulade aufrollen.

Café-Konditorei Bacher
Inhaber: Peter Bacher
Clemensstraße 20
80803 München
Telefon 0 89 / 33 14 08
Telefax 0 89 / 33 54 57
www.partyservice-bacher.de

Bodo's Backstube München-Altstadt

„Tortendesigner" steht auf der Visitenkarte von Bodo E. Müller, und besser kann er seine Profession selbst nicht beschreiben. Mit 19 Jahren der jüngste Konditormeister der Republik, eröffnete er am 1. Mai 1978 „Bodo's Backstube" im Schatten des Sendlinger Tores, eines der drei Tore, das von der weitgehend verschwundenen Alt-Münchner Stadtbefestigung erhalten geblieben ist.

Hereinspaziert ins Café, in dem man sich mit seinen roten, samtbezogenen Stühlen, Lampen und den Wandmalereien im gemütlichen Inneren eines Jahrmarkt-Zelts wähnt. Die integrierte Caféstube „Hawelka" und ein „Wintergarten" sind kleine Boudoirs zum gelassenen Zurückziehen. Hinspaziert auch zur Verkaufstheke, in der Bodo's kreative Kuchen und Torten ganz elegant aufgebaut sind: Spanische Vanille, Baumrindentorte, Apfel- und Käsekuchen, aber auch Millirahmstrudel, Schoko-Igel oder Pralinen, um nur eine kleine Auswahl zu nennen, werden von den freundlichen Kuchenmamsellen liebevoll eingepackt. Und Eis, Eis in den himmlischsten Variationen. Am „Diabetiker-Mittwoch" gibt es, eigens hergestellt, zuckerreduzierte Konditorei-Angebote.

Zum Frühstücken geht's im Sommer am besten ins Freie: 150 Personen können hier gastieren und es sich beispielsweise beim Französischen Frühstück mit Pariser „St.-Germain"-Flair gut gehen lassen. Serviert werden unter den knallroten Markisen auch kleine Speisen, Suppen, belegte Brote und Omeletts, im Sommer bis abends um zehn. Da sitzt schon mal die ganze Mannschaft des FC Bayern München und fachsimpelt mit ihrem Freund und größten Fan Bodo Müller über die schönste Sache der Welt.

Die zweitschönste Sache sind wohl seine traumhaften Torten, die der Chef zu jedem speziellen Anlass „designt": fruchtig-frisch, cremig, sahnig, „normal", mehrstöckig, groß, klein, eckig oder rund. Es gibt kein Thema, das der ehemalige Münchner Faschingsprinz von 1985 nicht perfekt umsetzen kann. Für die Hochzeit, zum Geburtstag, zum Jubiläum, zur Taufe und gar nur für die Liebe entwirft er Unikate, die zum Essen eigentlich viel zu schade sind.

Seit 1994 hält der Promi-Konditor mit seinem „Bodo's Cafézelt" auf dem Münchner Oktoberfest Hof. Hier wird er seinem Ruf als „Krapfenkönig" mehr als gerecht: Viele Sorten werden neben süßen und herzhaften Strudeln, Naschereien und Eis in bester Wies'n-Stimmung bis zur „Auskehr" feilgehalten.

BODO'S KÄSEKUCHEN

Zutaten

1 Mürbeteigboden
150 g Zucker
25 g Mehl
750 g Speisequark
225 g Milch
4 Eier
130 g Butterschmalz
Salz
Zitrone, Vanille

Zubereitung

Zucker, Mehl, Quark, Milch und Eier zusammenrühren, zum Schluss das heiße Butterschmalz unterrühren und mit Salz, Zitrone und Vanille abschmecken. Eine runde Form mit Mürbeteig auslegen, die Masse aufbringen und bei etwa 200 °C 25 Minuten backen.

Bodo's Backstube
Inhaber: Bodo E. Müller
Herzog-Wilhelm-Straße 29
80331 München
Telefon 0 89 / 26 38 07
Telefax 0 89 / 26 36 00
www.bodos.de

Traublinger in den RiemArcaden
München-Messestadt

Das war schon immer so: Bei den Traublingers steht der Kunde im Mittelpunkt.
In der nahen Bischofsstadt Freising liegen die Wurzeln der bayerischen Bäcker- und Konditorenfamilie, die es bis heute versteht, Tradition und Moderne auf einen Nenner zu bringen. Gegen Ende der Prinzregentenzeit gründeten dort 1912 die Urgroßeltern das erste Geschäft. Schon zwei Jahre später, 1914, zog es das Bäckermeisterehepaar in die königliche Residenzstadt München. Und von nun an ging es trotz aller Irrungen und Wirrungen der Geschichte bis in die heutige Zeit stetig bergauf.

Jetzt wird das auf mittlerweile 22 Filialen angewachsene Familienunternehmen der Bäckerei-Konditorei Traublinger bereits in der vierten Generation geführt. Familie wird großgeschrieben und die Backleidenschaft ist bei allen Mitgliedern mehr als ausgeprägt. Heinrich Traublinger senior ist Präsident der Handwerkskammer für München und Oberbayern und engagiert sich mit viel Herzblut für seine Zunft. Mit dabei auch Gattin Elisabeth, die er, wie es sich gehört, einst auf dem „Münchner Bäckerball" kennengelernt hat. Sohn Heinz ist wie ganz selbstverständlich in seine Fußstapfen getreten und führt die Geschäfte nun mit seiner Frau Annemarie, ebenfalls Meisterin im Konditoren-Handwerk.

Der auffällige Eckladen im neuen Einkaufszentrum „RiemArcaden" am ehemaligen Flughafen wurde im März 2004 eröffnet. Hochmodern in klarer Ausstattung wird das reichhaltige Kuchensortiment offeriert, saisonale Gebäcke, wie die mit Goldmedaillen ausgezeichneten Früchtebrote oder Quark- und Mohnstollen, Plunder- und Blätterteigteile und nicht zuletzt die verschiedensten Krapfen, die zu München gehören wie die Brezen. Es wäre deshalb schade, an der Theke nur kurz einen Kaffee zu trinken, ohne eines der leckeren Stückchen zu probieren. So viel Zeit sollte immer sein. Alles natürlich auch zum Mitnehmen. Viele Preise haben die Traublingers für ihre Produkte schon eingeheimst, wie zum Beispiel den „Staatsehrenpreis für hervorragende Backwarenqualität", ausgelobt vom Verbraucherministerium.

Auch die Brote und Semmeln „haben es in sich". Eine ausgesprochene Spezialität: das Bierbrot, für dessen Teig nur dunkles Bier verwendet wird, bezogen aus dem nahe gelegenen „Hofbräu" München. Da passt es nur zu gut, dass in der Backstube in den 70er Jahren einmal der Film „Das Brot des Bäckers" gedreht wurde. Brauchtum und Backkultur zu vermitteln, das ist das große Anliegen der Inhaber, und so gibt es immer wieder Veranstaltungen für den Nachwuchs, der zusammen mit den Traublinger-Backprofis beispielsweise eine ganz persönliche „Muttertagstorte" kreieren darf.

CALVADOS-SAHNE-TORTE

Zutaten
Für den Apfelfond
100 g Apfelsaft
25 g Zucker
30 g Eigelb
5 g Cremepulver

Für die Sahnefüllung
160 g Apfelfond
30 g Calvados
20 g Apfelpaste
4 Blatt Gelatine
600 g geschlagene Sahne
500 g Äpfel

Zubereitung
Für den Apfelfond Eigelb, Zucker und ein wenig Apfelsaft klumpenfrei miteinander verrühren und zum restlichen Apfelsaft und Zucker geben. Alle Zutaten bei ca. 80 °C zur Rose abziehen.

Für die Sahnefüllung Apfelfond, Calvados und Apfelpaste miteinander verrühren. Die Gelatine in kaltem Wasser einweichen und auflösen, anschließend unter den Fond rühren. Die geschlagene Sahne vorsichtig unterheben. Die Äpfel schälen, in dünne Apfelschnitze schneiden und sofort in einem Weißweinsud blanchieren, damit sie nicht braun werden.

Einen Mürbeteigboden mit Aprikosenkonfitüre bestreichen und darauf einen ca. 2 cm dicken Biskuitboden legen. Einen Teil der blanchierten Äpfel ringförmig auf dem Biskuitboden verteilen. Etwa die Hälfte der Sahnefüllung leicht kuppelförmig auf dem Boden verstreichen. Dann einen weiteren, ca. 1 cm dicken Biskuitboden auflegen und leicht andrücken. Jetzt die zweite Hälfte der Sahnefüllung – ebenfalls kuppelförmig – verstreichen. Nach dem Anziehen der Sahnefüllung die restlichen Apfelschnitze von unten ringförmig und dachziegelartig nach oben anlegen. Zum Schluss die Sahnetorte mit einem Geleeguss abglänzen.

Traublinger in den RiemArcaden
Inhaber: Heinz und Annemarie Traublinger
Willi-Brandt-Allee 5
81829 München
Telefon 0 89 / 95 92 75 99
Telefax 0 89 / 95 92 79 74
www.traublinger.de

Café Tela München-Giesing

Gegründet wurde das „Café Tela" 1930 in der Tegernseer Landstraße. Damals stand es allerdings noch am Platz gegenüber, daneben befand sich die alte Tela-Post, nach der das Café benannt ist. An der jetzigen Stelle wurde es 1970 erbaut, und wer hier um die Ecke schaut, findet noch Straßen mit historischen Kleinhäusern, die aus der ursprünglich bäuerlich-ländlichen Gemeinde Alt-Giesing erhalten geblieben sind. Mächtig thront über allem im Hintergrund die neugotische Heilig-Kreuz-Kirche aus dem Jahr 1886.

100 Jahre später, 1987, übernahm Konditormeister Gottfried Göttler das traditionsreiche Familiencafé, seit den 90ern ist Sohn Stefan der Chef. Wer über die Schwelle des Ladens tritt, kann zunächst das üppige Kuchenbüfett bewundern, in dem Torten, Kuchen, Hefe- und Teegebäck lecker präsentiert werden. Von da aus geht es geradewegs ins Café, und der Gast hat auch hier die Wahl: in die neue, moderne Kaffeebar mit dem dazugehörigen kleinen Garten oder nach oben in den „Salon" mit dickem Teppichflor, Spiegeln, Lüstern und Holzschnitten des Giesinger Künstlers Willi Döhler. Vom Wintergarten aus können die Kaffeegäste über Grünpflanzen hinweg in aller Ruhe das rege Treiben auf der Hauptverkehrsader Giesings, der Tegernseer Landstraße, beobachten.

Bürgerliche Kost steht in vielen Varianten auf der Mittagskarte. Zum Dessert jeden Tag ein anderes Stück Torte, täglich frisch angeliefert aus der nahe gelegenen Konditoreibackstube. Dort werden auch die „Fototorten" hergestellt, mit denen Stefan Göttler bei Hochzeitern und Geburtstagskindern einen überraschenden „Aha"-Effekt erzielt. Es sind Cremetorten in den verschiedensten Geschmacksrichtungen wie Schoko, Schoko-Rum, Nuss, Schwarzwälder, Cointreau, Marc de Champagne, Erdbeere oder Zitrone mit einem aufgebrachten essbaren individuellen Foto aus einer dünnen Zuckerfolie, mit Lebensmittelfarben bedruckt. Der Kunde bringt sein Fotomotiv, wählt die Lieblingstorte aus und kann das Kunststück zum gewünschten Termin in einem der beiden Verkaufsläden abholen (ein weiterer ist am Regerplatz 4). Wer nicht in München wohnt, dem wird das essbare Zuckerbild zugeschickt, für die Torte muss er dann selbst sorgen. Das Ganze funktioniert auch mit Firmenlogos auf Schnitten, Dauergebäck, Pralinen, Schokofiguren und Lebkuchen.

JAPANSAHNE

Zutaten

125 g Eiweiß
250 g Zucker
(ergibt 2 Baiserböden)
150 g dunkle Kuvertüre
50 g Vanillecreme
4 Blatt Gelatine
800 g geschlagene Sahne

Zubereitung

Eiweiß und Zucker zuerst warm, dann kalt schlagen. Die Baiserböden aufstreichen und bei 130 °C ca. 4–5 Stunden trocknen. Danach die Baiserböden mit flüssiger Schokolade bestreichen.

Die Kuvertüre im Wasserbad auflösen, Gelatine in kaltem Wasser ca. 10 Minuten einweichen, ausdrücken und in die warme Kuvertüre geben. Anschließend die Vanillecreme dazugeben und die geschlagene Sahne unterrühren (die Schokolade darf nicht mehr warm sein). Einen Baiserboden in einen Tortenring mit 26 cm Ø legen, eine Hälfte der Schokosahne aufbringen, darauf den zweiten Boden legen und die Restsahne kuppelförmig aufstreichen. Anschließend kalt stellen und mit geschlagener Sahne einstreichen. Schokospäne auf die Oberfläche geben und mit Puderzucker bestreuen.

Café Tela
Inhaber: Stefan Göttler und Rainer Stelzl
Tegernseer Landstraße 62
81541 München
Telefon 0 89 / 62 08 14-20
Telefax 0 89 / 62 08 14-22
www.fototorten.de

Bäckerei-Konditorei-Confiserie Hoffmann München-Laim

„So mag ich ihn, noch warm, ganz frisch", sagt die ältere Dame zu Constanze, einer der Azubis in der „Bäckerei-Konditorei-Confiserie Hoffmann", die schon seit 1959 am Willibaldplatz in Laim daheim ist. Die Rede ist vom Hefezopf, der glänzend und mit Rosinen verfeinert in der beleuchteten Theke liegt. Über 600 verschiedene Produkte kommen aber noch hinzu – angefangen bei Blätterteigteilen, Confiserie-Spezialitäten, Creme- und Sahnetorten, Plunder und Diabetikerwaren bis hin zu allein 40 Sorten Brot und 100 verschiedenen Sorten Weizenkleingebäck. Hingucker in den Regalen und bei so manchem Partybüfett sind eigens gebackene Sternzeichen, Marzipanfiguren und besonders schönes Zuckerwerk.

Heinz Hoffmann, morgens der Erste in der Backstube, hat drei Meistertitel: Bäcker, Konditor und seit 2000 Obermeister der Bäckerinnung München. Hoch prämiert sind seine Weihnachtsstollen, und der Staatsehrenpreis des Freistaates Bayern 2006 gehört ihm auch. Zitat aus der Laudatio: „Die Krönung langjähriger erfolgreicher Qualitätsarbeit und großen handwerklichen Könnens". Mit Liebe, Knowhow und mit besten Rohstoffen wird hinter den Kulissen gearbeitet. Vorne im Laden führt seine Frau Helga Regie und achtet akribisch auf Details: vor allem auf freundliche Bedienung an der Kuchentheke, an den vier Stehtischen drinnen und 15 Plätzen draußen, wo Pasinger und Laimer Anwohner zu einem „Teilchen" in bunten Tassen Kaffee trinken können, aus gegebenem Anlass auch einmal ein Glas Champagner. Ihr besonderes Augenmerk gilt den liebevoll arrangierten Geschenk-Verpackungen und der ansprechenden Schaufensterdekoration unter den weinroten Markisen der „Fünf-Sterne-Bäckerei".

Die Hoffmanns teilen sich somit bewährtermaßen die Arbeit, führen ihren Vorzeigebetrieb mit langjährigen Mitarbeitern jetzt in der vierten Generation. Und die fünfte steht schon bereit: Mit Sohn Michael hat diese Tradition tatsächlich auch Zukunft. Die Geschichte der Familie beginnt schon 1900 mit dem Gründer des Stammhauses, Friedrich Hoffmann, in Brieg/Schlesien. Von dort brachte 1945 der Großvater von Heinz Hoffmann, Erich, schlesische Rezepte mit in seine Wahlheimat München. Nach diesen Anleitungen werden auch heute noch immer Streusel- und Mohnkuchen, Soßenlebkuchen, Schmierkuchen und Mohnbaben hergestellt. Nirgends sonst gibt es diese schlesischen Spezialitäten – nicht nur dafür machen sich Kenner und Liebhaber gerne auf den Weg nach Laim.

HONIG-ROSMARIN-MANGO-SAHNETORTE

Zutaten

60 g Pfirsichlikör

40 g Honig

2 Blatt Gelatine

1 Zweig Rosmarin

80 g Honigkuvertüre

300 g Sahne

etwas Vanillecreme

1/2 Mango

Zubereitung

Pfirsichlikör mit Honig und Rosmarin erhitzen, die Gelatine darin auflösen. Die Honigkuvertüre ebenfalls darin auflösen und die geschlagene Sahne unterheben. Den Rand eines Tortenrings mit Dekor-Biskuit auslegen und einen Regentenboden einlegen. Die fertige Mousse in den Ring füllen, die Torte glatt abstreichen und einen weiteren Regentenboden obenauf legen. Diesen dünn mit Vanillecreme bestreichen, anschließend mit Mango-Scheiben belegen und abglieren.

Bäckerei-Konditorei-Confiserie Hoffmann
Inhaber: Helga und Heinz Hoffmann
Reutterstraße 43
80687 München
Telefon 0 89 / 58 00 80-0
Telefax 0 89 / 58 00 80-20
www.baeckerei-hoffmann.de

Ratschiller's Holzkirchen

Es ist wohl das berühmteste „Frühstück" der Welt, die bittersüße Liebesgeschichte der Holly Golightly, die nach einer Novelle des amerikanischen Schriftstellers Truman Capote mit der Hauptdarstellerin Audrey Hepburn 1961 oscarreif verfilmt wurde: „Frühstück bei Tiffany". Ein übergroßes Szenenfoto aus diesem Film hängt zusammen mit anderen Motiven bekannter Schauspielergrößen in Schwarz-Weiß an den Wänden der Bäckerei-Konditorei „Ratschiller's" in Holzkirchen. Es zeigt die grazile Schauspielerin vor dem New Yorker Schmuckgeschäft Tiffany in einer Fotomontage mit einer „Ratschiller's"-Tüte in der Hand.

Frühstück muss nicht unbedingt in New York sein: Auch bei „Ratschiller's" kann man es sich einige Zeit gut gehen lassen. Lila gepolsterte Lederbänke und Stühle, viel Edelstahl und helles Holzparkett im ruhigeren hinteren Bereich laden zum genüsslichen ersten Kaffee ein. Etwas weiter vorne genießen Gäste im abgegrenzten Sitzbereich Brotzeiten, Salate und bayerische Mittagsschmankerl, die in der offenen Küche vor aller Augen frisch zubereitet werden. Sobald das erste schöne Wetter es zulässt, sitzen Mitarbeiter aus den umliegenden Betrieben auf der Sonnenterrasse und freuen sich bei den vielfältigsten Leckereien über ihre Pausen. Bei denjenigen, die es eilig haben, ist der seitwärts eingerichtete „Drive-In-Schalter" sehr beliebt.

Davor, im großzügigen Laden der neu gebauten „Ratschiller's-Zentrale", geht es dann schon quirliger zu. Viele Einwohner des oberbayerischen Marktes Holzkirchen, ein paar Kilometer südlich von München gelegen, kaufen hier die ofenfrischen Back- und Konditoreiwaren von der Kaisersemmel bis zum Zwiefachen, einem doppelt („zwiefach") gebackenen Bauernbrot aus Natursauerteig, und vom Krapfen bis zur Hochzeitstorte. Freundliche Mitarbeiterinnen beraten geduldig und kompetent Unentschlossene, denen bei der immensen Auswahl in der großen halbrunden Vitrine manchmal die Entscheidung schwer fällt: zwischen der Bayerisch Creme, der Himbeer-Mascarpone oder einer Joghurt-Schnitte, die nicht nur in der Holzkirchner Gegend schon Berühmtheit erlangt haben.

Anfang der 80er Jahre wurde die bayerische Handwerksbäckerei und -konditorei „Ratschiller" von Helmut Ratschiller als Ein-Mann-Betrieb gegründet. Damals wie heute – es gibt mittlerweile über 50 Filialen – werden alle Produkte, darunter allein 70 verschiedene Kuchen und Torten, aus den Zutaten der Region hergestellt.

RATSCHILLER SPEZIAL

Zutaten

- 10 g Eier
- 110 g Wasser
- 430 g Zucker
- 480 g Mehl
- 110 g Weizenpulver
- 12 g Backpulver
- 300 g Butter
- 300 g Vanillepudding
- 80 ml Maraschino-Likör
- 80 ml Wasser
- 80 g Invertzucker (flüssiger Zucker)
- 200 g Johannisbeerkonfitüre
- 50 g Kakao
- 80 g gehobelte Mandeln

Zubereitung

Eier, Wasser und Zucker leicht anwärmen und gut aufschlagen, bis die Masse kalt ist. Mehl, Weizenpuder und Backpulver vermischen und darunterheben. Den Teig auf zwei Bleche streichen und bei 220 °C ca. 10 Minuten backen. Für die Creme die weiche Butter mit dem Vanillepudding schaumig schlagen. Separat Maraschino, Wasser und Invertzucker verrühren.

Aus einem der Rouladenböden einen Ring mit 26 cm Ø ausstechen, auf eine Tortenscheibe geben und eine dünne Schicht Buttercreme aufstreichen. Die restlichen Rouladen in ca. 6 cm breite Streifen schneiden. Johannisbeerkonfitüre glatt rühren und auf die Streifen streichen, darauf dünn (bis auf ca. 1/3 Rest) die Buttercreme aufbringen. Einen bestrichenen Streifen zu einer Schnecke zusammenrollen und in die Mitte des ausgestochenen Bodens geben. Danach einen Streifen nach dem anderen so lange um die Schnecke wickeln, bis die sie so groß wie der Boden ist. Den Tortenring darumsetzen und mit der Maraschino-Tränke beträufeln. Die Torte 1 bis 2 Stunden zugedeckt in den Kühlschrank stellen, den Ring abnehmen und mit der restlichen Buttercreme einstreichen. Mit gerösteten, gehobelten Mandeln und Kakao verzieren.

Ratschiller's
Inhaber: Ratschiller GmbH
Gewerbering 14b
83607 Holzkirchen
Telefon 0 80 24 / 47 49-21
Telefax 0 80 24 / 47 49-30
www.ratschillers.de

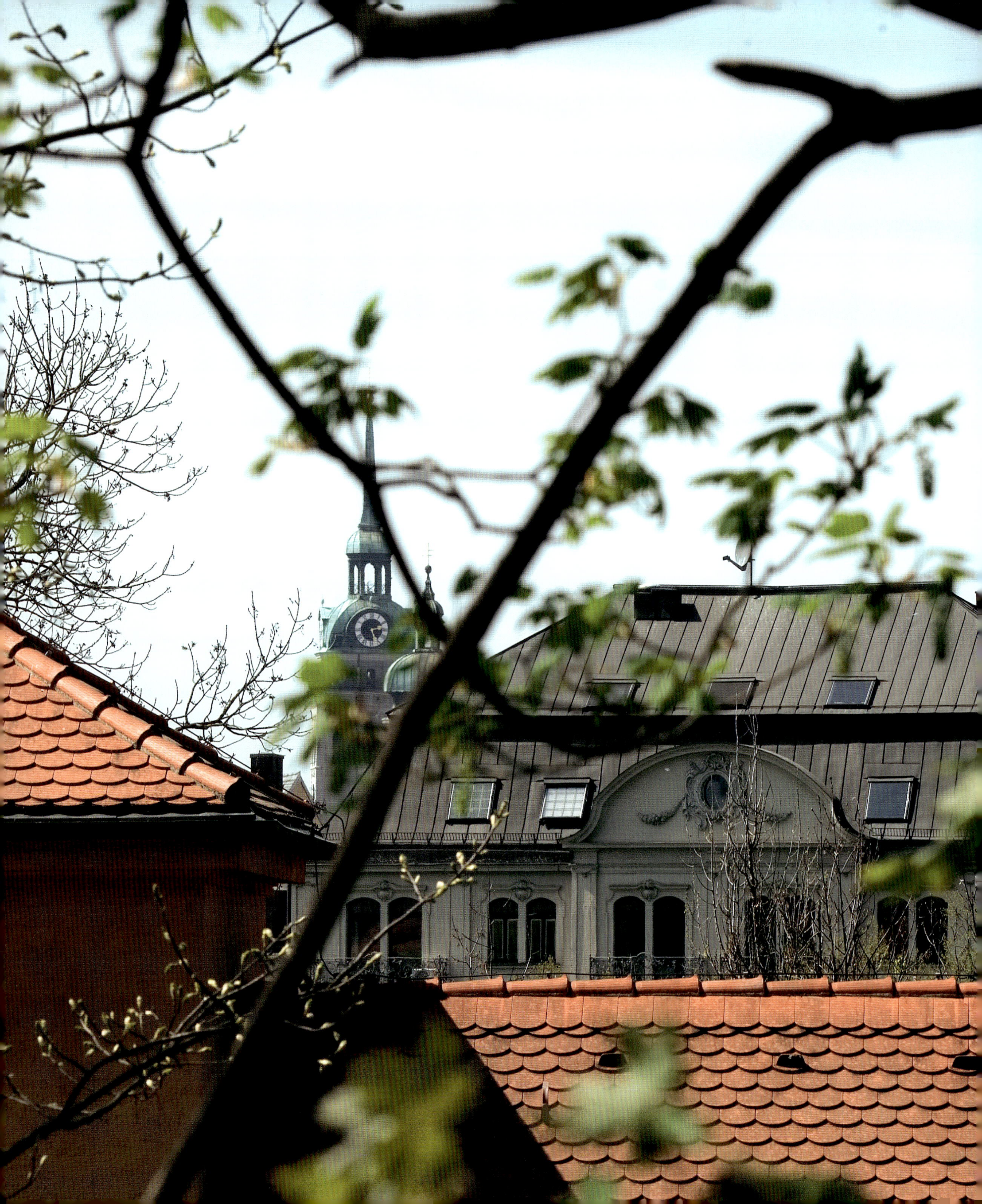

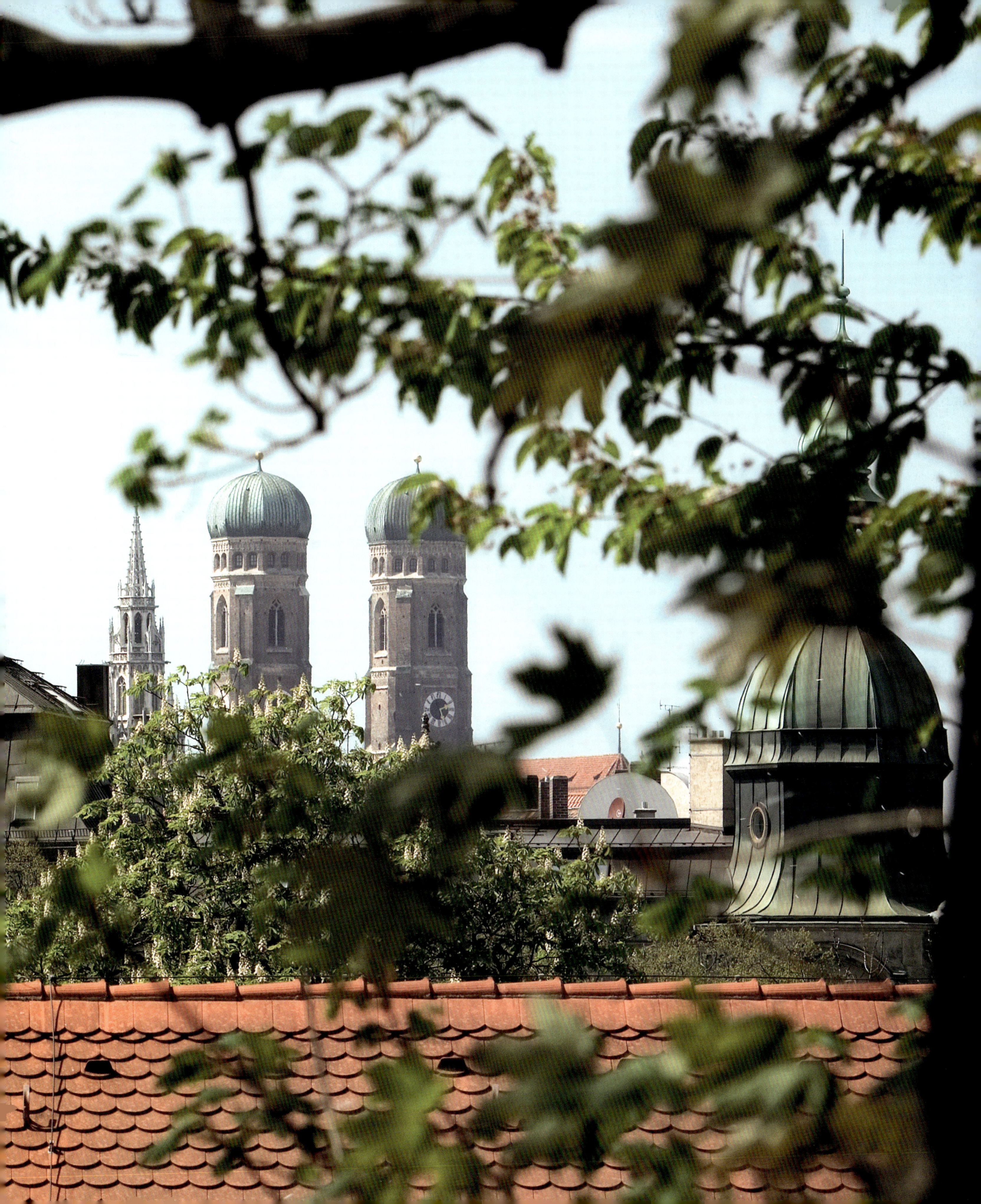

Konditorei Detterbeck München-Laim

Es gibt manche Gründe nach Laim zu fahren, einem Münchner Stadtviertel, das bereits um 1900 eingemeindet wurde. Da ist einmal das unter Denkmalschutz stehende Laimer Schlössel auf der anderen Seite der Agnes-Bernauer-Straße, dann der vor wenigen Jahren als Grün- und Erholungsfläche neu gestaltete Laimer Anger, das kommunikative Kulturzentrum und vor allem das „Café Detterbeck", unmittelbar an besagtem Anger gelegen.

Vor einem halben Jahrhundert, im Juli 1958, haben Josef und Klara Detterbeck das Café gegründet, seit 1994 nun wird es vom Sohn und Konditormeister Thomas D. und seiner Frau Angelika geführt. Sieben Tage in der Woche ist das Geschäft geöffnet, die frischen Konditorei-Waren kommen direkt von der schräg gegenüber liegenden Backstube auf die „Piazza Detterbeck".

Das „Detterbeck", wie es liebevoll genannt wird, ist wegen seiner großen Auswahl an Obstkuchen, Sahnetorten, Zwetschgendatschi, Plätzchen, Stollen, Pralinen und überdimensionalen herzförmigen Hochzeitstorten bekannt. Hauptsächlich aber gilt es als der ultimative „Eistreff". Lange Schlangen von Eisfreaks stehen die ganze Sommerzeit über vor der coolen Eistheke und lassen sich von Victoria, der Tochter von Angelika und Thomas Detterbeck, die Waffeln zum Mitnehmen füllen.

Unter drei Kugeln geht meist keiner weg. Sie bessert damit ihr Taschengeld auf, genau wie die anderen Schülerinnen und Schüler, die zur Saison aushelfen. Im Sommer werden zwischen 60 bis 70 verschiedene Sorten, 24 davon das ganze Jahr über, als fantasievolle Becher im gemütlichen Café mit seinen kleinen Bistrotischen oder draußen auf der bedienten Terrasse mit über 50 Plätzen serviert.

Viele der Gäste sind Laimer Familien mit Kindern, ältere Menschen und Jugendliche, Radler und Vespa-Fahrer, aber auch ganze Schulklassen kommen hierher, um auf der Mauer des Platzes oder der Wiese sitzend in der Sonne ihr Eis zu schlecken – wenn es die Außentemperaturen zulassen, sogar bis in den November hinein. Exotisches wie Mango, Klassisch-Fruchtiges wie Erdbeere, Seltenes wie Rhabarber oder Heidelbeer-Joghurt, Alkoholisches wie Campari-Orange oder Prosecco, Nussiges wie Erdnuss-Nougat, ja sogar der Geschmack von Rosenblüten. All das ist hoch begehrt und lockt auch Liebhaber der kühlen Erfrischung aus weiterer Entfernung hierher, um das „beste Eis weit und breit" zu genießen. Jedes Jahr sind sie wieder gespannt, was sich der kreative Eiskonditor Detterbeck Neues einfallen lässt.

ERDBEER-RHABARBER-SORBET
(für 4–6 Personen als Dessert oder für 10 Personen als Zwischengang)

Zutaten

700 g Rhabarber
200 g Erdbeeren püriert
1 Zimtstange
1/2 Vanilleschote
250 g trockener Weißwein oder Fruchtsaft
ca. 180 g Zucker
2 EL Zitronensaft

Zubereitung

Den Rhabarber gut waschen, nur leicht schälen und in kleine Stücke schneiden. Mit Gewürzen, Zucker und Wein (oder Fruchtsaft) gar kochen. Zimtstange und Vanille herausnehmen. Alles gut durchmixen, das pürierte Erdbeermark zufügen und mit Puderzucker und Zitronensaft abschmecken. Die Masse in eine gefriertaugliche Form füllen, in einem Gefrierschrank bei mindestens −16 °C gefrieren lassen. Die Masse ca. alle 30 Minuten mit dem Schneebesen gut durchrühren. Das Sorbet in formschöne Gläser füllen, mit Minzeblatt und gezuckerter Erdbeere dekorieren und servieren.

Konditorei Detterbeck
Inhaber: Angelika und Thomas Detterbeck
Agnes-Bernauer-Straße 89
80687 München
Telefon 0 89 / 56 02 68
Telefax 0 89 / 58 07 291

Konditorei-Bäckerei Paul Schmidt — München-Bogenhausen

Über dem Geschäft in der Ismaninger Straße steht „Brotmanufaktur Schmidt" zu lesen, und das kommt nicht von ungefähr: Mehl aus Bayern, mit Kristallen belebtes Wasser, selbst hergestellter Natursauerteig mit langer Reifung und natürliches Meersalz werden im antiken Bottich geknetet, von Hand zu Laiben geformt und auf Steinplatten im Ofen gebacken. Jedes Brot ein Unikat. Handwerkliches Können, das auch in den übrigen fünf Filialen in den anderen Stadtteilen Haidhausen und Lehel zur Geltung kommt.

Doch ist es nicht alleine das mit Auszeichnungen überhäufte Brot, das die Nachbarn und Bewohner des noblen Villenviertels Bogenhausen dorthin führt: Hefegebäck und Florentiner, Herrenschnitte und Trüffel-Sahne, Rum-Punsch-Torte, Mohnschnecken und Kirschrouladen, Warschauer, Pinolie und ein Feingebäck mit dem schönen französischen Namen Tourtiere de Gascogne liegen zum Anbeißen in der modernen Vitrine. Alles wie von der Großmutter nur mit den besten Zutaten, wie auch die legendäre Rhabarbersauerrahmschnitte. Manch einer kann damit gar nicht warten, bis er zu Hause ist. Für diese Fälle laden moderne Kirschholz-Tische und Bänke mit frischen, lichtgrünen Bezügen zum bequemen Niedersetzen und Genießen ein. Vorher oder nachher kann man auch einen schönen Spaziergang am nahen Isarhochufer machen oder eine Fahrt mit der Münchner Trambahn, die hier direkt vor der Tür hält.

In früheren Zeiten war es eine Pferdebahn, und so weit reichen auch die Wurzeln des Familienunternehmens zurück: Im Oktober 1844 gründete der Bäckermeister Ignaz Chorherr eine Bäckerei in der Steinstraße des damals noch selbstständigen Dorfes Haidhausen. Bald schon verkaufte er diese an den Bäckermeister Anton Dorn, dessen Nachfolger drei Generationen lang die Haidhauser Bürger mit frischem Brot und süßem Gebäck versorgte. 1902 entstand aus dem ehemaligen typischen Herbergshaus ein Wohnhaus mit Bäckerei, seit August 1945 Stammgeschäft der Familie Paul Schmidt. Heute sind es Markus Schmidt und seine Bäckermeisterin Sonja Laböck, die jetzt wieder in der dritten Generation ihre Liebe zur Tradition beweisen: Noch immer gibt es „Springerle", eine Eiermarzipan-Spezialität aus süßem Teig. Sie werden mit alten Holzmodeln aus dem 17. und 18. Jahrhundert von Hand geprägt. Die Familie sammelt diese volkskundlich und kunsthandwerklich bemerkenswerten Formen schon seit mehr als 100 Jahren. Das Springerle-Gebäck ist die Attraktion auf dem Münchner Christkindlmarkt vom eigenen Stand. Als Augen- und Gaumenschmaus dient es in Bayern als traditioneller Christbaumschmuck. Dazu nostalgisch verzierte Honiglebkuchen, Gewürzprinten, Stollen und Früchtebrot mit selbst gedörrten Birnen, auf bayerisch „Kletzen".

ROTE GRÜTZE

Zutaten

175 g Wasser
45 g schwarze Kirschen
70 g Johannisbeeren
45 g Heidelbeeren
70 g Himbeeren
70 g Zucker
20 g Maisstärke
20 g Wasser
45 g gefrorene Himbeeren
40 g frische Erdbeeren

Zubereitung

Die Beeren in das kochende Wasser geben und auf kleinem Feuer 5 Minuten kochen lassen. Anschließend mixen und durch ein Sieb passieren. Mit dem Zucker wieder aufkochen. Maisstärke mit Wasser anrühren, die Beerenmasse damit abbinden. Die gefrorenen Himbeeren beigeben und etwas abkühlen lassen. Die klein geschnittenen frischen Erdbeeren dazugeben und im Kühlschrank erkalten lassen. Sahne mit Vanillezucker schwach aufschlagen, auf die Rote Grütze aufbringen und mit frischen halbierten Erdbeeren garnieren.

Konditorei-Bäckerei Paul Schmidt
Inhaber: Markus Schmidt und Sonja Laböck
Ismaninger Straße 91
81667 München
Telefon 0 89 / 45 99 12-18
Telefax 0 89 / 45 99 12-30

Konditorei-Bäckerei Riedmair München-Freimann

Der Englische Garten, der größte Stadtpark der Welt, erstreckt sich mit seinen weitläufigen Anlagen bis nach Freimann hinaus. Im Norden endet er mit dem Auwaldgebiet „Obere Isarau", die im Westen vom Garchinger Mühlbach begrenzt wird. Parallel dazu verläuft die Freisinger Landstraße, die „Lebensader" des nördlichsten Stadtteils von München.

Hier, im Haus Nr. 22, gründeten Georg und Maria Riedmair, die Großeltern der heutigen Inhaber, 1953 ihre Bäckerei. Der einzige Sohn Ludwig übernahm Ende der 70er Jahre zusammen mit seiner Frau Margot den einstmaligen Kleinbetrieb und baute ihn zu einem modernen mittelständischen Unternehmen aus. Es kommt nicht von ungefähr, dass nun in der dritten Generation die beiden Geschwister Sigrid und Ludwig Riedmair jr. diese Tradition fortsetzen, sind sie doch mit dem Back-Handwerk aufgewachsen. Im nahen Garching ist ein hochmoderner Produktionsbetrieb entstanden, der nicht nur die eigenen sechs Filialen, sondern auch Kunden in Gastronomie und Feinkost beliefert.

Auch im alten Stammhaus werden nach aufwändiger Renovierung 2007 weiterhin die „ehrlichen Produkte" angeboten, mit denen Riedmair ein Begriff für feinste Backwaren geworden ist. Das fängt bei den Zutaten an: Nur hochwertige Rohstoffe aus der Region kommen in und auf den Teig wie z. B. Mehl aus kleinen Mühlen in Dachau und dem Donau-Ries oder Früchte und Obst ganz frisch aus der Münchner Großmarkthalle. Croissants und Feingebäcke werden ausschließlich mit reiner Butter hergestellt, in der Konditorei nur erstklassige Kuvertüren verwendet. Zur aufwändigen handwerklichen Herstellung nach eigenen alten Rezepten gehören längere Ruhezeiten, was wiederum ein feineres Aroma mit sich bringt. Das kommt auch den ausgesuchten Hochzeitstorten aus der „Kreativ-Werkstatt" Riedmair zugute, die den „schönsten Tag im Leben" krönen. Neben der großen Brotauswahl – vom Frankenlaib bis zum Kartoffelbrot – ist die „Süße Abteilung" mit frischen Kuchen und Torten, Lebkuchen, Saisongebäck, Eis und hausgemachten Marmeladen ein wahres Paradies zum Mitnehmen für die Kaffeetafel zu Hause. Die kleine Küche bietet neben dem klassischen Frühstück auch herzhafte Snacks, Belegtes für die Brotzeit, verschiedene Salate und – für Leckermäuler – „Tiramisu im Töpfchen", eine gar köstliche Spezialität, an der man kaum vorbeikommt.

HERRENTORTE

Zutaten

für die Biskuitböden
8 Eier
200 g Butter
250 g Zucker
200 g Mehl
100 g Weizenstärke

für die Weincreme
250 g Wasser
250 g Weißwein
100 g Zucker
2 Eigelb
40 g Puddingpulver
1/4 Vanilleschote
400 g Marzipan, 40 g Arrak

Zubereitung

Für die Böden Eigelb mit Butter verrühren, Zucker und Eiweiß zu steifem Schnee schlagen und mit dem Eigelb vermengen. Mehl und Weizenstärke sieben und unter die Masse melieren. Auf Backpapier sieben Böden mit einem Durchmesser von ca. 26 cm dünn aufstreichen und bei 180 °C etwa 30 Minuten backen.

Für die Weincreme Wasser und Wein zusammen aufkochen. Zucker, Eigelb und Puddingpulver verrühren, mit etwas Flüssigkeit verdünnen und das Ganze der kochenden Flüssigkeit zugeben. Marzipan mit Arrak und einem Teil der Creme klumpenfrei verrühren, anschließend mit der restlichen Creme vermengen.

Böden mit einem Rum-Läuterzucker-Gemisch leicht tränken. In einem Ring abwechselnd Böden und die noch warme Weincreme einfüllen und über Nacht kühl stellen. Ring abziehen, die Torte mit Buttercreme hauchdünn einstreichen und den Rand mit Mandelsplittern einmanteln. Oben einen Deckel aus Marzipan auflegen und mit warmem Fondant bestreichen.

Konditorei-Bäckerei Riedmair
Inhaber: Sigrid und Ludwig Riedmair jr.
Freisinger Landstraße 22
80939 München
Telefon 0 89 / 32 56 22
Telefax 0 89 / 52 03 58-19
www.riedmair.de

Bäckerei-Konditorei Sickinger — Gräfelfing-Lochham

München ist nah, der Starnberger See vor der Tür und in die Berge ist es nur ein Katzensprung. Das schöne Würmtal, im Südwesten der bayerischen Landeshauptstadt gelegen, ist heiß geliebt, die Konditorei- und Backwaren der Gebrüder Sickinger sind es auch.

An „Europas kleinstem Kreisverkehr" im Gräfelfinger Ortsteil Lochham geht es schon frühmorgens ganz geschäftig zu. Um diese Zeit beginnen die Mitarbeiter der beiden Brüder Hans und Peter Sickinger, beide Meister des Konditoren- und Bäckerhandwerks, mit ihrer Arbeit. Da werden feine Massen für Nusshörnchen auf Teigecken gestrichen, die Füllung für leckere Quarktaschen abgeschmeckt und natürlich auch dünne Teigstränge zu Brezen gedreht. Der Betrieb im Würmtal ist einer der letzten selbst produzierenden Bäckereien in der Region, und achtmal am Tag werden die fünf „Sickinger"-Filialen (Lochham, Gräfelfing, Gauting, Martinsried und Planegg) mit frischen Produkten aus der Backstube beliefert. Das Geheimnis ist die gleichbleibende Qualität aller Produkte, und das gilt seit 1963, als die heutige „graue Eminenz", Johann Sickinger, und seine Frau Helene eine bereits bestehende Bäckerei übernahmen.

Beide Söhne sind gerne in das Handwerk hineingewachsen und führen einig und mit Leib und Seele die Geschäfte. Im Laden im Stammhaus Lochham führt Barbara Sickinger Regie, die für Kunden und Verkäuferinnen stets ein offenes Ohr hat. Sie bestreicht auf Wunsch extra weiche Butterbrezen und sorgt zudem für die professionelle Schaufenster- und Innengestaltung. Im Laden findet man Kaffee aus der Rösterei Dinzler in Rosenheim, Schokoladen von Hachez, Schoko-Bohnen aus der Schweizer Chocolaterie Callebaut, freilich aber auch Bio-Backwaren, die seit 2006 mit dem offiziellen Öko-Zertifikat versehen sind. Wie in allen Filialen gibt es hier Stehtische, von denen aus man am familiären Ladenleben teilnehmen und sich gleichzeitig stärken kann: zum kleinen Frühstück, zur Brotzeit oder zum Nachmittagskaffee. Für jeden Geschmack etwas, sei es ein Gourmet-Baguette, Scampis auf Salat oder ein Zwiebelkuchen – der Mittagstisch wechselt täglich.

Auf dem Platz vor dem Haus stehen in der Schönwetterperiode Tische und Stühle im Grünen. Dort sitzt schon mal der junge Gräfelfinger Bürgermeister, um zwischen seinen Gemeindegeschäften eine beruhigende Kaffeepause einzulegen und ganz nebenbei einen lockeren Plausch zu halten.

SAUERRAHM-RHABARBERKUCHEN

Zutaten

5 Eier
280 g Zucker
40 g Puddingpulver
40 g Stärkemehl
850 g Sauerrahm
550 g Quark
1 Prise Salz
1/2 ausgekratzte Vanilleschote
1/2 abgeriebene Zitronenschale
2 Stangen frischer Rhabarber
1 fertiger Mürbeteigboden
Butterstreusel

Zubereitung

Den Rhabarber schälen, leicht blanchieren und in ca. 2 cm lange Stücke schneiden. Zucker, Puddingpulver und Stärkemehl vermischen, den Sauerrahm mit dem Quark dazugeben. Anschließend Eier, Salz, Vanille und Zitrone nach und nach dazugeben und zu einer glatten Masse verrühren, dabei nicht schaumig schlagen. Die Masse in einen mit Mürbeteigboden ausgeschlagenen Ring füllen, die Rhabarberstücke darauf verteilen und mit den Streuseln bestreuen. Den Kuchen ca. 40 Minuten bei 180 °C im Ofen backen. Bevor man den Ring abnimmt, 2 bis 3 Stunden auskühlen lassen und mit etwas Puderzucker bestreuen.

Bäckerei-Konditorei Sickinger
Inhaber: Hans und Peter Sickinger
Aubinger Straße 4B
82166 Gräfelfing-Lochham
Telefon 0 89 / 8 97 06 60
Telefax 0 89 / 89 70 66 26
www.baeckerei-sickinger.de

Kistenpfennig München-Schwabing

Zwischen Englischem Garten im Osten und dem Luitpoldpark im Westen liegt ein Stück Schwabing, das nicht ganz so berühmt-berüchtigt ist wie das Altschwabing um die Münchner Freiheit herum. Die Leopoldstraße ist hier zwar keine Flaniermeile mehr, hat aber dennoch ihr eigenes Gesicht behalten.

In diesem Teil Schwabings, gleich um die Ecke, liegt Münchens Gourmettempel „Tantris", fällt der Glaspavillon der Bäckerei „Kistenpfennig" ins Auge, die hier im Mai 2004 eine ihrer Dependancen eingerichtet hat. Onosmatiker, Leute, die sich mit Namenskunde beschäftigen, haben den Namen „Kistenpfennig" erforscht: „Küss-den-Pfennig" hat seinen Ursprung im oberpfälzischen Waldsassen. Hans und Monika Kistenpfennig haben ihre Unternehmenskette 1973 mit einer kleinen Dorfbäckerei in Fahrenzhausen im Landkreis Freising, 15 Kilometer nördlich von München, begründet. Heute leitet Sohn Hans die Produktion und Tochter Susanne Lütgering führt die zwei Geschäfte in der Landeshauptstadt.

„Es muss schmecken, es muss einem gut tun", betont Susanne Lütgering das ungeschriebene Gebot, nach dem sich das Familienunternehmen in jeglicher Hinsicht richtet. Gesundheit, Natur und Umweltbewusstsein spiegeln sich bei der Auswahl der Zutaten wider. So kommen Eier beispielsweise nur vom Bauernhof und von frei laufenden Hühnern. Die umfangreiche Palette an Qualitätsbackwaren ist der Chefin wichtig.

In der üppig bestückten Theke ist deshalb auch für jeden Geschmack etwas dabei: Frische Salate, immer wieder neu kreierte Baguettes und Sandwichs und die mit Antipasti belegten Wurzelbrote locken Brotzeiter und Geschäftsleute mit erstem Mittagshunger in den großzügigen Café-Laden, während Studenten noch beim Frühstück über ihren Arbeiten sitzen. Junge Frauen mit kleinen Kindern fühlen sich ebenso wohl wie Schwabinger, die im nahen Supermarkt einkaufen gehen und auf dem Rückweg auf ein Stück Kuchen einkehren. Darauf beschränkt sich das Konditorei-Angebot aber nicht: Torten, Petit Fours, Croissants, Krapfen und Schnecken, insbesondere die dicht belegten Fruchtschnitten haben es den Gästen angetan.

Das Interieur innen und außen erlaubt ein entspanntes Nebeneinander: Ein einzelner großer dunkler Holztisch neben dem Eingang für eine größere Gruppe, viele kleinere Stehtische und eine gemütliche Sitzlounge mit Lederhockern auf modernem grauem Steinboden passen perfekt zu den stylish-roten Wänden. Stylish auch die bunten Tassen des italienischen Kaffeelieferanten Lucaffé – é vivi la vita: Es lebe das Leben.

OBSTKUCHEN

Zutaten

1 Mürbeteigboden
200 g Eier
120 g Zucker
65 g Weizenpuder
65 g Weizenmehl (Type 405)
40 g flüssige Butter
rote Marmelade
frisches Obst
1 Päckchen Tortenguss

Zubereitung

Für den Wiener Tortenboden Eier und Zucker aufschlagen. Weizenmehl und Weizenpuder gesiebt unter die Masse geben. Die flüssige (nicht heiße) Butter langsam unterheben und dann bei 220 °C ca. 25 Minuten backen. Den Mürbeteigboden mit roter Marmelade bestreichen, darauf einen mit Vanillecreme bestrichenen Wiener Tortenboden aufbringen. Den Boden mit frischem Obst nach Wahl belegen und mit Tortenguss übergießen.

Kistenpfennig
Inhaberin: Susanne Lütgering
Leopoldstraße 144
80804 München
Telefon 0 89 / 32 66 74 49
Telefax 0 89 / 32 66 74 49
www.kistenpfennig.net

Konditorei-Café Schmid München-Nymphenburg

Schöne und noble Straßenzüge kennzeichnen Nymphenburg, den grünen und wasserreichen Stadtteil im Münchner Westen, benannt nach dem weltbekannten Barockschloss mit seinem kunstvollen Landschaftspark. Es wurde als Sommerresidenz der bayerischen Kurfürsten und Könige aus dem Hause Wittelsbach gebaut und hat eine über 300 Jahre alte Entwicklungsgeschichte. Südlich des Schlosses entstand 1780 auf Anregung des Kurfürsten Karl Theodor der Hirschgarten mit seinem Rotwild, das damals für die adelige Jagd ausgesetzt wurde.

In der gleichnamigen nahen Hirschgartenallee steht ein Haus aus der Gründerzeit, in dem seit über 25 Jahren Konditormeister Walter Schmid sein Konditorei-Café betreibt. Im Sommer sitzen die Nachbarn aus der Umgebung dieses großbürgerlich-repräsentativen Villenviertels unter schattigen Lindenbäumen im Vorgarten, der, eingefasst von einer dichten Buchenhecke, für acht Tische Platz bietet. Wegen der ruhigen Atmosphäre kommen auch viele Büroleute hierher, um sich am kleinen Mittagstisch mit einer delikaten Suppe oder einer selbst gemachten Pizza zu laben.

Durch zwei große Schaufenster kann man nach innen schauen, hinein in den Laden und in die fast winzige Caféstube, im Stil der 90er Jahre. Es ist schon immer ein Nichtraucher-Café, in dem nicht nur deshalb die Prinzregententorte, das Hefegebäck oder eines der anderen guten Stücke zum heißen Kaffee besonders gut schmecken. Denn alles wird von Walter Schmid und seiner Mitarbeiterin Michaela Seitz in der rückwärtigen Backstube selbst hergestellt, wie auch die Pralinen, die einen aus der Verkaufstheke im Laden so verführerisch anlachen. In der großen Vitrine, die beim Betreten des Geschäftes sofort ins Auge fällt, präsentieren sich saisonale Produkte. Am Sonntagmorgen gibt es frische Mohn-, Sesam- und Körner-Semmeln, Brezen und Brot, aber auch Kaffee der österreichischen Rösterei Zumtobel, fürs häusliche Frühstück einzukaufen – gemütlich und ganz in Ruhe kann man es aber auch gleich an Ort und Stelle einnehmen.

PRINZREGENTENTORTE

Zutaten

für die Böden

7 Eigelb
7 Eiweiß
175 g Zucker
75 g Weizenpuder (Speisestärke)
75 g Mehl
1 Vanillinzucker
1 Prise Salz
etwas Zitronensaft

für die Schokoladenbuttercreme
1 Schokoladenpuddingpulver
1 EL Kakaopulver
100 g Zucker
1/2 l Milch
50 g Kokosfett
200 g Butter

Zubereitung

Für die Böden das Eigelb mit dem Zucker schaumig rühren. Das Eiweiß zu Schnee schlagen und unterheben. Mehl, Speisestärke, Vanillinzucker, Salz und Zitronensaft unterrühren. Von dem Teig in einer mit Backpapier ausgelegten Springform sieben Böden backen, jeweils 7–10 Minuten bei 180 °C.

Aus dem Schokoladenpuddingpulver, Kakao, Zucker und Milch einen Pudding kochen und das Kokosfett dazugeben. Butter schaumig rühren und langsam unter den abgekühlten Pudding ziehen. Die Creme zwischen die Böden füllen. Aus Puderzucker, Kakao, Butter und Wasser eine Kuvertüre herstellen und auf die Torte streichen.

Konditorei-Café Walter Schmid
Inhaber: Walter Schmid
Hirschgartenallee 24
80639 München
Telefon 0 89 / 17 33 51
Telefax 0 89 / 27 29 29 25

Café-Bar-Backhaus Stacherias München-Innenstadt

Quirlig geht es immer noch zu, auf dem Karlsplatz, einst der verkehrsreichste Platz Europas, 1790 von Kurfürst Karl Theodor angelegt und später auch nach ihm benannt. Der offizielle Name konnte sich aber nie so richtig durchsetzen. Seit mehr als 250 Jahren wird der „Karlsplatz" von den Münchnern noch immer ganz hartnäckig „Stachus" genannt. Woher kommt's? Am Karlsplatz gab es ein beliebtes Wirtshaus, den „Stachusgarten". Der Wirt, Eustachius Föderl, inzwischen längst vergessen, war der Namensgeber, und so heißt der „Stachus" heute eben immer noch „Stachus".

Im historischen Rondell, um 1900 von dem berühmten Jugendstil-Architekten Gabriel von Seidel errichtet, befindet sich heute neben dem Karlstor das beliebte „Café Stacherias". Dort bieten Inhaber Siegfried Burgdorf und sein Team feinste Konditorei- und Backwaren an. Zu den Favoriten zählen erlesene Kuchen und Torten, aber es gibt weit mehr: ein reichhaltiges Frühstücksangebot mit allen möglichen Extras, Snacks, Sandwichs und Bagels, Suppen und Salaten. Für den größeren Hunger stehen mit Bedacht ausgewählte Hauptgerichte auf der wechselnden Wochenkarte. Nicht zu vergessen die großen Eisbecher-Klassiker wie Schwarzwälder Becher, Bananensplit, Heiße Himbeeren mit Schuss oder Coupe Danmark sowie die verschiedensten Milchshakes. Am Abend freuen sich die Gäste über die Happy Hour mit Caipirinhas, Frozen Daiquiris und Coladas.

Die Cocktails passen gut zum Ambiente des „Stacherias". Hell und freundlich, Tische und Stühle aus leichtem Bambus und karibisch anmutend. Dekorative Kronleuchter, Stuck, Barockengel und eine kleine Statue des Märchenkönigs Ludwig II. sind Blickfänger und auch liebenswürdige Zugeständnisse an das barocke München – so ist die ganze erste Etage eingerichtet. Für private und berufliche Feiern gibt es auch einen separierbaren Saal. Von hier oben aus lassen sich die kleinen Balkone in der Fassade des Rondells wie Theaterlogen nutzen. Mit bestem Blick auf den großen Springbrunnen des Platzes mit seinem bunten Treiben rundherum. Wer es aber lebendiger mag, der kann sich hier unten auf dem Platz in der warmen Jahreszeit unter den weißen Sonnenschirmen des „Stacherias" niederlassen.

Im Backhaus, neben dem Eingang des Cafés, kann man sich all die immer frischen Kuchen und Backwaren einpacken lassen, um doch noch ein wenig was vom Großstadtflair „Hier geht es zu wie am Stachus" – eine bayerische Redewendung – mit nach Hause zu nehmen.

KUPPELTORTE STACHERIAS SPEZIAL

Zutaten

1 weißer Biskuitboden 26 cm Durchmesser
1 Schoko-Biskuitboden 26 cm Durchmesser
700 g Buttercreme
300 g Nougat
400 g gekochte und abgebundene Sauerkirschen
150 g geröstete Walnüsse
300 g Marzipan, dazu etwas blaue Lebensmittelfarbe
1 Vanilleschote, 15 g Spritzschokolade
50 ml Rum

Zubereitung

Die Biskuitböden zunächst in jeweils 3 cm dicke Scheiben schneiden. Walnüsse leicht rösten, erkalten lassen und etwas klein hacken. Das Marzipan mit blauem Farbstoff mischen. Eine Vanilleschote halbieren, auskratzen und unter die Buttercreme mischen. Die Walnüsse dazugeben.

Eine gleichmäßig runde Schüssel mit einer weißen Biskuitscheibe auslegen, mit einer Schicht der Walnussbuttercreme bedecken. Je eine Scheibe dunklen und hellen Biskuit, mit etwas Rum getränkt, auflegen. Darauf einen dunklen Biskuitbogen legen, mit einer dünnen Schicht Buttercreme bestreichen, anschließend einen weißen, ebenfalls mit einer dünnen Schicht Buttercreme bestrichenen Boden aufsetzen. Die abgebundenen Sauerkirschen kreisförmig mittels eines Dressierbeutels aufbringen. Nougat mit etwas Buttercreme aufschlagen und so verstreichen, dass sich eine Ebene ergibt. Zuletzt eine Scheibe mit Rum versetzten dunklen Biskuit auflegen. Die Torte für zwei Stunden in den Kühlschrank geben und ziehen lassen. Danach die Schüssel stürzen und die Kuppel mit der noch verbliebenen Buttercreme bestreichen. Das Marzipan ausrollen, einschneiden und die Torte damit eindecken. Die Spritzschokolade im Wasserbad erwärmen und anhand einer Spritztüte mit einem „S" beschreiben.

Stacherias
Inhaber: Siegfried Burgdorf
Karlsplatz 8
80365 München
Telefon 0 89 / 51 50 59 30
Telefax 0 89 / 51 50 59 32
www.stacherias.de

café Glas München-Pasing

In seinem Elternhaus, einem ehemaligen Bauernhof im historisch-ländlichen Teil des westlichen Münchner Stadtteils Pasing, haben Heribert Glas und seine Frau Trude vor über 50 Jahren ihr „Café Glas" eingerichtet. Bekannt wurde die Konditorei in unmittelbarer Nähe des Pasinger Marienplatzes durch ihre guten Backwaren im Laden und die familiäre Atmosphäre im Café.

Heute steht noch immer „Café Glas" am vorbildlich renovierten Anwesen, drinnen aber schalten und walten seit Oktober 2006 Udo Görgen und seine Frau Martina zusammen mit ihrem Partner Thomas W. Fischer. Beide Herren sind Meister des Konditorhandwerks, die Chefin Konditorei-Fachfrau und für den Verkauf der feinen Sachen zuständig, die frisch in der angeschlossenen Backstube hergestellt werden. Neben Kuchen und Torten ist ein lecker-leichter Bienenstich zu empfehlen oder der wunderbare Nusszopf, den die Kunden besonders lieben. An Weihnachten und zu Ostern werden Schokoladenfiguren wie Nikoläuse, Osterhasen, Oster- und Präsenteier per Hand gegossen, verpackt und aufgebunden. Auch die Pralinen sind selbst gemacht, Marmeladen kommen von Staud aus Wien, Kaffee und „Tea-Dreams" aus der Rösterei Westhoff, seit 130 Jahren in Bremen ansässig.

Der Laden und die Räumlichkeiten des Cafés sind völlig neu gestaltet und eingerichtet worden. Das Mobiliar aus Kirschbaumholz harmoniert perfekt mit dem warmen Terrakotta an den Wänden. Leichte weiße Gardinen an den großen Fenstern lassen den Blick frei auf die belebte Planegger Straße. Direkt von dort aus kann man sich auch in den dazugehörigen kleinen idyllischen Gastgarten setzen und vielleicht sogar einmal ein kühles Bier aus der Miesbacher Brauerei Hopf genießen. Er grenzt sich durch einen Zaun mit kunstvollen Schmiedearbeiten und üppig bepflanzten großen Blumentöpfen vom Bürgersteig ab. Ein denkmalgeschütztes hölzernes Gartenhäuschen aus dem Jahr 1904 steht ein wenig erhöht und weist auf den bäuerlichen Ursprung hin.

Café Glas
Inhaber: Udo Görgen und Thomas W. Fischer
Planegger Straße 15
81241 München
Telefon 0 89 / 88 82 96
Telefax 0 89 / 88 94 95 48

Ratschiller's Feldkirchen

Direkt an der östlichen Stadtgrenze zu München liegt Feldkirchen. Eine Gemeinde, die über Jahrhunderte die typische Geschichte eines Bauerndorfes erlebte, heute allerdings nicht nur wegen ihrer unmittelbaren Nachbarschaft zur „Messe München International" ein sehr modernes Gesicht zeigt.

Ein modernes Gesicht, das sich auch in dem kleinen Atrium widerspiegelt, in dem das „Konditorei-Café Ratschiller's" seit 2003 zu Hause ist. Ein altes Fabrikgelände war dort früher, davon ist heute nichts mehr zu sehen und zu spüren. Die Gebäude sind zeitgemäß um einen Platz mit schönem Kopfsteinpflaster herumgebaut und das Geschäft von Nora Gisonno passt wunderbar in diese Umgebung. Unter der kleinen Arkade sitzen Stammgäste im Sommer regengeschützt vor den großen Schaufenstern und genießen die untergehende Abendsonne. Auch der freundliche Gastraum innen ist sonnendurchflutet. Klassische Bistrostühle und -tische sorgen für Atmosphäre und stehen so weit auseinander, dass man nicht unbedingt die Gespräche der Nachbarn mitverfolgen muss. Dies schätzen auch Gäste, die, von der nahe gelegenen Messe kommend, einmal Pause machen wollen. 40 Plätze gibt es vor der großen halbrunden Kuchentheke, in der neben den klassischen Konditorei- und Backwaren auch die fertigen Brotzeiten zum Mitnehmen liegen.

Nora wird sie von ihren Stammgästen familiär genannt, die engagierte Chefin Nora Gisonno, die sich um alles kümmert: sei es die Pflege des schönen Porzellans mit dem Namen „Coffeefeelings", sei es die Präsentation der leckeren Angebote wie beispielsweise einer Sachertorte, die „besser schmeckt als in Österreich". Sie wacht ebenso über die hauseigene Küche, in der jeden Tag ausgefallene Gerichte kreiert werden. Von der Wochenkarte kann man sie auch gerne telefonisch vorbestellen.

Ratschiller's
Inhaber: Nora A. Gisonno und Bernhard Auracher
Hohenlindner Straße 11c
85622 Feldkirchen
Telefon 0 89 / 90 13 95 30
Telefax 0 89 / 90 13 95 32

Literaten, Konzert und Museum

Die so genannten Literatencafés, die um 1900 in allen Metropolen dieser Welt in Mode gekommen waren, hielten auch in München ihren Einzug. Sie galten als Inspirationsort für zahlreiche Künstler, Intellektuelle, Philosophen, Schriftsteller und Dichter und übernahmen die Rolle der früheren bürgerlichen Salons. Es war die Zeit der geistig-literarischen Aufbruchstimmung, die allerorten zu spüren war. Umschwärmter Mittelpunkt der Münchner Boheme war Franziska zu Reventlow, die „wilde Gräfin", eine der außergewöhnlichsten Frauen und schillerndsten Persönlichkeiten ihrer Zeit. Der Künstlerszene, die sich gerne bis zum Morgengrauen im Schwabinger „Café Stefanie" traf, besser bekannt als „Café Größenwahn", gehörte auch der Lyriker Rainer Maria Rilke an. Zu hochgeistigen Gesprächen rollten Billardkugeln und klapperten Dominosteine.

Zur selben Zeit entwickelte sich in der bayrischen Landeshauptstadt noch eine weitere Kaffeehausform, das „Konzertcafé". In jedem Café, das etwas auf sich hielt, waren Orchestermusik und Tanz bald selbstverständlich. Die gastierenden Kapellmeister und Solisten wurden ebenso gefeiert wie die Dirigenten und Künstler des Odeon, der als berühmter Konzert- und Festsaal auch dem gleichnamigen Platz seinen Namen gab. In den 20er Jahren sorgten dann mehr und mehr Klavierspieler und Stehgeiger für musikalische Unterhaltung. In der Stadt, in der Mozart gerne Hofkapellmeister geworden wäre und Richard Wagner mit einigen seiner bedeutendsten Opern Uraufführungs-Triumphe feierte, wird das lebendige Musikleben heute noch von einer Reihe von Musikcafés geprägt. Sie lassen die Tradition des Konzertcafés mit Live-Konzerten, Frühschoppen mit internationalen Jazz-Größen, aber auch mit vielen Darbietungen klassischer Art nicht in Vergessenheit geraten.

Auch sonst gerät in München nichts in Vergessenheit. Die Stadt an der Isar ist bekannt für ihre Sammlungen antiker und klassischer Kunst, die zu allervorderst dem kunstsinnigen Kronprinzen Ludwig, dem späteren König Ludwig I., zu verdanken sind. Zu den weltweit renommiertesten Gemäldegalerien gehören die Alte und die Neue Pinakothek, die Pinakothek der Moderne und das Lenbachhaus, die, zusammen mit der Glyptothek, der Staatlichen Antikensammlung und dem Museum Brandhorst zum Kunstareal München zusammengefasst sind. In der prächtigen Residenz informiert die Schatzkammer mit den Throninsignien anschaulich über die Könige aus dem Hause Wittelsbach. Das Schloss Nymphenburg als Gesamtkunstwerk zeigt in seinen Gebäuden auch eine Porzellansammlung von internationalem Rang, die prunkvollen Kutschen des Marstalls und Naturkunde im Museum Mensch und Natur. Zu den meistbesuchten Museen Europas zählt das 1903 auf der Museumsinsel in der Isar eröffnete Deutsche Museum. Es ist mit seinen „Auslegern", der Flugwerft in Oberschleißheim und dem neuen Verkehrszentrum auf der Theresienhöhe, das größte technisch-naturwissenschaftliche Museum der Welt und öffnet auch neue Blicke auf die Technologien der Zukunft. Im Stadtmuseum, schräg gegenüber des neuen Jüdischen Zentrums mit eigenem Museum, ist Wissenswertes zu Film, Fotografie, Mode, Grafik und Gemälden, Volkskunde, Musikinstrumenten und Puppen ausgestellt. Im Gebäudekomplex der „Fünf Höfe", allein für sich ein architektonisches Meisterwerk, hat sich die Kunsthalle der Hypo-Kulturstiftung mit abwechslungsreichen Ausstellungen auf höchstem Niveau erfolgreich etabliert.

Alle Münchner Museen haben schöne und für manchen auch sehr willkommene Oasen zur Rast. Es sind die beeindruckenden Museumscafés: alle zum Staunen und Wohlfühlen, umgeben vom Flair der Kunst und des Wissens.

Die Glyptothek am Königsplatz

Das Theater am Gärtnerplatz

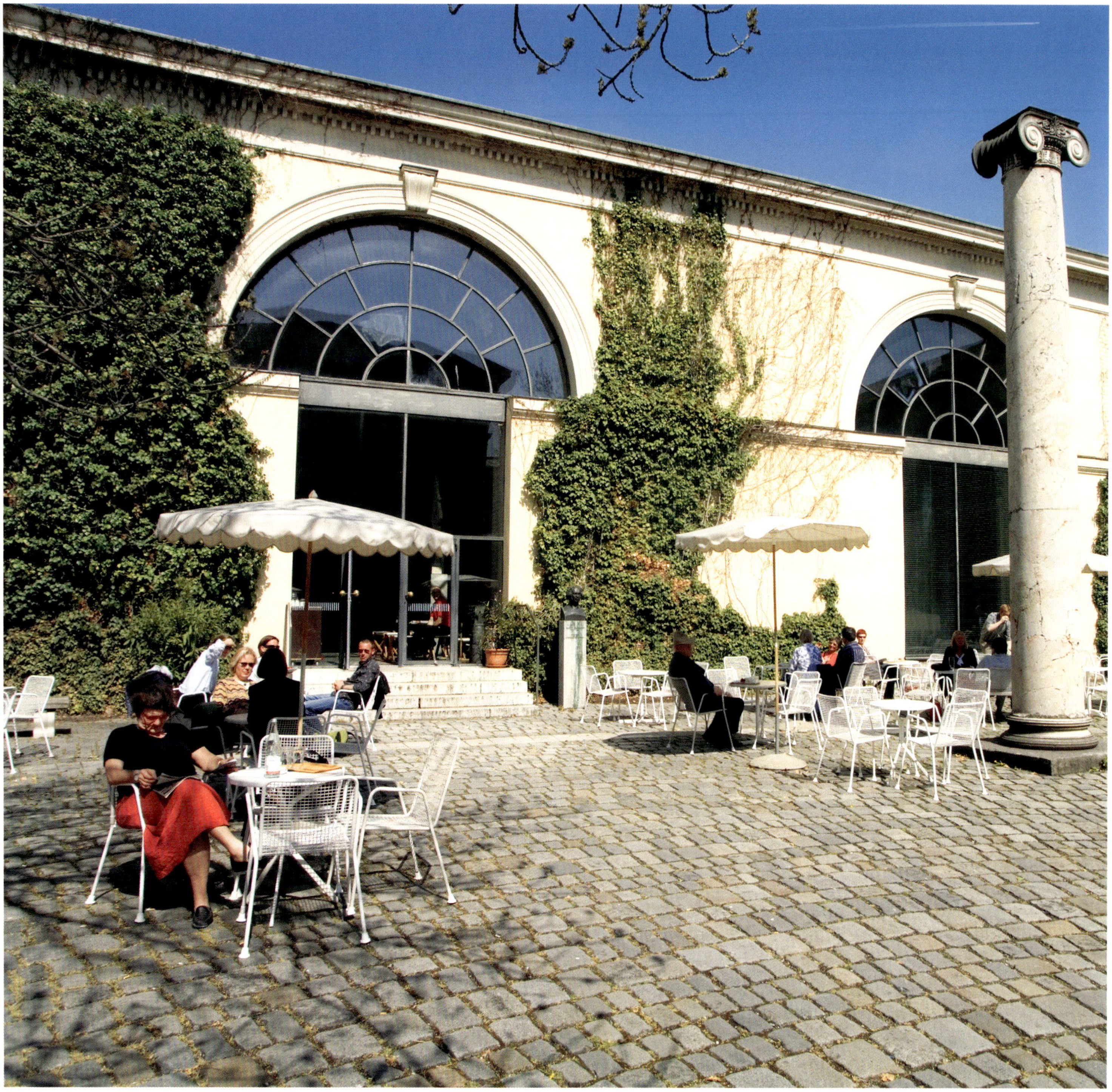

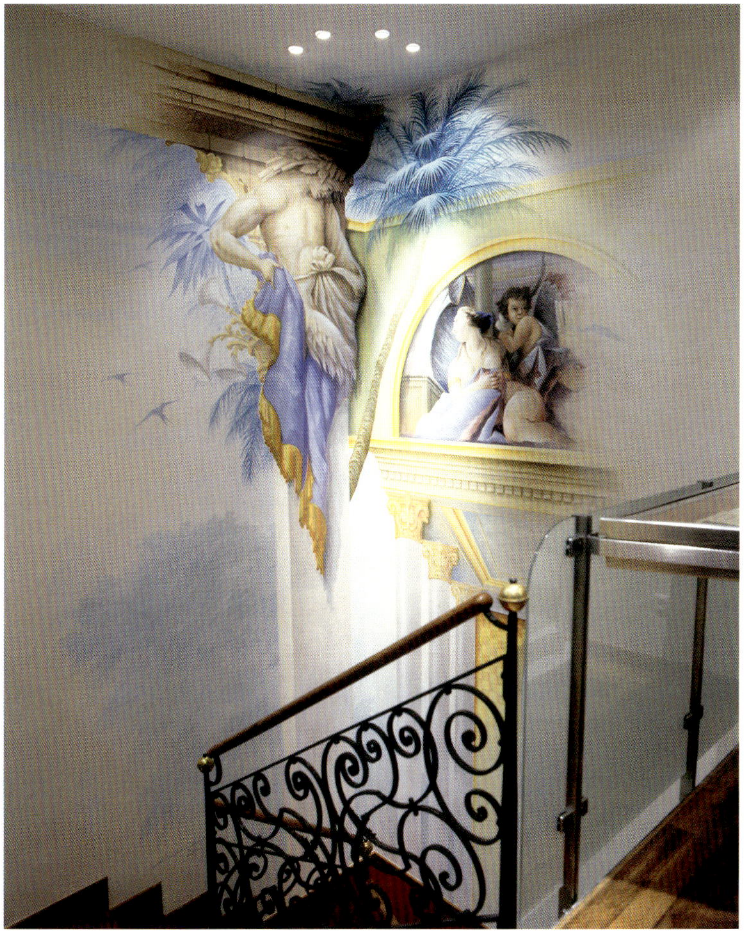

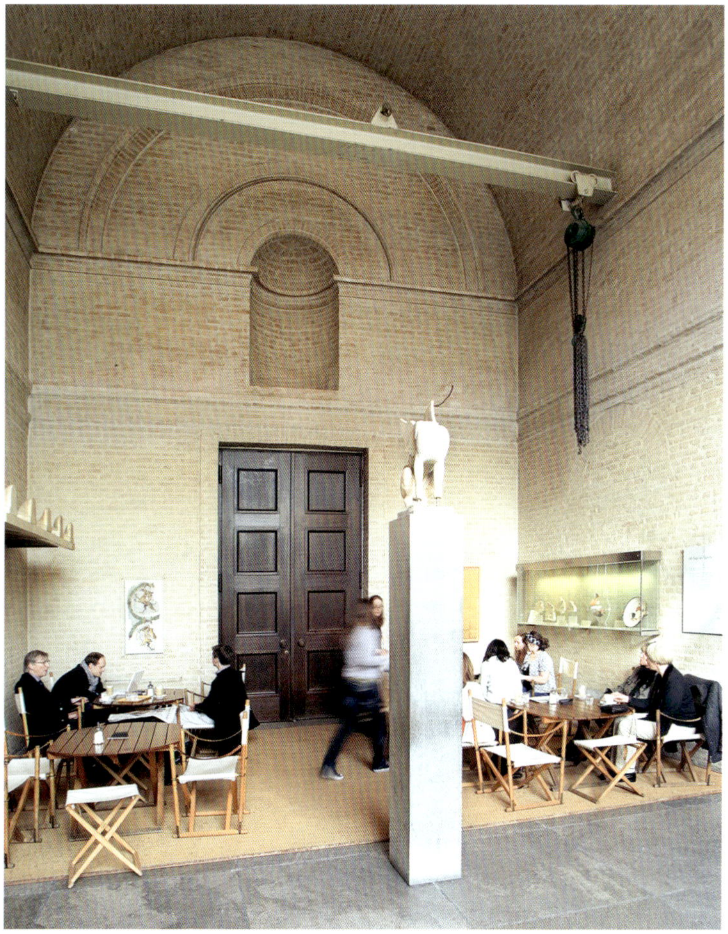

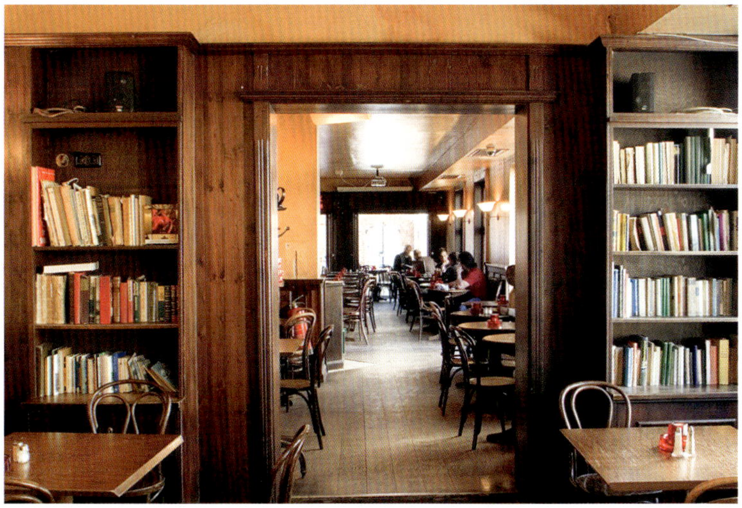

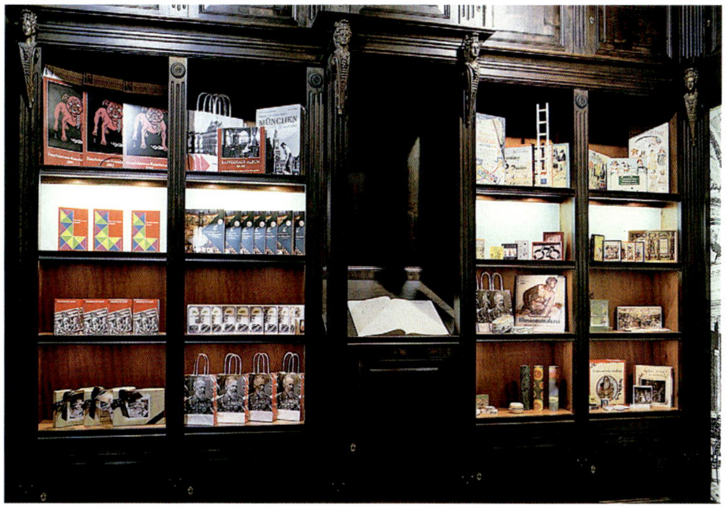

Café Kunsthalle München-Innenstadt

Das Gemälde „Das Frühstück im Grünen" ist wohl das „teuerste Frühstück" der Welt. Der französische Impressionist Edouard Manet hat es 1863 in Öl auf Leinwand festgehalten und gilt damit als einer der Wegbereiter der modernen Malerei. Diesen Künstlern der klassischen Moderne hat die renommierte Kunsthalle der Hypo-Kulturstiftung seit ihrer Eröffnung 1985 immer wieder Ausstellungen gewidmet. Sie ist in den Neubau der „Fünf Höfe" in der Münchner Innenstadt perfekt integriert. Dieser ist mit seinen großflächigen Glasfassaden ein architektonisches Meisterwerk und besitzt eine einzigartige Atmosphäre. Die „Fünf Höfe" ziehen mit ihren hochklassigen und internationalen Geschäften viele Besucher an, die ihr Frühstück zwar nicht im Grünen, aber doch ähnlich genussvoll im „Café Kunsthalle" einnehmen können.

Das „Café Kunsthalle" ist wohlproportioniert auf zwei Etagen verteilt und nach den Entwürfen der Schweizer Architekten Herzog & Meuron gestaltet: In der ebenerdigen Kaffeebar steht der Gast buchstäblich in der ersten Reihe. Ein Logenplatz zum Beobachten und Beobachtetwerden, nur durch eine große Glasscheibe vom Passagen-Publikum getrennt. Während einer Tasse Kaffee werden je nach Bestellung belegte Brote und Brötchen, frische Wraps und Salate, auch Joghurt für eine kleine Pause zum Mitnehmen hergerichtet. Ein Glas Prosecco oder ein interessant gemixter Cocktail von der Tagesbar stimmen zu einem exklusiven Einkaufsbummel ein.

Die Treppe hinauf im ersten Stock lebt der Trend: Rote Tische und gelb-weiße Ballonlampen, Säulen und edles Ledermobiliar in Anthrazit sind effektvoll in Szene gesetzt. Die Lust nach süßen Leckereien, nach Espresso, Cappuccino oder Kaffee wird rasch gestillt: Die feinen Kuchen und Torten, Petit Fours, Croissants und Gebäck stammen aus der hauseigenen Konditorei der CMF-Familie Eisenrieder, die Münchner und Nicht-Münchner mit ihren hoch angesiedelten Qualitätsprodukten in noch sechs weiteren Cafés verwöhnt. Auf der umfangreichen Speisekarte stehen zusätzlich zu italienischen Spezialitäten und internationalen Gerichten herzhafte Tagesangebote, um sich vor einem Rundgang durch die sehenswerten wechselnden Ausstellungen in der Hypo-Kunstgalerie zu stärken – vom Tisch weg sind es nur ein paar Schritte zum Entree.

Bei sonnigem Wetter öffnet das „Café Kunsthalle" seine Terrasse mit den großen weißen Sonnenschirmen auf der eleganten Theatinerstraße. Von hier aus, schon gleich im Perusahof, kann man „all-in-one" Genuss pur in den Alltag bringen: Einkauf, Kunst und Kulinarik, edles Catering inklusive.

WIENER KIRSCHKUCHEN

Zutaten

190 g Butter
110 g Zucker
125 g ganze Eier
80 g Eigelb
125 g Eiweiß
85 g Zucker
110 g gehackte Schokolade
200 g gemahlene Haselnüsse
70 g helle Biskuitbrösel
40 g Mehl
350 g Sauerkirschen

Zubereitung

Butter, Zucker, ganze Eier und Eigelb glatt rühren. Das Eiweiß mit Zucker zu Schnee schlagen und unterheben. Anschließend Haselnüsse, Mehl und Brösel, zum Schluss die Kirschen unterheben. Die Masse in eine Springform mit 26 cm ø geben und bei 190 °C 55 Minuten backen.

Café Kunsthalle
Inhaber: Karl und Nicole Eisenrieder
Theatinerstraße 8/Die Fünf Höfe
80331 München
Telefon 0 89 / 20 80 21 20
Telefax 0 89 / 20 80 21 21
www.muenchner-freiheit.de

Sammlung Café Luitpold München-Innenstadt

Täglich fuhr Prinzregent Luitpold von Bayern auf seinem Weg von Schloss Nymphenburg in die Residenz am „Café Luitpold" vorbei. An das Palastcafé und seine große Vergangenheit erinnert das Museum „Sammlung Café Luitpold", ein Privatmuseum der Eigentümer des Luitpoldblocks, Marika und Paul Buchner. In einer musealen und medialen Dauerausstellung mit Exponaten aus dem umfangreichen Hausarchiv zeigt Tochter Tina Schmitz Münchner Kaffeehauskultur von der Prinzregentenzeit bis heute: Archivalien, Postkarten, Zeitungen, Bücher, Originalobjekte, Musik, Filme und Fotografien erinnern an ruhmreiche Epochen und an den Aufbruch Münchens in die Neuzeit. So verbinden sich Hörstationen mit Kaffeehausmusik und Texten aus dem 19. Jahrhundert mit zeitgenössischer Kunst. Die „Raumwunder der Palastarchitektur" sind in zahlreichen Großfotos zu sehen und als wandfüllende Impressionen zu erleben. Das Porträt des Prinzregenten ist zum Synonym des Museums geworden, von der Marmorbüste bis zum Streichholzbriefchen. Ein kleiner charmanter Nostalgie-Shop im historischen Ambiente – aus edlen Hölzern dem früheren Kaffeehausstil nachempfunden, mit Messingfiguren und -beschlägen – bietet Gelegenheit, kleine Geschenke, Souvenirs und süße Verführungen aus der „Luitpold-Confiserie" mit nach Hause zu nehmen. Weil sich die Sammlung neben der Konditorei befindet, können die Museumsbesucher durch ein Fenster den Zuckerbäckern bei ihrem süßen Handwerk zusehen.

Die wechselhafte Geschichte des heutigen Luitpoldblocks beginnt 1812 mit dem Bau der Utzschneider-Realitäten. Die Residenzstadt München erlebte unter der Regentschaft König Max I. Joseph ihren ersten Aufschwung. Dies wurde durch respektable Prachtbauten, auch des Bürgertums, sichtbar. Das Geviert des Luitpoldblocks gilt als bestes Beispiel dieser monumentalen Palastarchitektur. Bauherr war Joseph von Utzschneider, als ausgewiesener Wirtschafts- und Finanzexperte eine der bedeutendsten und mit vielen Ämtern betrauten Persönlichkeiten im München des 19. Jahrhunderts.

Gute und schlechte Zeiten hat das stattliche Bauwerk im Stil der Neu-Renaissance erlebt und überdauert. Als erstes Geschäftshaus außerhalb der alten Stadtmauern spiegelt es ein Stück Stadtentwicklung und Zeitgeschichte wider und hat München in jüngerer Vergangenheit auf dem Weg zur bayerischen Landeshauptstadt und zugleich zur Weltstadt mit Herz begleitet. Es war Inbegriff des feinen Lebens der Jahrhundertwende und besaß in ganz Europa einen legendären Ruf. Seine vielfältigen Nutzungsmöglichkeiten wurden 1888 gekrönt vom Einbau des Palastcafés. Mit verschwenderischer Pracht ausgestattet, durfte es mit „allerhöchster Genehmigung" des Prinzregenten Luitpold seinen Namen führen. Alles, was Rang und Namen hatte, verkehrte dort. Bald wurde es zum bedeutsamsten Künstlertreff der Stadt: Dichter, Schriftsteller, Musiker und Maler gaben sich ein Stelldichein. In den 20er Jahren trat Europas Orchester-Elite auf und die besten Kaffeehausgeiger verzauberten ihr internationales Publikum. Die Weltoffenheit verbündete sich nirgends besser mit bayerischer Lebensart als im „Café und Restaurant Luitpold".

Der ursprüngliche Grundriss des Gebäudes ist bis heute kaum verändert. Es zieht mit seinem Palmengarten, den mit 20 exklusiven Geschäften und nicht zuletzt dem Café, mehr denn je elegantes städtisches Publikum in seine mondäne Kulisse. Der Komplex an der Briennerstraße wird damals wie heute als gehobene Adresse geschätzt. Weltweit aktive Dienstleistungsunternehmen aus dem Kunstbereich, Finanzen und Kommunikation, Ärzte und Notare pflegen von hier aus globale Geschäftsbeziehungen. Der Luitpoldblock mit seiner Sammlung bietet aber auch unverändert einen exquisiten Rahmen für phantasievolle Events und Veranstaltungen. Der Luitpoldblock und die Kunst: Zwei, die untrennbar miteinander verbunden sind.

Sammlung Café Luitpold
Inhaber: Marika und Paul Buchner
Briennerstraße 11
80333 München
Telefon 0 89 / 24 25 76-6
Telefax 0 89 / 2 91 38 12
www.luitpoldblock.de

Cafiko – Das Künstlercafé München-Haidhausen

Sich einmal eine „Auszeit" an einem Ort zu gönnen, der auch für das Szene-Viertel Haidhausen mehr als außergewöhnlich ist, das ist heute fast schon Luxus. Luxus ist es aber auch, dass das kleine Künstlercafé „Cafiko" so herrlich individuell, entspannend und leger ist. Das mag wohl mit am Interieur liegen, Raritäten auf Flohmärkten liebevoll ausgesucht, zusammengetragen und kombiniert mit Malerei und Lichtobjekten vom künstlerisch inspirierten Inhaber Oliver Fuhrmann, genannt „Max". Warmes Rot dominiert an den Wänden, auch an der Bar, und bringt die verspielten Lampen, goldenen Bilderrahmen, die antiken Mosaiktische und gemütlichen alten Kinosessel erst richtig zur Geltung. Ein Wohnzimmer kann man sagen, in dem viele interessante Gespräche unter dem typisch Haidhausener Publikum entstehen, das sich ganz unkompliziert im „Cafiko" trifft. Es sind Freunde, Nachbarn, Genießer, Kunstliebhaber, Musiker, Schriftsteller und Schauspieler, die zu ihrem Latte Macchiato Zeit zum Lesen oder auch einfach nur zum Sitzen mitbringen. Es gibt Bücher, Zeitschriften und Tageszeitungen, und auf den Kaffeehaus-Tischen ist Lyrik von „Max" Fuhrmann verewigt. Er hat sich mit dem kleinen Café einen Lebenstraum erfüllt und träumen können hier auch Gäste – im Sommer gerne an den kleinen Tischchen draußen vor der Tür, verzaubert durch die Symphonie bunter Blumen. Noch eine Besonderheit im „Cafiko" ist der Kaffee. Es gibt hier ausschließlich den „Giovanni Erbisti" aus der kleinen, aber feinen Rösterei „Torrefazione Giamaica" aus Verona, ein Blend aus vier Arabicas mit den besten Bohnen Guatemalas und Costa Ricas. Diese Sorte bezieht Max Fuhrmann von der Kaffee- und Weinhandlung „Grenzgänger", die in unmittelbarer Nachbarschaft am nahen Bordeaux-Platz ansässig ist. Ein Kaffee, der wahrlich die Sinne beflügelt, der mit eigener Süße betört und nach wildem Honig und Bitterschokolade duftet, einen einfach zum Schwärmen bringt. Ob schon morgens „to go" auf dem Weg zur Arbeit im Stehen oder den ganzen Tag über in den verschiedensten Zubereitungsarten wie Cappuccino, Milchkaffee, Espresso, Latte Macchiato, Café Crema, alles zubereitet mit frischer Milch. Eine Spezialität des Hauses ist der „Cafiko", ein verlängerter, etwas stärkerer Cappuccino, der extravagant in einem orientalischen Teeglas serviert wird. Insidern ist für diesen Genuss kein Weg zu weit. Auch nicht für den naturtrüben heißen Apfelsaft mit Apfelstücken und Zimt zur Winterzeit.

Das kleine Frühstücksangebot, die gar köstlichen Croissants mit und ohne Füllung und die selbst gebackenen (Bio-)Kuchen werden immer mit guter Morgenlaune serviert. Tagsüber gibt es getoastete Gaumenfreuden wie die unterschiedlichsten Focacce (Fladenbrot aus der ligurischen Küche), beispielsweise mit Ziegenkäse und Honig gefüllt. Dazu ein feiner Schoppen aus der immer wechselnden Weinkarte. Leckere Suppen, Salate und andere Kleinigkeiten runden die Speisekarte ab.

CAFIKO'S SCHOKOKUCHEN

Zutaten

400 g Schokolade
100 g Butter
6 Eier
200 g Zucker
100 g gemahlene Mandeln
50 g Mehl
1 Prise Salz
1 TL Backpulver

Zubereitung

Die Schokolade mit der Butter im Wasserbad flüssig werden lassen. Die Eier trennen, Eiweiß mit der Hälfte des Zuckers schlagen und beiseitestellen. Die Eigelbe mit der anderen Hälfte des Zuckers schaumig schlagen, die gemahlenen Mandeln, das Mehl mit einer Prise Salz und das Backpulver dazugeben. Die Schokolade-Butter-Mischung in die Masse rühren und das geschlagene Eiweiß unterheben. Im Backofen bei 180 °C ca. 30 bis 40 Minuten backen.

Cafiko – Das Künstlercafé
Inhaber: Oliver Fuhrmann
Breisacher Straße 6
81667 München
Telefon 01 73 / 3 68 33 95
www.cafiko.de

Café-Restaurant im Müller'schen Volksbad
München-Au

Eines der schönsten Cafés Münchens in einem der schönsten Badehäuser Europas in einer der schönsten Lagen der Stadt – mehr Superlative kann es eigentlich nicht mehr geben. Die Rede ist vom „Café-Restaurant im Müller'schen Volksbad" direkt an der Isar. In unmittelbarer Nähe des Deutschen Museums, am östlichen Ende der Ludwigsbrücke, steht der weithin sichtbare Badetempel, im barockisierenden Jugendstil erbaut, in den das Café-Restaurant von Michael Geromichalos so wunderbar mit eingebunden ist. Nach behutsamer Modernisierung des gesamten Komplexes ist die aufwändige Innenausstattung in Barock- und Jugendstilformen großteils original erhalten geblieben.

Das in warmem Gelb gehaltene Gebäude mit seinem weißen, imposanten Turm ist eine Sehenswürdigkeit von internationalem Rang, ebenso wie die Restauration nicht nur den Badenden vorbehalten. Der Besucher geht über eine weitläufige, historische Kopfsteinpflaster-Terrasse, um in die Gasträume zu gelangen: „Wow, so etwas sieht man nicht alle Tage." Beim ersten Sonnenstrahl ist der Außenbereich natürlich geöffnet: Lauschig und geschützt durch schattige Kastanienbäume werden die Gespräche an den schön gedeckten Tischen durch das „Raunen" der nahen Isar und des Auer Mühlbachs angenehm begleitet. Innen bezaubert der Charme des „Modern Style" der Jahrhundertwende. Das Mobiliar, in dunklem Holz gehalten, harmoniert perfekt mit den Gewölben, Säulen und Rundbögen und vermittelt so das Gefühl der „guten alten Zeit" – das Ganze am Abend durch unterschiedliche farbige Beleuchtung romantisch ins rechte Licht gerückt.

Bis dahin hat das Café seinen eigenen Tageslauf: am Vormittag ein Eldorado für den Liebhaber eines ausgedehnten Frühstücks. Eine multi-kulinarische Reise mit ihren landestypischen Frühstücksangeboten. Zu Mittag gibt es mediterrane Vorspeisen, raffinierte Salate, feine Fischgerichte, Steaks und Saisonspezialitäten. Und dann werden auch noch Kinderwünsche wahr: alles, was sie wirklich gerne essen mögen. Der Nachmittag gehört selbst gemachtem Kuchen und Gebäck mit heißen Kaffeevariationen.

Inhaber Michael Geromichalos hat einen hohen Qualitätsanspruch und ist sehr darauf bedacht, dass seine Speisen frisch sind, die Portionen und die Preise dazu stimmen. Sein aufmerksames Service-Team verwöhnt alle, ob Badegäste, Spaziergänger, Touristen oder auch Radfahrer, die auf ihrer Tour die Isar entlang in diesem Juwel der Baukunst einen Stopp einlegen.

WALDBEERENMOUSSE À LA CHEF
(für 2 Personen)

Zutaten

200 g frische Waldbeeren
2 Eier
20 g Butter
4 g Gelatine
2 cl Eierlikör
2 cl Grand Marnier
200 ml frische Sahne
20 g Puderzucker

Zubereitung

Die Eier trennen. Das Eigelb zusammen mit dem Zucker etwa 2 Minuten aufschlagen, dann die Butter hinzugeben und weiterschlagen. Anschließend den Eierlikör und Grand Marnier dazumixen. Das Eiweiß steif schlagen und langsam unterheben.

Die frische Sahne ebenfalls steif schlagen und mit der Masse vermengen. Die Waldbeeren (einige Früchte zur Dekoration aufbewahren) pürieren und mit der aufgelösten Gelatine unterrühren. 12 Stunden im Kühlschrank stehen lassen, in Schalen portionieren und mit den restlichen frischen Beeren bestreuen. Mit je einem Blatt frischer Minze garnieren.

Café-Restaurant im Müller'schen Volksbad
Inhaber: Michael Geromichalos
Rosenheimer Straße 1
81667 München
Telefon 0 89 / 44 43 92 50
Telefax 0 89 / 72 94 95 99 99

The Victorian House Café Klenze — München-Maxvorstadt

Die „Alte Pinakothek" im heutigen Museumsareal der bayerischen Landeshauptstadt gehört zu den bedeutendsten Gemäldegalerien der Welt. König Ludwig I., ausgewiesener Kunstliebhaber und -kenner, wollte seine gesammelten Schätze mit Werken vom Mittelalter bis zur Mitte des 18. Jahrhunderts der Öffentlichkeit zugänglich machen. So wurde 1836 der damals größte und damit wegweisende Museumsbau seiner Zeit eröffnet.

Leo von Klenze war der Architekt und somit Namensgeber des „Café Klenze", ein weiteres Mitglied der „Victorian House-Family". Wenn man aus dem schön angelegten Park durch das sogenannte „Klenze-Portal" eintritt, geht es links eine breite Steintreppe hinauf ins Café. Der erste Blick fällt auf eine lange Mahagoni-Bar und eine wunderbar mit englischen Kuchen gefüllte Vitrine, die typischen englischen Mürbeteig-Brötchen „Scones" ganz vorne (mit Erdbeermarmelade und Clotted Cream serviert). An den Wandtafeln werden Suppen, Sandwichs, Salate und das wechselnde Businessmenü angekündigt, das ebenso täglich frisch zubereitet wird wie die kleine, aber feine Auswahl an warmen Speisen. Neun verschiedene Frühstücksangebote hat das „Café Klenze", am Wochenende ist Reservierung empfohlen. Tea Time jeden Tag: 52 verschiedene Tees ziehen je nach Wunsch in einem übergroßen Teesieb über dem „Large Cup of Tea", sodass sich ihr Aroma ideal entfalten kann.

Der lang gezogene und hohe Raum des eigentlichen Cafés ist im englisch-viktorianischen Stil eingerichtet. Durch die großen Rundbogenfenster strömt viel Licht auf die mahagonibraunen Tische, auf die samtbezogenen Bänke und Stühle. Palmenbestückte Amphoren, Spiegel, Skulpturen, Putti und chinesische Vasen vervollständigen das edle Ambiente. Ein wahrhaft festlicher Rahmen um nach einer Museumsführung zu dinieren als sei man bei der Queen zu Gast.

The Victorian House Café Klenze
Inhaber: Victorian House Company
Barerstraße 27
80799 München
Telefon 0 89 / 12 13 49 80
Telefax 0 89 / 25 54 69 78
www.victorianhouse.de

Stadt-Café im Stadtmuseum München-Altstadt

Das Stadtmuseum am St. Jakobsplatz, gegenüber dem neuen Jüdischen Zentrum, erweckt mit seinen Ausstellungen Münchner Stadtgeschichte zum Leben: Wissenswertes zu Film, Fotografie, Mode, Grafik und Gemälden, Volkskunde, Musikinstrumenten und Puppentheater unter einem Dach. Das historische Zeughaus wurde 2007 umgebaut und modernisiert. Im „Stadt-Café" aber ist erfreulicherweise alles beim Alten geblieben.

Seit über 20 Jahren Kultur- und Kult-Café, Szene-Lokal für Cineasten, Modeleute und Besucher des Filmmuseums, hat es sich den Charme einer kleinen lichtdurchfluteten französischen Bahnhofshalle bewahrt. Und so ist auch die Stimmung. Über 20 deutsche und europäische Zeitungen gibt es dort zu lesen, die aber nicht vom Genuss der feinen Bistroküche ablenken sollten. Sandwichs und Salate ergänzen die täglich wechselnde Speisetafel. Der Stolz des Hauses: frisch zubereitete Kuchen, „echte" Tartes und Strudel aus der Vitrine an der großen Bar.

Frühstück mit allem Drum und Dran gibt es ab 11 Uhr vormittags. Kaffee, Cappuccino, Latte Macchiato und Milchkaffee kann wahlweise auch aus Getreidekaffee gebrüht werden. Das Müsli wird mit Amaranth, dem einstmals heiligen Korn der Inkas und Azteken, und Früchten für einen gesunden Start in den Tag angerührt. Spezialitäten gibt es immer wieder, wie zum Beispiel den Eistee im Sommer.

Zu dieser Jahreszeit, wenn die Sonne gar zu arg herunterbrennt, lässt es sich auch gut im schattig grünen Innenhof und auf der Terrasse in Richtung Jüdisches Zentrum aushalten. Dann wird das Café kurzerhand zum idyllischen Biergarten – umgeben von ganz viel Stadt.

Stadt-Café im Stadtmuseum
Inhaber: Wolfgang Kock
St.-Jakobs-Platz 1
80331 München
Telefon 0 89 / 26 69 41
Telefax 0 89 / 2 60 91 57
www.stadtcafe-muenchen.de

café Lenbachhaus München-Maxvorstadt

Die Maxvorstadt ist das Münchner Museumsviertel, Zentrum der Kunst und Zentrum der Wissenschaft. Das Lenbachhaus am Königsplatz wurde 1887 von dem bedeutenden Münchner Architekten Gabriel von Seidl als florentinische Villa im Renaissancestil für den Malerfürsten Franz von Lenbach erbaut. Es beherbergt heute nicht nur Gemälde des 18. und 19. Jahrhunderts der Münchner Schule, des Jugendstils und der Neuen Sachlichkeit, sondern auch die einzigartige Sammlung des „Blauen Reiter" mit Werken von Paul Klee bis Gabriele Münter. Seit den 70er Jahren stellt das Museum auch zeitgenössische Kunst aus.

Brunnen und Putti, Figuren und grün beranktes Mauerwerk verzaubern den idyllischen Garten der herrschaftlichen Villa, die mit ihren ockerfarbenen Fassaden den Süden nach München holt. Unter einem geschwungenen Balkon lugen im Sommer Sonnenschirme hervor. Sie gehören zum „Café Lenbachhaus", das nach einer langen Galeriewanderung im Schatten einer Akazie ein willkommenes Fleckchen zur Rast bietet. Zu allen Jahreszeiten kann man den Cappuccino drinnen trinken, im ehemaligen Innenhof mit dem hellen Glasdach. Umgeben von Kunst lässt sich dort gut zu Mittag essen, das wissen auch die Professoren der nahe gelegenen Uni. Grazia, die italienische Köchin aus Apulien, bietet Cucina alla Mamma. Dazu werden von der Theke Kuchen, Florentiner, Gugelhupf und Strudel, Panini und Tramezzini an die kleinen runden Tische gebracht. Inhaber Christoph Jünger legt Wert auf hochwertige Grundprodukte: Gemüse von niederbayerischen Bauern, Milchprodukte von Bergbauern, der Kaffee stammt von einer kleinen Rösterei am Gardasee. Seit 1993 betreibt er das Café mit großem Erfolg. 2009 wird das Lenbachhaus umgebaut, und die Zukunft des Cafés ist ungewiss. Christoph Jünger jedenfalls ist offen für Neues: am allerliebsten wieder in Zusammenhang mit Kunst.

Café Lenbachhaus
Inhaber: Christoph Jünger
Luisenstraße 33
80333 München
Telefon 0 89 / 5 23 72 14
Telefax 0 89 / 52 31 01 23
www.cafe-lenbachhaus.de

café Glyptothek München-Maxvorstadt

Kronprinz Ludwig, der spätere König Ludwig I. von Bayern, setzte mit dem Königsplatz und dessen Bauten dem antiken Griechenland ein Denkmal. Der Architekt Leo von Klenze errichtete die monumentalen Gebäude in Form eines antiken Forums, an dessen Nordseite sich die „Glyptothek" mit ihrer klassizistischen Front befindet. Der Begriff wurde von Ludwigs Bibliothekar in Anlehnung an die altgriechische „Pinakothek" erfunden und bedeutet „in Stein schneiden". Neben München führen nur die Skulpturen-Sammlungen in Athen und Kopenhagen diesen Namen. Die ausgestellten griechischen und römischen plastischen Bildwerke werden von antiker Vasenkunst, Bronzen und Goldschmuck ergänzt.

In diesem bayerisch-griechischen Tempelbau befindet sich ganz unvermutet das „Café Glyptothek". Im Sommer ist es wohl das schönste „Freiluft-Café" Münchens und bietet für 100 Gäste Platz. Für jedermann zugänglich, kann es doch ausschließlich über den Museums-Eingang erreicht werden. Dort erhalten Besucher für 2,50 Euro eine „Kaffee-Jahreskarte" und können sich damit zwischen üppigem immergrünen Efeu und riesigen Sonnenschirmen, völlig losgelöst und abgeschirmt von der Außenwelt, eine kunstreiche Auszeit nehmen. So großzügig der Außenbereich des Cafés ist, so klein ist es drinnen. Zwischen dem „Saal der Sphinx" und dem Bronzekopf von „Kaiser Hadrian" stehen übersichtlich Tische und Stühle im lässigen Yachtclubstil. Dabei kann man sich mit Antipasti, Panini, Focaccie, Kuchen und Getränken stärken – rauchfrei, auch den Kunstwerken zuliebe. Hier kann jeder Gast des Königs „Isar-Athen" erleben, das er mit seinen gesammelten Kunstschätzen in München geschaffen hat.

Café Glyptothek
Inhaber: Christoph Jünger
Königsplatz 3
80333 München
Telefon 0 89 / 5 23 72 14
Telefax 0 89 / 52 31 01 23

Residenzladen München-Altstadt

Mit der Münchner Residenz entstand über fünf Jahrhunderte in den verschiedenen Baustilen der Renaissance, des Barock, Rokoko und Klassizismus ein imponierender Schlosskomplex und damit ein hervorragendes Abbild höfischer Kultur in Europa. Das Herz des königlichen München war bis 1918 Herrschersitz der Wittelsbacher, worüber das Residenzmuseum und die Schatzkammer mit Throninsignien anschaulich informieren. Wenn man am Eingangsportal am Odeonsplatz vor den großen bronzenen Löwen steht, fügt sich rechts davon der „Residenzladen" perfekt in die Fassade an der Residenzstraße. Er ist tatsächlich ein Schmuckstück für sich: Schon die Auslage in den beiden Schaufenstern zeigt, dass es sich hier um ein ganz außergewöhnliches Geschäft handelt. Geradewegs über die Schwelle getreten, präsentiert sich ein charmanter Laden mit ebenso extravagantem Angebot: In Zusammenarbeit mit Historikern haben Designer eine einmalige Kollektion an traditionellen und innovativen „weiß-blauen" Besonderheiten geschaffen, die es in ganz München nur hier und sonst nirgends gibt.

Es sind die vielfältigen Motive der Kaffeebecher, die an den Kunstsinn der drei bayerischen Könige erinnern, deren Architekten das Bild Münchens als Hauptstadt der Künste prägten: „Residenz München Lackkabinett", „Pagodenburg", „Amalienburg", „Neuschwanstein", „Linderhof" und „Nymphenburg" beispielsweise heißen die „Kaffeehaferl" aus feinem Bone China Porzellan mit Ornamentik und Bildkompositionen aus den jeweiligen Schlössern. Königswappen treffen hier auf Echtgold-Applikationen, Motivwelten von Jagd- und Lustschlösschen auf königsblauem Hintergrund. Jedes „Haferl" erzählt somit eine eigene Geschichte. Aus solch einem Becher Kaffee zu genießen, das ist wahrlich königlicher Luxus.

Residenzladen
Kulturgut AG
Residenzstraße 1
80333 München
Telefon 0 89 / 24 20 56 56
Telefax 0 89 / 24 20 56 57
www.schloesser-bayern-shop.de

café Mozart Ludwigvorstadt

Der Scherenschnitt des populären österreichischen Komponisten Wolfgang Amadeus Mozart ist im gleichnamigen Café allgegenwärtig. Das „Café Mozart" gehört trotz seiner Ausstattung der 60er Jahre – und eben vielleicht gerade deshalb – zu den absoluten Szene-Cafés der Innenstadt. Es liegt in der näheren Umgebung des Sendlinger-Tor-Platzes mit der heute modernen Matthäuskirche, einst die erste evangelische Kirche in München überhaupt. Ludwigvorstadt nennt sich das multikulturelle, geschäftige Stadtviertel mit der Bavaria und der Ruhmeshalle auf der Theresienwiese als traditionsreichen Mittelpunkt.

Das Café ist wegen seiner dezenten Nostalgie besonders gemütlich. Unter den Lüstern stehen tiefe Plüschsessel und -sofas, die floral überladenen Tapeten an den Wänden und die typischen Stühle erinnern an traditionsreiche Kaffeehäuser in Salzburg, Mozarts Geburtsstadt. Im hinteren Bereich liegt ein Salon mit schweren Vorhängen. Hier kann man Bücher lesen und seinen Gedanken nachgehen. Die Bar davor ebenso üppig und reich bestückt für verschiedenste Cocktails.

Im „Café Mozart" treffen sich Menschen mit viel Zeit: Szenegänger, Geschäftsleute, Studenten und alteingesessene Bewohner des Viertels, ältere Damen und Herren, Besucher der nahen Innenstadt-Universitäts-Kliniken oder Kinobesucher, die auf den Beginn der Vorstellung warten. Frühaufsteher werden der reichhaltigen Frühstücksvielfalt kaum Herr. Neben dem Mittagsangebot mit wechselnden Gerichten sind das Wiener Riesen-Schnitzel und die Kässpatzen auf der Standardkarte zu Klassikern aufgestiegen. Auf der Tageskarte findet sich von internationalen bis hin zu bodenständig deftigen Speisen für jeden Geschmack etwas. Bei Insidern sind alle Gerichte berühmte „Dauerbrenner" – genauso wie das „Café Mozart" selbst.

Café Mozart
Inhaber: Wolfgang-Amadeus-GmbH
Pettenkoferstraße 2
80336 München
Telefon 0 89 / 59 41 90
Telefax 0 89 / 51 51 89 79
www.cafe-mozart.info

Trends & Szene

Münchens Kaffeehäuser entwickelten sich in ihrer langen Geschichte bis in die heutige Zeit zu bedeutsamen Kommunikationszentren des gesellschaftlichen, künstlerischen und beruflichen Lebens, ja auch zu Orten, an denen politische Diskussionen geführt wurden und werden. Dabei spielte schon immer die Umgebung eine nicht unerhebliche Rolle. Jeder der unverwechselbaren Stadtteile ist irgendwann einmal regelrecht „entdeckt" worden und zwar nicht von Trend-Scouts und auch nicht von Marketing-Fachleuten.

Sie sind einfach so gewachsen, und Menschen sind es, die ein Viertel zum Szeneviertel machen. Vielleicht kommen erst die Studenten und Lebenskünstler, dann Cliquen und Singles, Genussmenschen und Freundesgruppen, Verliebte und schließlich ganze Familien – wer weiß das so genau? Schwabing, Haidhausen, Neuhausen und Glockenbach, Gärtnerplatz und Münchner Freiheit, so heißen sie. Die Straßen und Plätze haben Gesichter, überall weht hier ein spürbar kreatives Lüftchen. Laden und Lädchen, alte Werkstätten und Lofts, Event-Agenturen, Designergeschäfte, Kinos, Bars, Clubs, Weinhändler, Kneipen und Restaurants, dazwischen manchmal eine Kirche, ein Spielplatz oder Biomarkt – und Cafés.

Cafés – ob trendy oder old fashioned – sind Spiegelbilder der alten, auch der neuen, modernen Stadtviertel. Sie bringen deren Charme, Individualität und Extravaganz zum Ausdruck. Leute, die hierher kommen, haben irgendwie ein gutes Gespür, geben die richtigen Impulse zur richtigen Zeit. Es sind Orte zum frühen oder späten Frühstück, Orte zum Zeitungslesen, zum Kennenlernen oder zur Überbrückung von Beziehungskrisen, zum Studieren oder zur Beschäftigung mit dem Laptop. Café-Bars sind ein Platz zum Sehen und Gesehenwerden, Essen und Trinken, zum Plaudern und Gesprächeführen. Dazu eine frische Küche, viele Gerichte mit biologischen Zutaten „selbst gemacht", flexibel und auf die Wünsche der Gäste abgestimmt. Manchmal unter freiem Himmel, unter schattigen Bäumen, in einer Lounge oder auch oben in der ersten Etage: Innovativ verwöhnt die junge Trend-Gastronomie ihre Nachbarn, Szenegänger und Businessleute mit kulinarischen Genussüberraschungen und entwickelt mit Einbruch der Dämmerung ungeahnten Bar-Charakter. Hier treffen sich neben „Normalos" auch Liebhaber des Außergewöhnlichen und Mitglieder der internationalen Gay-Szene.

Ob Plüsch oder Pur, ob Retro oder Prunk, ob rustikal oder edel, ob britisch oder venezianisch, ob die 50er oder die 80er, ob zeitgemäß oder futuristisch, nicht allein das Ambiente macht den Trend: Das wirkliche Geheimnis der Café-Bars ist ihr ganz besonderes Flair. Den haben auf ihre Art auch Coffee-Shops, die, fast an jeder Ecke in München präsent, ein ganz neues Kapitel zum Thema Kaffee aufgeschlagen haben. Zum „Café Heimat" werden sie wohl nicht werden und auch nicht werden wollen. Unsere Münchner „Italiener" haben mit Italo-Chic und Leidenschaft ihre eigene Note. Vom „Barista" perfekt serviert: Espresso, Cappuccino oder Latte Macchiato – vormittags, nachmittags, abends und nachts im Café-Himmel.

Impressionen vom Viktualienmarkt

Siesta am Rindermarkt

aran Brotgenuss + Kaffeekult München-Innenstadt

Historische Gebäude, moderne Weltstadtarchitektur, lebendige Passagen und fantasievoll gestaltete ruhige Innenhöfe – die „Fünf Höfe" zwischen Theatiner- und Maffeistraße überzeugen durch preisgekrönte Architektur, edle Geschäfte und zeitgenössische Kunst. Ein ganz besonderes Erlebnis erfahren die Menschen, die dort einen der außergewöhnlichsten Läden an der überaus eleganten Theatinerstraße aufsuchen: „aran Brotgenuss + Kaffeekult". Aran ist das keltische Wort für Brot und symbolisiert Ursprünglichkeit, Frische und gesunden Genuss. Diese drei Komponenten sind für Sebastian Pyhrr und seine Frau Ulli das höchste Maß der Dinge. So betreiben sie seit Juni 2003 in diesem wunderschönen hohen Tonnengewölbe Kult in allen Facetten.

Schon das Interieur strahlt Ursprünglichkeit aus: Schlichte edle Holz-Stehtische, kleine knorrige Fußhocker, lederne Sitzrollen an den weißen Wänden, viel Glas und Edelstahl geben den Ton an. Dicke Kerzen, dichtgefüllte einzelne Rosenblüten und ausgewählte Bücher ziehen im langen Raum die Blicke auf sich. Schwere Bodendielen aus Eiche führen direkt auf die breite Theke zu, hinter der die perfekt aufeinander eingespielten sympathischen jungen Mitarbeiter alle Wünsche erfüllen und Bestellungen sofort in die Tat umsetzen.

Auswahl mit Hochgenuss: Angefangen bei einem gar köstlichen Marmeladenbrot gibt es für die knusprigen Scheiben des Natursauerteigbrotes rund ein Dutzend verschiedene, immer frisch gemachte Aufstriche wie Artischocke-Thunfisch, Chili oder Frischkäse mit Rucola. Das Brot als Grundlage für diese natürlichen, rustikalen Delikatessen wird eigens für „aran" in großen 6-Pfund-Laiben im Holzofen gebacken. „Der dreistufige Natursauerteig ist 24 Stunden in Arbeit", sagt Sebastian Pyhrr, „ohne jegliche Zusatzstoffe aus Vollkornmehl hergestellt." Wenn das Brot so unverfälscht ist, kann es bei den Kaffeespezialitäten nicht anders sein: In einer kleinen italienischen Rösterei werden die Bohnen in traditioneller Weise äußerst langsam geröstet. Fünf Variationen, genauestens erklärt an der großen Tafel, bringen die Kaffeeseele zum Schwingen – zu jeder Tageszeit und für jeden Geschmack. Serviert werden sie nicht in Tassen, sondern zusammen mit einem Glas Wasser in weißen Porzellan-Kaffeeschalen.

Belgische Buttercroissants mit unterschiedlichen Füllungen werden selbst frisch gebacken, feine Kuchen kommen aus der Konditorei, Petit Fours, Florentiner und die Schokoladen aus einer exklusiven Confiserie. Brot und Kaffee, Süßes und Tee, all dies kann man auch mit nach Hause nehmen – schön aber ist auch der Genuss im Sommer an den Holztischen und -bänken vor der Tür von „aran", mit einem phantastischen Blick auf die mächtige barocke Theatinerkirche und den Odeonsplatz.

NUSSZOPF

Zutaten

für den Hefeteig
750 g Weizenmehl Type 405
125 g Butter
125 g Zucker
2 Eier
300 ml lauwarme Milch
knapp 1 TL Salz
1 Würfel Hefe

für die Nussfüllung
500 g Haselnüsse
2–3 Eier
200 g Zucker
etwas Milch
ca. 30 g reines Marzipan

Zubereitung

Für den Hefeteig das Mehl in eine Schüssel geben und in der Mitte eine Mulde bilden. Dort die Hälfte der Milch mit der Hefe und etwas Zucker zu einem Vorteig verrühren. Den Vorteig abdecken und ca. 1/2 Stunde gehen lassen. Dann die restlichen Zutaten hinzugeben und alles gut zu einem glatten Teig verkneten. nochmals 1 Stunde abgedeckt gehen lassen.

In den aufgerollten Hefeteig die Nussfüllung einrollen, mit einem scharfen Messer oben einschneiden. In der Kastenform ca. 20 Minuten gehen lassen und dann bei etwa 150 °C ca. 35–40 Minuten backen.

aran Brotgenuss + Kaffeekult Fünf Höfe
Inhaber: Sebastian und Ulli Pyhrr
Theatinerstraße 12
80333 München
Telefon 0 89 / 25 54 69 82
Telefax 0 89 / 25 54 69 83
www.aran.coop

Nespresso Boutique Bar München-Innenstadt

Der Residenz-Komplex am Max-Joseph-Platz beherbergt heute Museen und Sammlungen, Theater und Konzertsäle. Das klassizistische Opernhaus mit seiner imposanten Fassade gehört zu den Sehenswürdigkeiten Münchens. Schräg gegenüber, in der luxuriösen Residenzstraße, wurde 2004 die ebenfalls sehenswerte und weltweit erste „Nespresso Boutique Bar" eröffnet.

Es hat sich mittlerweile herumgesprochen, dass hier über drei Etagen ultimative Kaffee-Erlebnisse zu erfahren sind – einzigartig in dieser Stadt. Allein schon das Ambiente hat es in sich: Im Erdgeschoss, auf edlem sandfarbenem Steinboden, ist die schwarze Discovery-Bar mit ihren gepolsterten braunen Barstühlen erste Anlaufstelle für Leute, die es ein wenig eiliger haben. Eine breite Treppe führt hinauf in die gemütliche Lounge mit einem Sesselrondell als Mittelpunkt. An die lange Fensterfront lehnt sich eine weiche Polsterbank, Couchs, kleine Tische und Stühle erlauben beim Frühstück, dem feinen Mittagessen oder dem Genuss kleiner Leckerbissen gepflegte Konversation. Als Begleiter – auch zu den süßen Klassikern – empfiehlt der Barista einen der zwölf verschiedenen Nespresso-Grand Cru-Varietäten, die, in den kleinen Kapseln aromadicht eingeschlossen, überall präsent sind: intensiv, harmonisch oder mild, kräftig oder ausdrucksvoll. Eine Sinnesreise durch edle Spitzenkaffees auch für diejenigen, die nach einem Einkaufsbummel einen ruhigen Platz zum Wohlfühlen suchen oder sich hier oben zum „After work" verabreden. Für persönliche Events steht die Lounge abends zur Verfügung, mit bestem Blick auf die beleuchtete Oper als Kulisse.

Die „Nespresso Boutique Bar" ist ein beliebter Treffpunkt für Kaffee-Connaisseure und solche, die es werden wollen. Davon kann man sich in der futuristischen Boutique im Untergeschoss am besten überzeugen. Alle Besucher werden über Qualität, Herkunft, Mischung und Röstung der Nespresso Grands Crus anschaulich informiert. Hier fehlt es an Nichts: Espresso-Tassen, Latte-Macchiato-Gläser, Tisch-Sets, Tabletts, Accessoires, Geräte zur Zubereitung und natürlich auch Kaffeemaschinen. Verführerische Dolcetti und eigens für Nespresso hergestellte Trüffel krönen einen perfekten und außergewöhnlichen Espressogenuss.

EISKALTER KAFFEE MIT GEWÜRZTER MILCH

Zutaten

2 Kapseln Nespresso Ristretto oder
2 Kapseln Nespresso Decaffeinato Intenso
4 EL zerkleinertes Eis
150 ml kalte Milch
Zimtpulver, Muskatnusspulver oder Schokoraspeln

Zubereitung

2 Espressos (2 x 40 ml) in einer Cappuccinotasse zubereiten. Nach Belieben süßen. Die Zubereitung mit dem zerkleinerten Eis in ein Glas geben. Die kalte Milch in ein Milchkännchen gießen, mit der Dampfdüse der Maschine oder einem Aeroccino aufschäumen. Die aufgeschäumte Milch in den Kaffee gießen und ein paar Löffel Milchschaum darüber verteilen. Je nach Geschmack mit Zimt, Muskatnuss oder Schokoraspeln bestreuen. Sofort genießen.

VANILLE-WIRBELWIND

Zutaten

1 Kapsel Nespresso Vivalto oder
1 Kapsel Decaffeinato Lungo
1 Vanilleschote
200 ml kalte Milch
1 Kugel Vanilleeis

Zubereitung

Die Vanilleschote der Länge nach aufschneiden. Mit der Spitze eines Messers das Mark herausschaben und mit der Milch vermischen. Die Vanillemilch in einen Mixer geben und eine Kugel Vanilleeis hinzufügen. Einen Vivalto zubereiten und den Kaffee in den Mixer geben. Alle Zutaten verquirlen und in ein Glas gießen. Sofort genießen.

Nespresso Boutique Bar
Manager: Akeem Lawal
Residenzstraße 19
80333 München
Telefon 0 89 / 21 11 49 89
Telefax 0 89 / 21 11 49 68
www.nespresso.com

Forum Café · Bar · Restaurant
München-Gärtnerplatzviertel

Eine Sonnenblume ersetzt das „o" im Schriftzug des „Forum Cafés". Im Sommer, wenn die große sonnige Terrasse geöffnet hat, sitzen die Gäste in bequemen Stühlen beim Frühstück, das für alle Fälle open end gleich bis Mitternacht von motivierten Mitarbeitern immer mit einem Lächeln serviert wird. An dieser Stelle sei speziell die Erfindung für Liebespaare erwähnt, „Honeymoon", Köstlichkeiten für zwei Personen, angerichtet auf einer dreistöckigen Etagere. Da mag so mancher natürlich hängen bleiben und dabei das Zeitgefühl verlieren.

Das „Forum Café" gehört schon seit 1991 zu den beliebtesten Anziehungspunkten im Szene-Viertel um den Gärtnerplatz und ist von dort auch nicht mehr wegzudenken. Das bunt gemischte Publikum besteht aus Frühaufstehern und Nachtmenschen, aus Geschäftsleuten, Studenten und Familien, die eine lockere Atmosphäre schätzen. „Sehen und gesehen werden" ist für den einen oder anderen auch recht wichtig. Die vielen Stammgäste, gehegt und gepflegt von Martin Kolonko und seiner Frau Anke, lieben es, einen ausgiebigen Brunch, den Businesslunch und die frische, abwechslungsreiche und internationale Lifestyle-Küche des Restaurants zu genießen. Klassiker und ganz berühmt: Der Ceasar's Salad mit einem besonderen Dressing, Club Sandwich, verschiedene Thai-Currys (vegetarisch, Huhn, Rind oder Garnelen) und Steaks. Wer nicht genug Zeit hat, sich einen gemütlichen Platz zu suchen, der kann viele Leckerbissen, so auch den „American Cheesecake", Kaffeespezialitäten, Säfte und Cocktails wie beispielsweise, ganz exklusiv und nur im „Forum" erhältlich, „Premix"-Kreationen zum selber Mixen, einfach mit auf den Weg nehmen. Außerdem: Der Partyservice ist legendär. Von 3 bis zu 3.000 Personen können professionell und innovativ, selbstverständlich mit perfektem Service, betreut werden.

Und am Abend? Am Abend lädt die Bar: Hier werden über 100 verschiedene Drinks geschüttelt und gerührt, dabei wird geplaudert und geflirtet, was das Zeug hält. Bis 3 Uhr nachts sorgt ein DJ für den richtigen Sound in einem modernen und doch warmen Ambiente. Naturmaterialien wie Stein, Leder und Massivholz, in die anregenden Farben des ausgereiften Lichtkonzepts getaucht, verleihen dem Ganzen einen charmanten Lounge-Charakter. In diesen Rahmen passen perfekt die Kunstwerke der wechselnden Ausstellungen, die im „Forum" regelmäßig stattfinden. Fast bis zum Sonnenaufgang schlägt dem Glücklichen hier wirklich keine Stunde.

AMERICAN CHEESECAKE

Zutaten

750 g Butterkekskrümel
2 EL Zucker
1 Prise Zimt
80 g geschmolzene Butter
200 g Schmand
800 g Frischkäse
2 TL Vanillesirup
200 g Zucker
4 Eier
2 EL Mehl
50 ml Milch

Zubereitung

Butterkekskrümel, Zucker, Zimt und Butter mit einer Gabel vermengen und in eine gefettete Springform mit 26 cm Ø (mit 2 cm Rand) drücken. Schmand und Frischkäse auf Zimmertemperatur bringen und mit Vanillesirup und Zucker verrühren. Die Eier einzeln unterrühren, Mehl und Milch zugeben. Die Masse auf den Boden geben und im Heißluftofen bei ca. 140 °C 1 Stunde farblos backen. Im Ofen bei geöffneter Tür auskühlen lassen, damit der Kuchen nicht reißt. Nach dem Auskühlen mehrere Stunden kalt stellen.

Forum Restaurant GmbH
Inhaber: ROK-Restaurants
Lilienstraße 51
81669 München
Telefon 0 89 / 26 88 18
Telefax 0 89 / 26 88 37
www.forumcafe.de

Das Kranz München-Glockenbach

Die herausgeputzten gründerzeitlichen Häuserfassaden in der Hans-Sachs-Straße sind das städtebauliche Highlight des Münchner Glockenbach-Viertels. In den 90er Jahren hat sich das Bürgerviertel in der Isarvorstadt zu einem begehrten Platz zum Wohnen und Ausgehen entwickelt.

So ziemlich genau in der Mitte der nicht sehr langen Hans-Sachs-Straße hat Petra Kranz im Juni 2006 die richtige Kulisse für ihr kultiviertes und unkompliziertes „Kranz" gefunden. Der Raum ist hoch und hell und seitlich mit einem feinen Korbgeflecht verkleidet. Sandig-helle Zementfliesen, Nussbaumholz und Kupfer sind die tragenden Gestaltungselemente, die für eine warme und angenehme Atmosphäre sorgen. Schon von draußen sieht man durch die großen Fensterfronten, die im Sommer komplett geöffnet werden, die auffälligen und eigens für „Kranz" entworfenen Pendelleuchten. Die niedrig gehaltene Theke unterstreicht die offene und klare Wirkung des Raumes.

„Das Kranz" ist ein zertifizierter Biobetrieb mit Stil und Eleganz. Die Philosophie „Jedes Lebensmittel hat seinen eigenen Geschmack. Wir lassen ihm diesen." wird konsequent umgesetzt. Alle Zutaten stammen aus ökologischer Landwirtschaft, die Gerichte werden täglich frisch und abwechslungsreich zubereitet. Von der Pasta bis zum Kaffeeplätzchen wird alles selbst hergestellt. Dies gilt auch für die wunderbaren Kuchen, die „nach Hausfrauenart jeden Tag aufs Neue verführen". Täglich kommen Bäckerinnen ins Haus, um die allseits beliebten, leckeren Kuchen hervorzuzaubern.

„Morgens, mittags, abends" bekommt der Gast hier Essen von gleichbleibend höchster Güte serviert. Das beginnt beim Frühstück, das man sich je nach Vorliebe selbst zusammenstellen kann. Biobrot, ofenwarme Croissants und Eier von frei laufenden Hühnern mit inbegriffen. Mittags wechselt die Karte täglich, mit Vorspeisen, hausgemachten Nudeln, Suppen und Salaten. Gemüse und Risotto ergänzen die Speisenpalette, Fisch und Fleisch werden naturbelassen zubereitet. Die Abendkarte ist mit einem Dutzend Gerichten etwas umfangreicher. Zum Abschluss stehen drei Desserts oder Käsevariationen zur Auswahl. Säfte, Bier und Wein sind ebenfalls biologisch. Für nächtliche Exkursionen ist „Das Kranz" die perfekte Location für einen frischen Cocktail – am Wochenende mit Musik.

SCHOKOLADENTÖRTCHEN MIT FLÜSSIGEM KERN

Zutaten
100 g Zartbitterkuvertüre
100 g Bioschokolade
3 Eigelb
2 Eier
200 g Butter
70 g helles Dinkelmehl
50 g frisch gemahlene Mandeln
1 EL Mascarponecreme

Zubereitung
Eier und Eigelbe mit Zucker schaumig schlagen. Die Kuvertüre und Schokolade mit der Butter schmelzen und unter die Eiermasse heben. Mehl und Mandeln unterrühren. Feuerfeste Förmchen buttern und leicht mit Mehl ausstäuben, zur Hälfte mit der Schokoladenmasse füllen. Im Ofen bei 180 °C 15 Minuten backen. Anschließend mit einem Esslöffel Mascarponecreme auf einen Teller stürzen und warm servieren.

Das Kranz
Inhaberin: Petra Kranz
Hans-Sachs-Straße 12
80469 München
Telefon 0 89 / 21 66 82-50
Telefax 0 89 / 21 66 82-57
www.daskranz.de

Butterbrot – Feine Backwaren
München-Altschwabing

Für die vorbeikommenden Passanten und die Spaziergänger aus dem Englischen Garten sind sie ein echter Hingucker, die beiden Schaufenster von „Butterbrot – Feine Backwaren". Und die vielen Stammkunden sind immer wieder aufs Neue gespannt auf die ideenreichen Dekorationen, die sich der Inhaber Walter Spannagl für sein Geschäft ausdenkt. Das macht ganz schön neugierig auf das, was drinnen so alles angeboten wird.

Dass es sie wirklich noch gibt, die guten alten Dinge, merken Schwabinger und Kenner von Szene-Cafés beim Betreten von Spannagls modernem „Kolonialwarenladen" in der Feilitzschstraße sofort. Denn „Butterbrot" hat nicht nur Butterbrote, die dick mit Andechser Fassbutter bestrichen sind, sondern auch Baguettes, Brezen, Croissants, Kuchen, belegte Brote, Semmeln, Gebäck, Milch, Wasser, Säfte, Kaffee, Tee, Schokolade, Joghurt, Sahne, Eier, Käse, Wurst, Marmelade von „Staud" aus Wien, Süßwaren, Champagner, Prosecco und vieles mehr. Vieles mehr heißt auch Kultmarken wie Ahoj-Brause, Manner-Waffeln, Brand-Zwieback und Eszet-Schokolade-Schnitten, die einen wieder sanft in die Kindheit zurückversetzen. Neue, aber auch schon kultige Marken wie Bionade oder Carpe Diem sind ebenso vorhanden wie das italienische Label Inpetto: Tassen, Konfekt, köstlich gebrannte Mandeln mit feinster Schokolade umhüllt in sechs Geschmacksrichtungen, Olivenöl, Salz und den „Ibiza"-Kaffee in zwei Sorten, angebaut auf der spanischen Balearen-Insel Ibiza. Ja, sogar Äpfel und Birnen aus biologischem Anbau liegen in der kalten Jahreszeit knackig zum Anbeißen in ihren Kisten vor der Tür. Im Sommer sitzen dort Gäste an kleinen Tischen beim Frühstück, zur Mittagspause oder Nachmittagskaffee und lassen den lieben Gott einen guten Mann sein.

Walter Spannagl, der das „Butterbrot – Feine Backwaren" 2001 eröffnet hat, kennt seine Kunden inzwischen meist so gut, dass er genau weiß, was sie wünschen und „macht gerne auch mal schnell" ganz individuelle Snacks je nach Gusto. Persönliche Ansprache und liebevolle Chef-Bedienung gehören hier einfach dazu, auch im neuen, puristisch in Nussbaumholz gehaltenen Gastraum. Über zwei Stufen geht man dort hinauf und fühlt sich wie zu Hause. Weiße Notizzettel, voller Poesie und phantasievoller Gedanken, sind am außergewöhnlichen Leuchter angebracht, der das Ganze in angenehmes Licht taucht. Das „Butterbrot" hat den wunderbaren Charme des Gegensätzlichen und ist wie die schmale Feilitzschstraße, die Altschwabing vom „Englischen Garten" bis zur „Münchner Freiheit" repräsentiert: Althergebrachtes und Zukunftsweisendes, schon ein bisschen widersprüchlich, aber ganz bestimmt nicht langweilig.

WARMES LAUGEN-CROISSANT

Zutaten

4 Laugen-Croissants
Butter
Sahne-Meerrettich
je 3 Scheiben Rauch- oder Kaminschinken
je 2 Scheiben Bergkäse
Tomaten
Zucchini
Kresse

Zubereitung

Die Laugen-Croissants mit Butter und Sahne-Meerrettich bestreichen. Danach mit dem Schinken, Bergkäse, Tomaten, Zucchini und etwas Kresse belegen. In der Mikrowelle oder im Ofen ca. 1 Minute leicht anwärmen.

Butterbrot – Feine Backwaren
Inhaber: Walter Spannagl
Feilitzschstraße 31
80802 München
Telefon 0 89 / 33 25 62

Nachmittag im Hofgarten

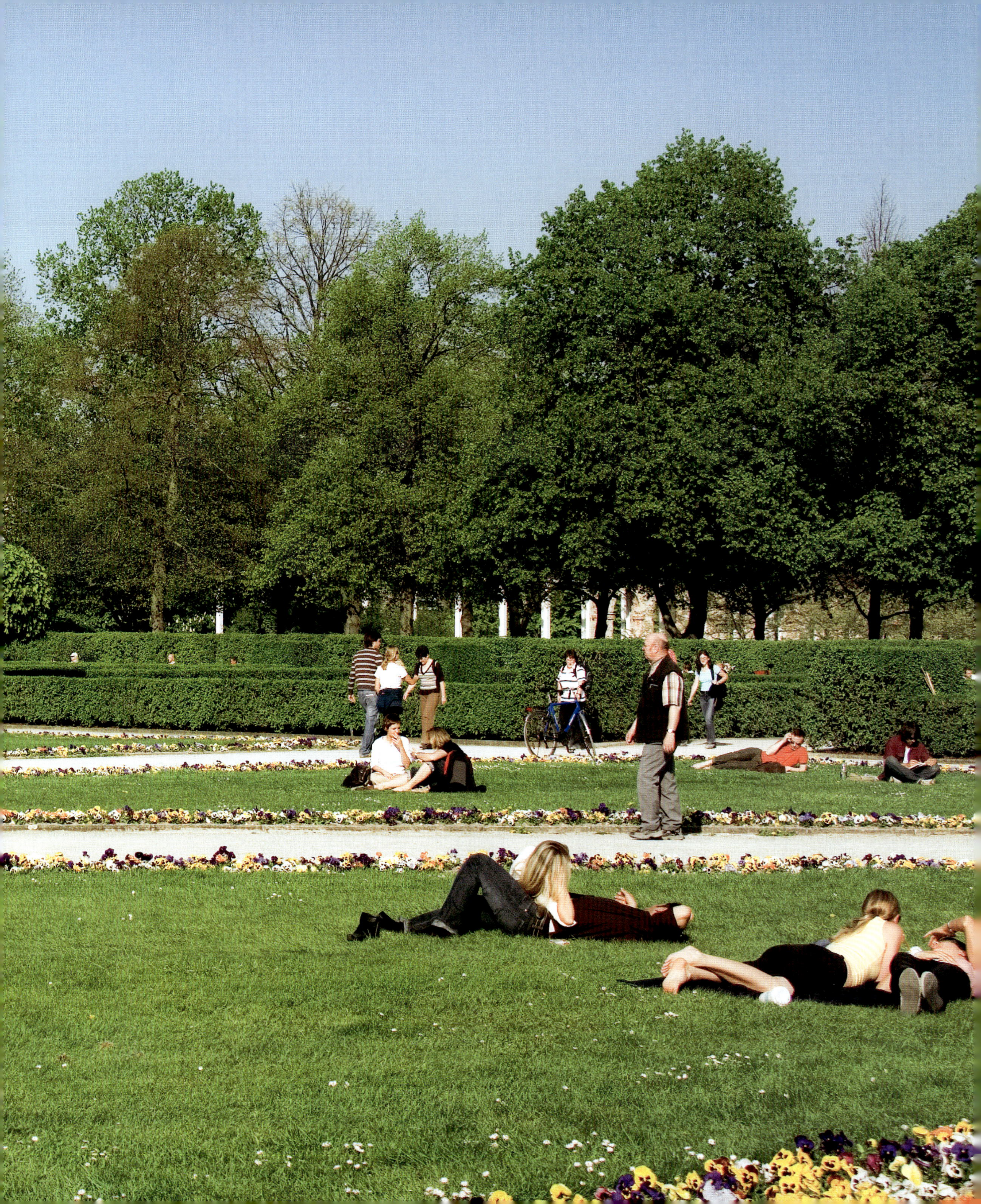

café an der Uni München-Schwabing

Eine Heimstatt der Wissenschaften und der Gelehrigkeit, der Bibliotheken und Institute ist sie und gleichwohl der monumentalste und großzügigste Boulevard Münchens: die Ludwigstraße. Bauherr und Namensgeber war Ludwig I., der mit dieser klassizistischen Prachtstraße dem königlichen München eine große Auffahrt bereiten wollte. So ungefähr in der Mitte, mit Blick nach rechts auf das Siegestor, nach links zum Odeonsplatz hinunter, hat sich schon seit langem das „Café an der Uni" etabliert, liebevoll kurz „Cadu" genannt. Noch immer gehören das Café und der angrenzende sehenswerte Hof, in dem man gemütlich draußen sitzen kann, zum erzbischöflichen Ordinariat. Das herzogliche Gregorianum, das 1494 gestiftete Priesterseminar der Bayerischen Universität, beherbergt auch bis heute die katholische Fakultät und das dazugehörige Studentenwohnheim. So wird Papst Benedikt XVI., der frühere Münchner Kardinal Ratzinger, in seiner Studienzeit auch einmal die ehemalige Teestube und den Billard-Raum besucht haben, in dem sich jetzt die Räumlichkeiten des „Cadu" befinden.

In diesem In-Café fühlen sich aber nicht nur die Studenten aus den umliegenden Universitätsgebäuden wohl, sondern auch Gäste auf dem Weg nach Schwabing bis hin zu den Nachtschwärmern der Großstadt. Inhaber Michael Mühldorfer serviert bis kurz vor Mitternacht (!) unter der Rubrik „Nobelpreisverdächtiges Frühstück" nicht weniger als 17 (in Worten: siebzehn) verschiedene Frühstücksangebote mit Titelungen wie „Einstein" (Physik), „Michelangelo" (Kunst und Dichtung in Florenz), „Edison" (Erleuchtung) oder „Karl Valentin" (Münchner Genauigkeit) und so weiter und so fort. Superbaguettes, Suppen, Vegetarisches, Pasta, Salate, Baked Potatoes oder Mexikanisches werden vom jungen Bedienungspersonal flott gebracht, ebenso die Hauptgerichte, die namentlich den Fakultäten gewidmet sind. Kuchen, Torten und Eisvariationen versüßen das Studentenleben ungemein. Dazu eine reichhaltige Getränkekarte für den akademischen Durst.

Café an der Uni
Geschäftsführer: Michael Mühldorfer
Ludwigstraße 24
80539 München
Telefon 0 89 / 28 98 66 00
Telefax 0 89 / 28 98 66 01
www.cadu.de

café am Nordbad München-Schwabing

CAN steht in großen roten Lettern über der Eingangstür, CAN-Café am Nordbad. Stimmig fügt sich das postmoderne Gebäude an der Ecke zur Hohenzollernstraße mit seinen komplett verglasten Außenwänden an das direkt angrenzende Nordbad, im klassisch-monumentalen Baustil. Gegenüber das Stadtarchiv, das schon seit 1912 an dieser Stelle beheimatet ist und auch über das Münchner Bäderwesen informiert.

Ins Innere des mit viel warmem Holz ausgestatteten Cafés gelangt man über eine große Sonnenterrasse mit 140 Sitzplätzen, an kühleren Tagen warm bestrahlt. Der freie Blick dort ringsherum lässt den Gast am Schwabinger Leben teilnehmen. Abends, die Treppe hinauf oben in der Galerie, lässt sich die Stimmung beim Sundowner über den Dächern einfangen.

Das „Café am Nordbad" ist ein Speisecafé für jedermann. Das dazugehörige interne Café ist sogar für Badegäste vom Schwimmbad aus zu erreichen. Die Küche ist zu allen Tageszeiten höchst aktiv und bietet vom üppigen, ausgedehnten Frühstück über bürgerlich-internationale Gerichte und deftige Spezialitäten bis tief in die Nacht hinein eine wohl sortierte und großzügige Auswahl an Speisen. CAN-Burgers erfreuen die jugendlichen Gäste, und wer es sportlich-leichter haben will: Suppen und Salate, Vegetarisches und leckeres Fingerfood stehen ebenfalls auf der Karte. Nicht zu vergessen die sommerlichen Eisspezialitäten: Schoko-Kuss und Südseetraum, Erdbeer-Genuss, Sanfter Engel und Tea 'n' Ice, was eine feine Kugel Zitronensorbet in Eistee bedeutet. Das Allerbeste im CAN, das Inhaber Ulrich Zerressen zu bieten hat, ist aber unzweifelhaft die Auswahl an 32 Eraclea-Trinkschokoladen, in Italien nach Tradition alter aztekischer Herrscher hergestellt. Da gibt es Gäste, die könnten darin baden …

Café am Nordbad
Geschäftsführer: Ulrich Zerressen
Schleissheimer Straße 142a
80797 München
Telefon 0 89 / 12 70 04 33
Telefax 0 89 / 18 95 62 91
www.cafeamnordbad.de

Café Dinzler Rosenheim

Nahe der historischen Altstadt und den Türmen der Stadtpfarrkirche St. Nikolaus, dem Wahrzeichen von Rosenheim, wird das Stadtbild von Gründerzeit- und Jugendstilhäusern geprägt. Sie verdanken ihr Entstehen dem wirtschaftlichen Aufblühen der Innmetropole im ausgehenden 19. und beginnenden 20. Jahrhundert. Seit dieser Zeit verrichteten Steinmetze ihre ebenso schwere wie anspruchsvolle Arbeit in dem Gebäude, das Isolde und Franz Richter vor einigen Jahren für ihre „Kaffeerösterei Dinzler" entdeckten. Seit 1998 ist es Stammhaus des innovativen Familienunternehmens.

Der Kaffee wird mittlerweile etwas weiter weg in der „Kunstmühle" geröstet, sonst ist aber alles beim Alten geblieben. Das moderne Loft-Café erreicht man über eine große Kaffeeterrasse mit vielen sonnigen Plätzen. „Hallo, Heike", rufen einheimische Gäste der Schwiegertochter Heike Richter zu und dokumentieren damit die überall spürbare familiäre Atmosphäre. Geschäftsführer Edgar Hauber bemerkt nicht ohne Stolz, dass viele Stammgäste „Dinzler Innstraße" schon als ihr zweites Zuhause ansehen.

Drinnen, rechterhand im Bohnen-Laden, kaufen Kunden ihr Pfund Kaffee direkt vom Chef Franz Richter, der sich mit dem „braunen Gold" bestens auskennt und immer beratend zur Seite steht. Dabei kann man einen schnellen Espresso an der Bar trinken oder an den gesammelten schönen alten Tischen mit Thonet-Stühlen eine Tasse Dinzler-Kaffee genießen, vom koffeinfreien Mokka bis hin zum exklusiven Jamaica Blue Mountain. Die hausgemachten Kuchen nach Rezepten von Isolde Richter werden in der im ersten Stock gelegenen Backstube frisch gebacken und liegen verführerisch in der antiken Vitrine. Ein eigenes „Eislabor" kreiert im Sommer die unglaublichsten Eissorten für allerlei kühle Gelüste. Täglich wird auch Gutes und Gesundes gekocht. Zwei feine Gerichte stehen zur Auswahl, zum Nachtisch locken beispielsweise ein köstlicher Reisauflauf oder ein bayerischer Apfelstrudel.

Café Dinzler
Inhaber: Isolde und Franz Richter
Innstraße 13
83022 Rosenheim
Telefon 0 80 31 / 79 75 90
Telefax 0 80 31 / 79 95 87
www.dinzler.de

Dinzler in der Kunstmühle Rosenheim

Nach bayerischem Volksrecht waren Mühlen öffentliche Gebäude. So auch die Kunstmühle Rosenheim, in der noch vor nicht langer Zeit „Rosenmehl" gemahlen wurde. Als Hauptbestandteil von Brot ist Mehl eines der ältesten und wichtigsten Grundnahrungsmittel der Welt und als Zutat von Gebäck, Torten und Süßspeisen ein Genussmittel ersten Ranges. Ebenso wie Kaffee. Deshalb ist es nicht verwunderlich, dass sich die Kaffee-Familie Richter das unter Denkmalschutz stehende ehemalige Industriegebäude am Mangfallkanal für ihr zweites Standbein in Rosenheim ausgesucht hat.

Diese aufwändig renovierte historische Kulisse wird von innen durch das unverwechselbare und faszinierende Kaffeehaus beseelt, das weithin seinesgleichen sucht: „Dinzler in der Kunstmühle". Ob man gediegene Loft-Atmosphäre vorzieht, sich in eine der gemütlichen Ecken zurückzieht oder im Lounge-artigen Nebenraum entspannt, ein Besuch ist immer etwas Besonderes. Das liegt auch am ausgefallenen Interieur, dem edlen Blumenschmuck, den Kaffeepflanzen und großen Kaffeesäcken allerorten, die auf den frisch gerösteten Dinzler-Kaffee aus der rückwärtigen Rösterei hinweisen, und am sternverdächtigen Angebot der Küche, die weit mehr kann, als in einem Café vermutet.

Der Tag beginnt mit einem ausgiebigen Frühstück, klassisch oder mit einem herzhaften Müsli und italienischen Antipasti. Es sind die täglich frisch zubereiteten Gerichte, zu denen Hausmannskost, mediterrane Köstlichkeiten und fernöstliche Kompositionen gehören und eine großzügige Auswahl an Getränken, die „Dinzler in der Kunstmühle" weit über Rosenheims Grenzen hinaus bekannt gemacht haben. Spätestens bei den hausgemachten Kuchen und süßen Delikatessen ist man dem ungewöhnlichen Kaffeehaus verfallen. Sohn Mathias Richter und Geschäftsführer Thomas Steinke schauen darauf, dass der idealste Platz zum Abschalten „Kunstmühle" heißt.

Dinzler in der Kunstmühle
Inhaber: Isolde und Franz Richter
Kunstmühlstraße 12
83022 Rosenheim
Telefon 0 80 31 / 4 08 25 31
Telefax 0 80 31 / 4 08 26 43
www.dinzler.de

Maria München-Glockenbach

Der Glockenbach hat dem begehrten, unkonventionellen „In"-Viertel südlich der Altstadt seinen Namen gegeben. Er gehörte zu den vielen Stadtbächen, die vor allem die isarnahen Bereiche Münchens in einem dichten Netz durchzogen. Inzwischen wurden sie in den Untergrund verbannt oder aufgelassen. Heute fließt nur noch der Westermühlbach den „Alten Südlichen Friedhof" entlang, eine Oase für Ruhesuchende und Kulturspaziergänger. Hier sind der Maler Carl Spitzweg, der Erfinder Joseph von Fraunhofer und der Baumeister Leo von Klenze begraben.

Ganz in der Nähe kreuzt sich die Klenze- mit der stillen Baumstraße und bildet dadurch einen kleinen Platz, der beschaulich in der Sonne liegt. Hier stehen die mit kleinen Karos eingedeckten Tische des „Café Maria" unter Retro-Sonnenschirmen, an denen ein bunt gemischtes, aber keineswegs kleinkariertes Völkchen gerne einen freien Tag verbringt. Gemütlich und entspannt die Atmosphäre, vielleicht deshalb, weil alles nicht zu perfekt wirkt. Auch drinnen ein kreatives Tohuwabohu aus einem nicht definierbaren Stilmix des Mobiliars. Gründerzeit-Tische mit Bänken und „Ulmer Hockern" stehen unter Designer-Hängeleuchten, an den Wänden sakrale Marien-Devotionalien und übergroße Fotografien aus den 70ern. Trendige Musik, Zeitschriften zur wohlfeilen Lektüre lassen die Gäste relaxen. Ein „Speisezettel" ist als Tageskarte auf ein Klemmbrett gespannt. Darauf stehen neben jahreszeitlichen leichten Gerichten verschiedene Suppen, frische Salatteller, die legendären Schinkennudeln und der berühmte Schweinekrustenbraten nach dem Rezept der Mutter Maria des Mitinhabers Stephan Alof. Sie ist auch Namensgeberin des Cafés.

Die hausgemachten Kuchen haben ihren Platz gleich am Eingang auf der Theke und wecken Gelüste nach einem Milchkaffee oder Cappuccino dazu: Streuselkuchen vom Blech, Käsekuchen mit Orangenschale, Schokoladenkuchen und „Paul's Karottenkuchen mit Philadelphia-Creme", kreiert vom irischen Küchenchef Paul Mc Namara. In der fast offenen Küche im hinteren Bereich werden auch die unterschiedlichen Frühstücke hergerichtet – bis abends um sechs serviert: „Schnelle Marie", „Mary's English Breakfast", „Große Maria", Maria allerorten. Wer um diese Zeit nicht mehr frühstücken mag, erhält natürlich auch schon ein frühes leckeres Nachtmahl.

Wenn das „Café Maria" um 22 Uhr seine Pforten schließt, dann öffnet schräg gegenüber „Josef", das nächtliche dazugehörige Pendant. Stephan Alof interpretiert das ungewöhnliche Konzept so: „Die anständige Maria geht ins Bett, dann haut der Josef auf den Putz."

PAUL'S KAROTTENKUCHEN MIT PHILADELPHIA-CREME

Zutaten

200 g geriebene Karotten
150 g brauner Zucker
125 ml Pflanzenöl
2 Eier
250 g Mehl
1 TL Backpulver
1 TL Natron
1 TL Salz
1 TL gemahlener Zimt
1 TL gemahlener Muskat
1 TL gemahlener Ingwer
200 g Apfelmus
150 g Frischkäse
50 g Butter
150 g Puderzucker

Zubereitung

Den Backofen auf 180 °C vorheizen. Karotten, braunen Zucker, Öl, Eier und Apfelmus in eine Schüssel geben, kurz durchrühren und die nasse Masse 10 Minuten stehen lassen. Restliche Zutaten in einer zweiten Schüssel durchmengen und unter die nasse Masse geben. Eine runde Backform mit 28 cm Ø mit Butter ausstreichen, den Teig in die Form geben und 35 Minuten backen. Den Kuchen abkühlen lassen. Frischkäse und Butter (beides auf Zimmertemperatur) zusammenmischen, den Puderzucker zugeben und gut verrühren. Die Masse anschließend über den Kuchen streichen.

Maria
Inhaber: Stephan Alof und Karsten Schnauer
Klenzestraße 97
80469 München
Telefon 0 89 / 20 24 57 50
Telefax 0 89 / 29 16 36 89

The Victorian House Brown's Tea Bar
München-Maxvorstadt

In Münchens Uniuniertel um die klassizistische königliche Ludwigstraße geht es meist sehr lebhaft zu. Mit der „Brown's Tea Bar", einer Dependance von „The Victorian House", kam im Herbst 2004 ein Hauch britische Gelassenheit in die Türkenstraße, in der schon in den 20er Jahren die wichtigsten Lokalitäten der sogenannten „Schwabinger Szene" lagen. Daran hat sich bis heute nichts geändert. Kunst, Kultur und Bildung prägen das Viertel.

Kultur wird auch in „Brown's Tea Bar" sichtbar. Eingerichtet im traditionellen Victorian House Stil mit historischen Ölgemälden, englischen Antiquitäten, alten Büchern, prunkvollen Spiegeln, einem Kamin mit marmornem Sims und gemütlichen plüschigen Sitzgelegenheiten, „kommt mit dem Tee auch das Vergnügen", wie es die freundlichen Mitarbeiter gentlemanlike formulieren.

Beim Gästemix aus Studenten, Künstlern, Akademikern aus der nahe gelegenen Universität und Schwabinger Anwohnern aller Altersklassen ist deshalb nur noch angenehm die „Ruhigwerdung" zu spüren. Sie kommen nicht nur zum Teetrinken, dabei wäre die allein 69 verschiedene Sorten umfassende Auswahl schon Grund genug: Frische Blatttees, grün und schwarz, Rooibos-, Früchte- und Ayurvedatees ziehen langsam so lange in den Kannen, bis ihr Geschmack zur Vollendung kommt. Dazu wird alles serviert, was die englische Sweet Bakery zu bieten hat: Englischer Kuchen, Banofee (Banane + Toffifee), Lemontarte, Carrot-Cake mit Walnuss, Ananas und süße Quarkcreme, Chocolate Fudge, Apricot-Almond, Sauerkirsch-Streusel und viel Fruchtiges. Breakfast, herzhafte Snacks, Salate und getoastete Sandwichs sind ebenfalls „available" im Treffpunkt der Boheme.

The Victorian House Brown's Tea Bar
Inhaber: Victorian House Company
Türkenstraße 60
80799 München
Telefon 0 89 / 25 54 38 39
Telefax 0 89 / 25 54 69 78
www.victorianhouse.de

selig
München-Glockenbach

Es macht selig. Einfach selig. Unendlich selig. Was denn nur? Die Antwort ist: drinnen zu sitzen in dieser kleinen, aber wohl-feinen Café-Bar und einen der unwiderstehlichen aromatischen Kaffees zu trinken, den es beispielsweise als Verlängerten, Cappuccino oder Latte zu probieren gibt.

Nirgends ist das Lebensgefühl so bunt, multikulturell, lebendig und tolerant wie im Glockenbachviertel. Deshalb hat es sich längst, zusammen mit dem Gärtnerplatz, zum kreativen Zentrum des Szenelebens gemausert. Das „Selig" liegt eingangs der Hans-Sachs-Straße. So kurz sie ist, strahlt sie doch mit ihren imposanten, herrschaftlichen Stadthäusern einen ganz besonderen Charme aus. Viele Cafés, Restaurants, Kneipen und Bars reihen sich dort aneinander, unterbrochen von trendigen Läden voller Mode und Büchern, kleinen Handwerksbetrieben mit inbegriffen. Hans Sachs, Schuhmacher und Poet dazu („Die Meistersinger von Nürnberg"), hätte seine wahre Freude gehabt.

Das klare Ambiente der „Selig-Bar" wird durch edlen Blumenschmuck und auffällige Foto-Kunstwerke an den Wänden zum schicken Wohnzimmer. Von früh bis spät versüßt Inhaber Günter Kastner zusammen mit seinem Team den Alltag seiner Gäste. Dies gelingt ihm mit Frühstück, Panini, hausgemachtem Gebäck und Kuchen, kleinen Snacks für zwischendurch und einer traditionell-modernen Küche. Alle Speisen werden mit „lebendem Wasser" zubereitet, einem speziell behandelten Wasser, dem Energie zugeführt wird – ein technologisch-kosmisches Wunder. Das gibt es mit all seinen positiven Auswirkungen natürlich auch zum Trinken: ob still, prickelnd oder mit Fruchtsäften gemischt.

Im „Selig" ist immer etwas los. Selbst am Ruhetag, dem Dienstag, kann jede Idee ganz individuell und selig machend verwirklicht werden: bei Events, Firmenfeiern, Präsentationen, Lesungen oder privaten Festen. Eine Heiligenstatue am Eingang, die der Chef als „Unheiliger Heiliger" definiert, blickt dabei ganz ungläubig über die fidelen Tischrunden.

Selig Café Bar
Inhaber: Günter Kastner
Hans-Sachs-Straße 3
80469 München
Telefon 0 89 / 23 88 88 78
Telefax 0 89 / 26 01 18 36
www.einfachselig.de

Espresso Bar Freising

Seit jeher ein Ort der Gelehrsamkeit ist Freising auch heute eine Stadt der Bildung und der Wissenschaft. Als zweitgrößte Stadt in der Region ist sie nur eine halbe Stunde vom Zentrum der Millionenstadt München entfernt und hat durch den nahen Flughafen den Status einer „Boomtown" erlangt.

An der idyllischen Moosach, einem Nebenfluss der Isar, sind seit gut zehn Jahren zwei nebeneinander liegende Lokalitäten etabliert, die in ihrer Kombination einmalig sind: Die „Espresso Bar" und das „Doppelzimmer". Wenn es warm wird, ist vor der „Espresso Bar" in der sonnigen Sonnenstraße – nomen est omen – kein Plätzchen mehr frei. Wie auf einer quirligen südlichen Piazza, mit Freisings schönstem Palmen- und Oleandergarten, hat hier süßes Nichtstun Vorrang. Sehen und Gesehenwerden gehört in der „Ebar", wie sie von Insidern liebevoll genannt wird, unbedingt dazu. Als typische Caffè-Bar werden „Danesi"-Kaffeespezialitäten nach allen Maßstäben italienischer Lebenskunst vollendet zubereitet, inklusive Spezialitäten wie „Mokacino", Cappuccino mit Schokosirup oder Caffè Lungo. Der Kaffee ist, wenn gewünscht, auch in diversen Geschmacksrichtungen mitzunehmen. Zum „Überleben" gibt es so wichtige Dinge wie Frühstück und Spuntini (Snacks): Ciabatte, Tramezzini, Piadina, Cornetti und Pizzen. Die Kuchen sind hausgemacht, das Gebäck kommt aus einer nahe gelegenen Freisinger Spezialitäten-Konditorei.

Direkt angrenzend befindet sich ein postmodernes Szenelokal mit einer großen Auswahl an perfekten Cocktails, internationalen Weinen, diversen Bieren und einem exquisiten Angebot an Zigarren aus dem hauseigenen Humidor. Die beiden Inhaber Oliver Pflüger und Markus Zottmaier haben ihr „Doppelzimmer" als „bar.lounge" untertitelt und treffen damit den Geschmack des bunt gemischten Publikums. Die 70er Jahre standen Pate beim Interieur. Die Wände sind mit edlem Zebranoholz verkleidet, ebenso wie die zentrale noble Bar. Futuristisch wirkende hinterleuchtete Sitzschalen und runde weiße Barhocker, weiche lederne Sofabänke mit hohen Lehnen und abgerundeten Kanten geben den Lounge-Charakter wieder und reizvolle Spiegeleffekte sorgen für den Gesamtüberblick. Ein perfekter Platz für Privatpartys.

Im „Doppelzimmer" kann man mit und ohne Begleitung schöne Stunden verbringen: Bei grooviger Musik mit DJs und Bands und wechselnden Themenabenden ist gut Essen, Trinken, Plaudern. Im Sommer öffnet draußen die hölzerne Veranda, ideal, um den Sundowner nach der Arbeit zu genießen – herüber klingt das anregende Geraune der Gäste aus der „Ebar" nebenan.

SCHOKOLADENKUCHEN

Zutaten

200 g Butter
250 g Zucker
6 Eigelb
100 g gemahlene Haselnüsse
100 g gemahlene Mandeln
130 g Mehl
2 1/2 TL Backpulver
1/2 TL Zimt
2 EL Kakao
200 g geraspelte Zartbitterschokolade
300 g Sauerkirschen
6 Eiweiß

Zubereitung

Butter, Zucker und Eigelbe schaumig rühren. Haselnüsse, Mandeln, Mehl Backpulver, Zimt, Kakao, Zartbitterschokolade und Sauerkirschen dazugeben. Danach das zu Schnee geschlagene Eiweiß unterheben. Die Masse in eine Kuchenform geben und bei 160 °C eine Stunde backen.

Espresso Bar
Inhaber: Oliver Pflüger und Markus Zottmaier
Sonnenstraße 29
85356 Freising
Telefon 0 81 61 / 23 30 50
Telefax 0 81 61 / 99 13 20
www.ebar.de
www.doppelz.de

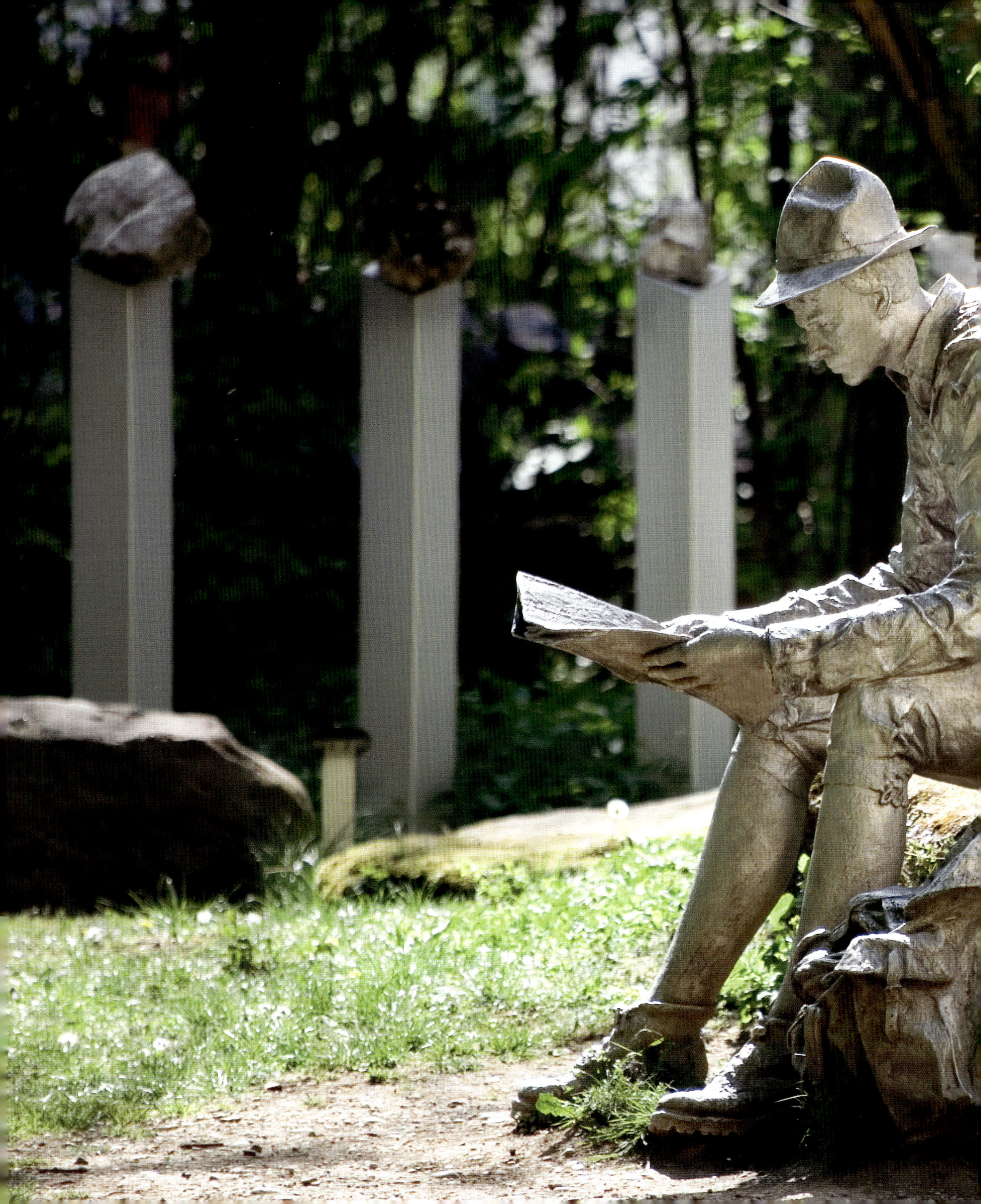

Im Garten des Alpinen Museums

Tahitian Noni Café München-Innenstadt

Vielleicht hat es etwas mit der Sonne zu tun, die in Tahiti niemals unterzugehen scheint, dass im Juni 2006 das erste deutsche „Tahitian Noni Café" ausgerechnet zielgenau in der Münchner Sonnenstraße seinen Platz gefunden hat, um von hier aus polynesische Lebensart in die bayerische Landeshauptstadt zu bringen. Die genannte Sonnenstraße beginnt am altehrwürdigen Karlsplatz, liebevoll auch „Stachus" genannt, schon im Mittelalter ein sehr lebhafter Ort für Handel und Verkehr.

An der Ecke zur Herzogspitalstraße liegt nun – von bajuwarischer Sonne durchflutet – das neue Café mit einem ganz anderen, nicht nur lukullischen Angebot:

Alles dreht sich dort um die Noni, eine grünlich-weiße Frucht von der Größe einer Kartoffel, die vorwiegend im Südpazifik beheimatet ist und für äußere und innere Anwendung genutzt wird. Der „TAHITIAN NONI™ Juice", aus dem Fruchtpüree der Noni hergestellt und mit Blaubeer- und Traubensaftkonzentrat verfeinert, hat längst seine Liebhaber gefunden wie auch erfrischende Mixgetränke und kulinarische Kreationen in vielen exotischen Geschmacksrichtungen. Da gibt es leichte landesspezifische Spezialitäten wie Oven-Baked Grab Cakes, den Pacific Salmon Wrap, die Luau Barbecue Ribs Bowl oder die Coconut Green Curry Chicken Bowl, die Küchenchef Salah H. Cherif anbietet, ein preisgekrönter Meister seines Fachs.

Im pazifisch nachempfundenen und doch modernen Ambiente des Gastraumes erklingt im Hintergrund leise tahitianische Musik – paradiesische Wohlfühlatmosphäre pur. In der Sommerzeit stehen wie auf einer Veranda Tische und Stühle vor den großen Fensterscheiben im Freien und laden zur „Pupu-Platte", einem Vorspeisen-Teller mit exzellentem Fingerfood. Eine Reise ins Herz des Pazifiks – und das mitten im Herzen von München. Café-Managerin Silke van Gunsteren macht es möglich.

Im angrenzenden Shop können Neugierige Beautygeheimnissen auf den Grund gehen. Produkte aus der Noni-Frucht zum Probieren, Testen, Schnuppern und Cremen. Kosmetik für Haut und Haar, präsentiert in edelster Innenarchitektur mit Südsee-Feeling. Die breite Treppe führt hinauf in die Veranstaltungsräume des Lifestyle-Zentrums: Workshops und Entertainment zu gesunder Ernährung, polynesische Kochkurse, Day Spa-Behandlungen, Wellness und Pflege. Im Mittelpunkt steht selbstverständlich immer die Noni, auch bei den wechselnden Ausstellungen über diese interessante und vielseitige Frucht.

MOUSSE AU CHOCOLAT-COCONUT

Zutaten

600 g bittere Kochschokolade
8 Eigelb
9 EL Zucker
250 ml Coconut Sirup
8 Eiweiß
4 EL Kakaopulver (pur, ohne Zucker)
800 ml Schlagsahne

Zubereitung

Das Eigelb mit dem Zucker verschlagen, die Schokolade im Wasserbad schmelzen.

Die Sahne schlagen und den Cocossirup zu den Eigelben geben. Anschließend das Kakaopulver dazumischen. Das Eiweiß zu Schnee schlagen. Dann die geschmolzene Schokolade langsam zum Eigelb geben und umrühren. Die Schlagsahne unterrühren und den Eiweißschnee vorsichtig dazugeben. Das ganze für 2 Stunden in den Kühlschrank stellen.

Tahitian Noni Café Deutschland GmbH
Sonnenstraße 9
80331 München
Telefon 0 89 / 25 55 19-310
Telefax 0 89 / 25 55 19-500
www.tncafe.com

café Schwabing
München-Schwabing

Es gibt bekanntermaßen viele schöne Plätze in Schwabing, dem Viertel der Künstler und Literaten. Einer, der sich noch den Charme der Gründerzeit bewahrt hat, ist der Kurfürstenplatz mit seinen rundum hohen Altbau-Häusern und der baumbestandenen Trambahninsel in der Mitte. Auf dem Platz herrscht immerzu reges Treiben, spannend anzuschau'n – am besten von einem Logenplatz vor dem „Café Schwabing".

Das Haus, in dem das „Café Schwabing" seit fast 20 Jahren beheimatet ist, war seit seiner Erbauung 1880 von Anfang an ein Wirtshaus. Bis Ende der 70er Jahre des vergangenen Jahrhunderts trug es den Namen seines ersten Wirtes Johann Gschlößl. Der jetzige heißt Peter Freund und ist wie sein Café eine Institution. Der rustikale Steinboden, die dunklen Stühle und holzvertäfelten Wände prägen den Altmünchner Stil der Räumlichkeiten aus. Die Tische mit hellen Platten sind rechterhand des Eingangs weiß eingedeckt und geben dem Ganzen einen feinen Restaurantcharakter. Links herum herrscht großzügige Salon-Atmosphäre, ein breiter Spiegel und die auffällige Wandmalerei „Breakfast in Schwabing", angelehnt an das LP-Cover der amerikanischen Band „Supertramp" aus den 80ern, machen das Kaffeehaus unverwechselbar. An der Bar und den gemütlichen Stehtischen lassen sich morgens zur Happy Hour ein kleines Weißbier mit Weißwürsten, am Abend die Cocktails des Barkeepers genießen. Dazwischen gibt es Frühstück, serviert bis nachmittags um fünf, und eine umfangreiche Speisekarte mit aufregenden Vorspeisen, bemerkenswerten Pastagerichten, Salaten, Steaks oder Klassikern wie dem Wiener Schnitzel. Separat an einer kleinen Theke bereitet der Sushi-Mann für Liebhaber der japanischen Küche die gefragten Reis-Happen und -rollen frisch zu.

Schon beim ersten Sonnenstrahl stehen die Tische und Stühle draußen auf dem breiten Bürgersteig, dann sitzen Café-Schwabing-Gäste jeglichen Coleurs, Studenten, Geschäftsleute, ältere Menschen, vor allen Dingen aber viel Szene-Publikum, an der warmen Hauswand und warten auf die prickelnde Wirkung des besonderen Schwabinger Flairs. Die mag sich dann auch ganz schnell einstellen bei einem Kaffee mit einem Stück Tiramisu, einem guten Glas Wein, Prosecco oder einem gepflegt gezapften frischen Bier. Der weißblaue Himmel, der sich über dem Kurfürstenplatz öffnet, tut das Seinige dazu.

PANNA COTTA MIT ERDBEEREN

(für 7–8 Personen)

Zutaten
1 l Sahne
100 g Zucker
Orangen- und Zitronenschale
2 Bourbon-Vanilleschoten
6 Blatt Gelatine
700 g Erdbeeren
2 EL Limettensaft
6 TL Puderzucker
Grand Marnier nach Geschmack
Zitronenmelisse

Zubereitung
Die Sahne in einen Topf gießen. Den Zucker und die Schale von je einer unbehandelten Orange und Zitrone zufügen. Vanilleschoten der Länge nach aufritzen, das Mark auskratzen und zusammen mit der Schote in der Sahne unter Rühren zum Kochen bringen. Auf mittlere Temperatur zurückschalten. Die Sahne ca. 20 Minuten köcheln lassen, Schoten und Schalen entfernen. Inzwischen Gelatine in kaltem Wasser einweichen, ausdrücken und in der heißen Sahne auflösen. Panna Cotta in Dessertformen füllen und abkühlen lassen, danach im Kühlschrank fest werden lassen.

Erdbeeren mit frisch gepresstem Limettensaft und Puderzucker pürieren, nach Geschmack Grand Marnier hinzufügen. Die Panna Cotta mit einem Messer vom Rand lösen und die Form kurz in heißes Wasser tauchen, damit sich der Inhalt leicht aus der Form stürzen lässt. Panna Cotta auf einem Spiegel aus Erdbeerpüree und frischen Erdbeeren anrichten und mit Zitronenmelisseblättern garnieren.

Café Schwabing
Inhaber: Peter Freund
Belgradstraße 1
80796 München
Telefon 0 89 / 3 08 88 56
Telefax 0 89 / 35 66 33 20
www.cafe-schwabing.de

Café Trötsch München-Schwabing

Die bayerischen Könige und Prinzregent Luitpold vergaben zu ihrer Zeit den Titel des „Königlich Bayerischen Hoflieferanten". Somit hatten ausgewählte Geschäfte die Ehre, das königliche Wappen zu führen und die Königliche Familie laufend zu beliefern. Diese Ehre hatte auch Hans Trötsch, Konditor- und Bäckermeister in der exquisiten und ruhigen Schönfeldstraße am Englischen Garten. Das verpflichtet, und deshalb hängt das goldene Wappen auch noch heute unübersehbar über dem Eingang des „Cafés Trötsch", das seit zwei Jahren von Karin Beck und ihrer Tochter Martina geführt wird, zwei waschechten Münchner Kindln.

Als „großes Wohnzimmer" beschreiben es die Stammkunden aus der Umgebung. Das sind Anwälte aus den umliegenden Kanzleien, Beamte der Staatsbibliothek; aus der Privatklinik „Josephinum", dem direkten Nachbarn, kommen Besucher, Patienten und Mitarbeiter, dazu Angestellte des amerikanischen Konsulats. Und tatsächlich: Ihr Lieblingscafé verbreitet für sie mit den holzvertäfelten Wänden, einem warmen Kaminofen, ledergepolsterten Bänken und Stühlen auf altem, dunklen Holzboden eine anheimelnde Atmosphäre, untermalt von klassischer Musik, sehr zur Freude der Gäste. Eine Handvoll kleiner Tische vor der Tür laden zur Pause ein. Hier gibt Vogelgezwitscher aus dem Englischen Garten den Ton an.

Gemütlich halt, und Karin Beck ist die Seele davon. Individuell stellt sie das Frühstück zusammen, jedem so, wie er es wünscht. Das Gebäck stammt vom Öko-Bäcker. Mittags gibt es Hausmannskost, täglich wechselnd auf der großen Schiefertafel im goldenen Gemälderahmen angeschrieben, alles immer frisch zubereitet. Für Liebhaber gibt es auch eine eigene „Schnitzelkarte", dazu Bierspezialitäten aus der „Schlossbrauerei Kaltenberg", „Bier von Königlicher Hoheit". Die „Kaffeesiederei" bietet neben allen klassischen „heißen Tassen" auch einen „Pharisäer" (Kaffee mit Rum und Sahne) oder den „Lumcumba" in der Schokoladen-Version. Daneben ein hausgemachter Kuchen aus der appetitlichen Theke – da ist der Tag gerettet.

Café Trötsch
Inhaberin: Karin Beck
Schönfeldstraße 24
80539 München
Telefon 0 89 / 50 08 05 91
Telefax 0 89 / 21 02 58 33

karo – Das Kaffee-Haus München-Schwabing

„Die Welt gehört dem, der sie genießt", formulierte der italienische Dichter, Essayist und Philologe Giacomo Leopardi so treffend. Diesen Leitspruch hat sich „karo – Das Kaffee-Haus", ganz in der Nähe des Schwabinger Elisabethmarktes, zu eigen gemacht. Die moderne Lokalität gibt sich mit ihrem dunklen Holz, den roten Wänden und ihren dunkelbraunen Ledersofas auf dem schönen Stabparkett sehr ansprechend. Der stimmungsvolle Lounge-Charakter verführt bei leiser Musik zum „Verplaudern". Wer nur einen „schnellen Espresso" oder ein Glas Wein an der Bar einnehmen möchte, kann dem stets freundlichen Team bei der Zubereitung zusehen.

Hier kommt nur ausgezeichneter Kaffee in die Tasse. Die Espresso- und Kaffeesorten stammen aus der Rösterei Dinzler in Rosenheim, die Teevielfalt vom Bremer Teehandelskontor. Das Besondere an den Espressosorten liegt bei „karo" nicht in der Röstung allein, sondern darin, dass es zwei unterschiedliche Espressomischungen gibt. Sie können je nach Wunsch und Lust des Gastes mild oder etwas kräftiger abgestimmt werden. All dies – und echte Schokoladen dazu – bietet das Kaffee-Haus auch zum Kauf.

Die echten heißen Schokoladen, Milch mit Honig oder verschiedenen Sirups, im Sommer Specials wie Marzipankaffee, Karibik-Kaffee, Milchshakes, Frappés, bilden nur eine kleine Auswahl von der Karte. Bei den Frühstücksofferten, die es bis abends gibt, begrüßt einen halb Europa: „Deutschland", „Frankreich", „Schweiz", „Italien", „England" steht da zu lesen, auch „De Luxe" für zwei Personen mit Prosecco serviert.

Frisch und mit großer Sorgfalt hausgemacht, das ist Cornelia Richter in ihrer Küche besonders wichtig. Dies gilt für die selbst gebackenen Kuchen und Plätzchen zum Aussuchen aus der Vitrine ebenso wie für die täglich neu zusammengestellten Tagesgerichte und Snacks wie Tramezzini, Baguettes, Omelettes und Salate. Eine ausnehmend frische Genusswelt für Jung und Alt, für Gäste aller Generationen, mitten in Schwabing.

karo – Das Kaffee-Haus
Inhaberin: Cornelia Richter
Nordendstraße 24
80799 München
Telefon 0 89 / 27 37 38 00
Telefax 0 89 / 27 37 38 10
www.karo-daskaffeehaus.de

Café Bistro Stemmerhof München-Sendling

Oben, auf dem „Sendlinger Bergerl", steht prächtig anzusehen der „Stemmerhof", ein geschichtsträchtiges ehemaliges Bauerngehöft, das heute unter Denkmalschutz steht. Gegenüber der alten Sendlinger Kirche öffnet sich der breite Eingang zur Hofstelle, in der heute allerlei Geschäfte zum gemütlichen Einkaufen in einem ländlichen Ambiente ansässig sind, und das mitten in der Stadt.

Um einen zum Brunnen umgewandelten Findling herum geht es direkt auf die Querscheune zu, dort liegt das Herzstück des Hofs, das „Café Bistro Stemmerhof".

Hier kann man abschalten und sich wohlfühlen, besonders im Sommer auf der großen Terrasse oder im paradiesisch anmutenden rückwärtigen Blumengarten – einer richtigen Idylle. Wenn das Wetter nicht so schön ist, dann ist Wohlfühlen drinnen angesagt. Die schönen alten Tische der Gründerzeit haben mit ihren Gebrauchsspuren angenehme Patina angesetzt und stehen mit den hochlehnigen mediterranen Flechtstühlen ohne große Ordnung wie willkürlich auf dem glänzenden Holzboden und sind – dem Umfeld gemäß – mit bäuerlichem Blumenschmuck dekoriert. Unkompliziert sieht alles aus und unkompliziert sind auch die Gäste, die dort Kaffee, Kuchen und Snacks, rasch zu Mittag oder gepflegt zu Abend essen.

Der Kaffee wird frisch geröstet und zwar gleich nebenan. „kulinArt" heißt die angeschlossene Dependance des Café-Bistro, ein Häuschen weiter. Hier bekommt man die italienischen kleinen schwarzen Bohnen aus der Rösttrommel zum Mitnehmen, Leckereien wie Schokolade und Geschenk-Mitbringsel der besonderen Art. Am besten bringt man etwas Zeit mit zum ausgiebigen Schmökern, Schauen, Genießen und Shoppen. Eine inspirierende Oase auch für Lesungen, kulturelle Veranstaltungen und Ausstellungen, die vom jungen Inhaber Robert Marko ganz sorgfältig ausgewählt werden.

Café Bistro Stemmerhof
Inhaber: Robert Marko
Plinganserstraße 6
81369 München
Telefon 0 89 / 74 65 43 99
Telefax 0 89 / 76 75 70 36
www.stemmerhof.de

Kaffee Giesing München-Giesing

Das ehemalige Bauerndorf Giesing, bereits 790 als „Kyesinga" erwähnt, ist zwar einige Jahre älter als München, der größte Teil des vor 150 Jahren eingemeindeten Stadtteils ist aber erst in der zweiten Hälfte des 20. Jahrhunderts entstanden. Hier, auf der östlichen Isarhochterrasse, ist, wenn auch scheinbar ein wenig abgelegen, eine wahre Institution beheimatet, die das Gesicht Giesings seit über 20 Jahren mit geprägt hat: das „Kaffee Giesing" – so wird's geschrieben.

Seit seinen Anfängen in den 80ern ist das Kaffee-Bar-Restaurant mit guter Livemusik stadtbekannt. Clubstimmung kommt auch heute noch auf, wenn auf der kleinen Bühne Jazzkünstler bei den täglichen Abendveranstaltungen oder sonntags zum Piano-Frühschoppen für ihre Fans auftreten. Es sind nicht nur Gäste aus der näheren Umgebung, die die urige Atmosphäre im Backstein-Ambiente mit den dicken Säulen lieben, hier treffen sich Alt und Jung aus dem gesamten Münchner Süden. In den verwinkelten Räumlichkeiten entstehen kleine gemütliche Ecken für den Rückzug vom Getriebe. Am großen Tresen kann man von der wohl sortierten Bar aus 350 Spirituosen wählen – darunter alleine 160 Whiskys –, zweimal am Tag auch zur Happy Hour. Zwei Pool-Billard-Tische stehen im Nebenraum zum Spiel bereit. Viele der Stammgäste kommen deshalb hierher und nutzen Queue und Kugel zu Entspannung und Spaß.

Inhaber Fritz Otto offeriert in seiner „Frühstücks-Oase" einen angenehmen Start in den Tag. Die anregende Speisekarte bietet zudem ausgezeichnete Salate, Suppen, Vorspeisen, Snacks und Hauptgerichte. Das alles im Sommer draußen auf der großen Terrasse, ringsum rustikal in eine Backsteinmauer eingefasst. Hier lässt es sich aushalten!

Kaffee Giesing
Inhaber: Fritz Otto
Bergstraße 5
81539 München
Telefon 0 89 / 6 92 05 79
Telefax 0 89 / 6 25 95 65
www.kaffeegiesing.de

Kreiller's München-Berg am Laim

Einen richtigen Dorfkern gibt es heute nicht mehr in Berg am Laim. Der längst eingemeindete Stadtteil im Münchner Osten kann auf eine lange Geschichte zurückblicken. „Perke am Laimb" wurde bereits 812 erstmals urkundlich erwähnt, der Name weist auf eine Lehmzunge hin, die dem Gebiet und seinen Bewohnern großen Wohlstand brachte. Ziegel aus Berg am Laim wurden beispielsweise für Häuser der Innenstadt und sogar für den Bau der Frauenkirche verwendet.

Das „Kreiller's" von Claudia Besel ist aber nicht aus Ziegeln gebaut. Es befindet sich in der oberen Etage eines modernen Gebäudekomplexes und liegt an der gleichnamigen Kreiller Straße. Seit ihrer Fertigstellung konzentriert sich hier das öffentliche Leben der Bürger von Berg am Laim. Für Fußgänger, Radler und Autofahrer ist das Café mit seinen großen Glasfenstern und der Balkon-Terrasse gut zu sehen und der Wunsch „weg von der Straße" wird groß. Der Haupteingang liegt seitwärts, und wenn man dann die Steintreppe hinaufgeht, kehrt tatsächlich Ruhe ein. Warme ockerfarbene Wände begleiten den Gast bis in den Vorraum. Dort steht für den Ersthunger die große Salatbar zur Selbstbedienung und eine schwarze Schiefertafel weist gleichzeitig auf die kulinarischen Tagesspezialitäten hin. Dieses Entree wirkt mit weißer Bank, Palme und Fischernetz ausgesprochen mediterran und maritim. Von hier geht es geradeaus auf die geräumige Terrasse und rechts hinein in das Bistro: Und da ist es mit einer kleinen Innenveranda erst einmal gemütlich. Auf den Tischen stehen lässig verteilt kleine Zinneimer und sorgen für das nötige Besteck. Es ist angerichtet.

Ob gleich zum Frühstück klassisch oder „Seppl's" (mit Weißwurst), „Hungry Man" oder „Fitness", ob zur Zwischenmahlzeit mit Fingerfood, Sandwiches und Burgers, zum Mittagessen mit Suppen, Vorspeisen, Fisch, Fleisch, Pasta & Co. – im „Kreiller's" könnte man gut den ganzen Tag verbringen; auch zur Kaffeezeit bei den 15 verschiedenen auffällig üppigen Kuchen und Torten wie Obst- und Käsekuchen, Schwarzwälder Kirsch, Schoko-Sahne oder Prinzregenten bis hin zur Bayerischen Creme. Die Teeauswahl reicht von „Winterzauber" über „Oriental Moments" bis hin zu klassischen Kräutermischungen und die Trinkschokoladen aus der „Antica Cioccolateria" Eraclea umfassen nicht weniger als siebenunddreißig (37!) Geschmacksrichtungen. Am Abend locken dann Wochencocktails zu einem Date an die lange Bar.

KREILLER'S KOKOS-PANNA COTTA

Zutaten

0,3 l Schlagsahne
0,3 l 100 %ige Kokosmilch
0,2 l Kokossirup
10 Blatt Gelatine
3 EL Honig

Zubereitung

Schlagsahne, Kokosmilch, Kokossirup mit Honig langsam erwärmen. Die nach Packungsbeilage vorbereitete Gelatine vorsichtig in die Masse einarbeiten und 4–6 Stunden im Kühlschrank erkalten lassen. Auf einem Fruchtspiegel oder mit frischen Früchten anrichten.

Kreiller's Café Bar Bistro
Inhaberin: Claudia Besel
Kreiller Straße 21
81673 München
Telefon 0 89 / 45 45 83 33
Telefax 0 89 / 45 45 83 34

Confiserie & süße Lebensart

Lust auf Schokolade? Der süßen Verlockung kann kaum einer widerstehen. Früher war man mit einer einfachen Tafel Schokolade hoch zufrieden, heute wird über die edlen Produkte aus Kakao mit ihren ausgeprägten unterschiedlichen Aromen richtiggehend philosophiert. Dabei war es ein langer Weg vom bitterherb-scharfen Trunk „Xocolatl" der Azteken bis zu den erlesenen und exotischen Schokoladen von heute. Früher war er aus Kakaobohnen und warmem Wasser dickflüssig angerührt, mit pikanten Chilies, Muskatnuss, Gewürznelken und Ingwer gewürzt. Als „Geschenk der Götter" kam mit der Eroberung Mexikos durch die Spanier die Kakaobohne im 18. Jahrhundert nach Europa. Der Genuss der damals als Aphrodisiakum geltenden Trinkschokolade blieb allerdings auch in Deutschland lange dem Adel und wohlhabenden Bürgern vorbehalten. Um 1850 gelang mit der Entwicklung des Conchierens (die Schokolade wird über einen längeren Zeitraum immer wieder leicht bewegt und dabei weiter verrieben) erstmals die Herstellung von Tafelschokolade.

Die Münchner Chocolatiers wissen um die Leidenschaft der Connaisseure und sind wie diese der Schokolade verfallen. Handgeschöpfte exzentrische Schokoladen, Pralinés, Canaches und Trüffel sind filigrane Handarbeit und echte Kostbarkeiten: Sie werden aus besten Kakaosorten wie beispielsweise aus den Bohnen des seltenen Wildkakaos Criollo hergestellt, die vornehmlich in Venezuela gedeihen. Pur oder gefüllt mit cremigem Nougat, knackigen Mandeln und Nüssen, Likören, Obstbränden oder Marzipan stellen sie kleine Kunstwerke dar. Immer wieder kreieren die Meister-Confiseure neue, verführerische Köstlichkeiten und zeigen auch in Workshops, wie man Pralinen selbst macht.

Traditionell werden für eine Rezeptur verschiedene Kakaos gemischt, die mit ihrem feinen Aroma Naschsüchtige ins zartbittersüße Glück begleiten. Denn die Ingredienzien wirken sich nachweislich auf das Temperament des Menschen aus und können Glücksgefühle hervorrufen. Das ist leicht zu glauben, denn so sinnlich wird allein das Kosten empfohlen: „Sich zurücklehnen, die Augen schließen und für ein paar Minuten die Gedanken in die Welt hinausschicken. Lassen Sie die Schokolade einige Augenblicke auf der Zunge liegen, damit sich ihre primären Gewürze und Aromastoffe entfalten können. Kauen Sie sie dann vier- oder fünfmal. Lassen Sie die Schokolade nun ganz leicht an den Gaumen gedrückt ruhen, sodass Sie die ganze Breite der Aromen wahrnehmen können. Genießen Sie zum Schluss den im Munde verbleibenden wohligen Geschmack der Schokolade."

Schokolade ist in. Schokolade ist begehrt. Und Schokolade macht glücklich: In den Confiserien sprudeln Schokoladenbrunnen, in der Sterneküche werden auf Schokolade abgestimmte Menüs zubereitet und eigens zum Wein hergestellte Schokoladen „als ideale Partner zu einem kräftigen Roten aus dem Holzfass" erfreuen Menschen, die von Schokolade einfach nicht lassen können.

Übrigens: Auch seine Majestät, der bayerische Märchenkönig Ludwig II., hatte Pralinés besonders gern, was vielleicht auch mit seiner bekannten Bewunderung des französischen Sonnenkönigs Ludwig XIV. zu tun hatte: Dessen Minister, der Comte de Plessis-Praslin, äußerte seinem Koch gegenüber den Wunsch nach einem Dessert. In der Küche ging es hektisch zu, der Küchenjunge erhielt in der Eile von seinem Meister eine Ohrfeige. Daraufhin ergoss sich karamellisierter Zucker über geröstete Mandeln: Die erste Praline der Welt war geboren.

Pfirsich
mit Curry
Confiserie Ch. Feol Confiserie
Mischung aus
Vollmilch und weißer
Schokolade mit Fruchtstücken
Vollmilch-Schokolade
Chili
mit Orangenstücken
Vollmundige Schokolade mit einem Hauch
von Chili und gezuckerter Ogange
Confiserie Ch. Feol Confiserie

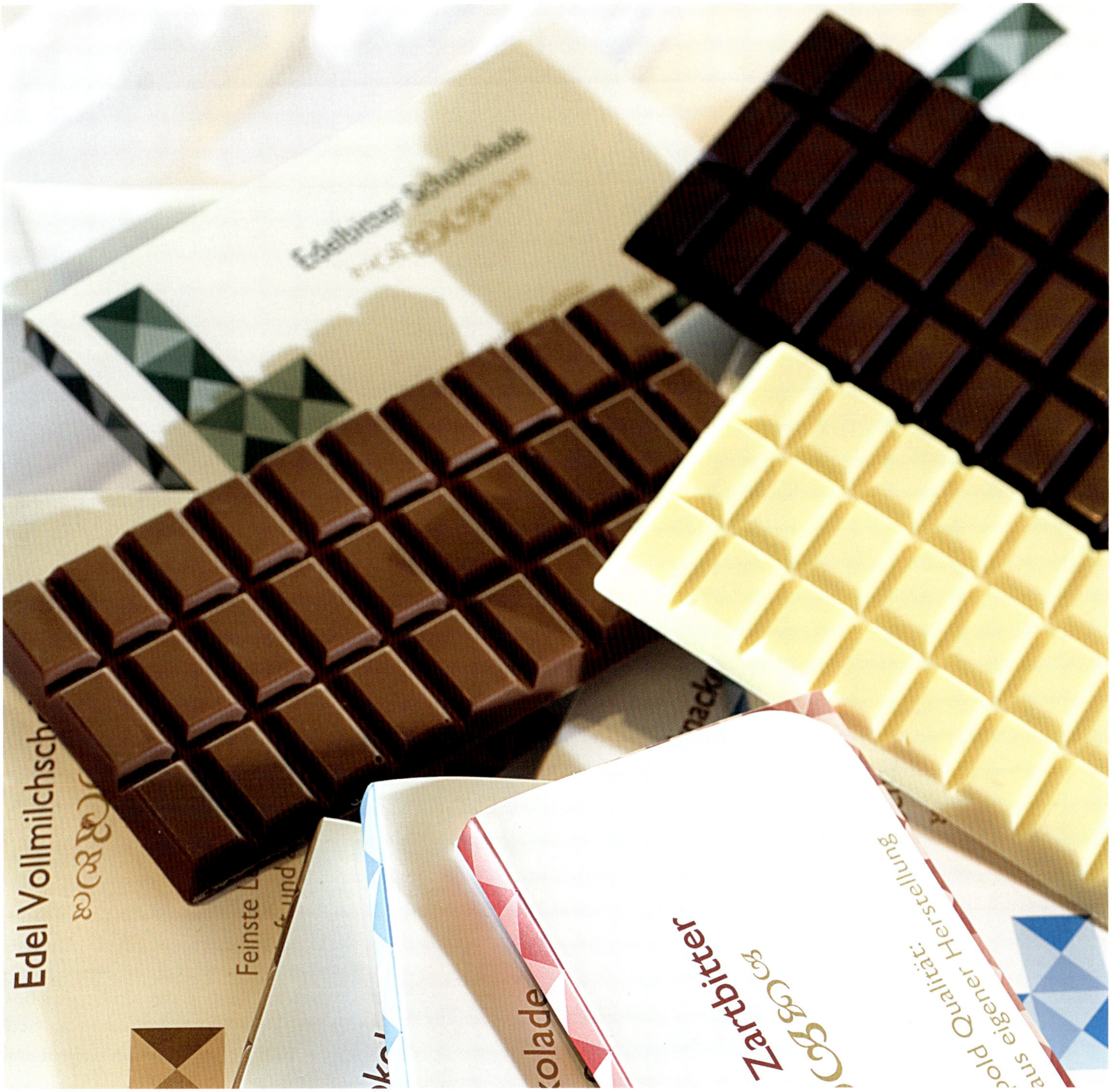
Zartbitter

Petite Patisserie München-Schwabing

Es ist ein beschauliches Schwabing, ein wenig abseits der quirligen Flaniermeile Leopoldstraße mit ihren Straßencafés und modernen Geschäften, in dem sich die „Petite Patisserie" der jungen Konditor-Meisterin Ute Budzinski einen Namen gemacht hat. Dort, wo früher einmal Feld, Wald und Wiese waren und heute noch die wilden Kirschbäume im Frühjahr üppig blühen, hat sich nach und nach ein gutbürgerliches Viertel entwickelt, und das kleine Kaffeehaus passt so wunderbar dorthin.

„Aber bitte mit Sahne" sollte die Konditorei eigentlich heißen, als Ute Budzinski sie nach ihren beruflichen Stationen bei den besten Konditoren der Republik im August 2000 übernahm. Die Idee scheiterte allerdings an den Namensrechten des bekannten Schlagers von Udo Jürgens. Das bedeutet aber ganz und gar nicht, dass es dort jetzt an Sahne fehlen würde. Im Gegenteil: Mit köstlicher Schlagsahne gefüllt ist zum Beispiel der „Schlotfeger", eine Spezialität des Hauses. Auch alle anderen Backwaren, die die Chefin in der angrenzenden Backstube mit viel Liebe und Können herstellt, können eine Portion davon vertragen. Für die Kuchen, Torten, Kekse, Stollen, Krapfen und vielerlei mehr kommen nicht nur die Nachbarn aus der unmittelbaren Umgebung in das kleine Geschäft, sondern Kunden aus ganz München, die die hervorragende Qualität zu schätzen wissen. Große Stücke und auch kleine Patisserie sind hoch begehrt, ebenso wie der süße Rotwein-Früchte-Punsch nach traditionellem Hausrezept, „Schoko-Apfel"-Konfitüre oder die hausgemachten Pralinen. Ach ja, die Pralinen! Geschmackvolle Boxen und Schachteln werden nach den Wünschen des Kunden mit frischen Pralinen aus der Theke individuell von Mutter Christiane befüllt, die den Ein-Frau-Betrieb der Tochter hilfreich und einfühlsam mit unterstützt.

Das Interieur des Ladengeschäftes und des winzigen Gastraumes stammt aus den 70er Jahren, terrakottafarben die Wände, harmonieren sie perfekt mit dem grauen Steinboden. Insgesamt 16 Gäste haben Platz, die sich in der kalten Jahreszeit auf eine heiße Suppe freuen. Auf dem Trottoir davor stehen, „wenn's schön ist", Marmor-Bistro-Tische mit geflochtenen Stühlen, die an den Stadtteil St. Germain in Paris erinnern. Lange kann man dort ganz bequem sitzen, frühstücken, Eis essen oder auch nur einen Kaffee trinken. Der kommt übrigens aus der Braunschweiger Rösterei „Heimbs", die seit mehr als 125 Jahren weiß, wie man Spitzenkaffee röstet. Sogar an Feiertagen und sechs Tage in der Woche – bis auf Montag – ist die engagierte Meisterin mit allen ihren Patisserie-Köstlichkeiten für ihre Gäste präsent.

SCHOKOSAHNE
(für 1 Torte von 28 cm Durchmesser)

Zutaten

1 Mürbeteigboden
100 g Bitterkuvertüre
1 Schokoladenbiskuitboden 1,5 cm
1 Schokoladenbiskuitboden 1,0 cm
300 g lauwarmer Läuterzucker (2 Teile Wasser, 1 Teil Zucker)
15 g gesiebter Kakao
50 g Vanillecreme, 80 g Kristallzucker
11 g Blattgelatine, 150 g Bitterkuvertüre
800 g Schlagsahne, 500 g Schlagsahne/Garniersahne
20 g Puderzucker, Bitterschokoraspel

Zubereitung

Aus Läuterzucker und dem gesiebten Kakao eine Kakaotränke herstellen. Beide Biskuitböden mit der Kakao-Läuterzucker-Mischung tränken, dabei den dickeren nur etwas anfeuchten, den Rest für den dünneren verwenden. Den Mürbeteigboden in einen Tortenring stellen, mit der aufgelösten Bitterkuvertüre bestreichen und den 1,5 cm dicken Schokoladenbiskuitboden aufsetzen.
Für die Schokosahne Vanillecreme mit Kristallzucker vermengen und leicht anwärmen. Die aufgelöste Blattgelatine unterrühren und die auf ca. 50 °C erhitzte Bitterkuvertüre hinzufügen. Zuletzt die Schlagsahne zugeben: 1/3 mit dem Schneebesen unterrühren, die verbleibenden 2/3 vorsichtig unterheben. Auf dem im Ring befindlichen Schokoboden einen kleinen Teil der Schokosahne ca. 1 cm dick verstreichen. Danach den zweiten getränkten Tortenboden einlegen, andrücken und die restliche Sahnecreme kuppelförmig aufstreichen. Wenn die Torte durchgekühlt ist, den Ring entfernen, die Schokosahne einteilen, den Rand mit der Garniersahne einstreichen und auf jedes Stück eine Sahnerosette spritzen. Zum Abschluss die freie Oberfläche mit Schokoraspel bestreuen.

Petite Patisserie
Inhaberin: Ute Budzinski
Karl-Theodor-Straße 40
80803 München
Telefon 0 89 / 33 36 54

Das Schokolädchen Puchheim-Bahnhof

Es soll doch tatsächlich Menschen geben, die Süßigkeiten nicht mögen. In diesem Fall ist „Das Schokolädchen" der beiden Konditorenmeister Christine Scholz und Paul Wangler, im städtisch geprägten Ort Puchheim-Bahnhof, knappe 20 Kilometer westlich von München, genau der richtige Platz, um sich ganz behutsam in die Welt der Schokolade verführen zu lassen.

Das schöne neue Ladengeschäft befindet sich in der Lochhauser Straße, einer der größeren Einkaufsstraßen in Puchheim. Die Einrichtung ist dem Jugendstil der Jahrhundertwende, eher der heutigen Zeit entsprechend puristisch, nachempfunden. Das dunkle Holz der schön geschwungenen Vitrinen und der üppig bestückten Verkaufstheke sorgt für stimmungsvolle Atmosphäre und unterstreicht die warme Herzlichkeit, mit der die Inhaberin ihren Kunden begegnet.

Drinnen, an einzelnen Stehtischen mit lederbezogenen hellen Hockern, wie auch draußen, dort ist das Mobiliar mit Bistro-Tischchen und Rohrgeflecht-Stühlen französisch angehaucht, können Kunden und vorbeikommende Flaneure frisch gebrühten Cappuccino und Espresso genießen. Oder dürfte es etwa auch eine heiße Schokolade in den Geschmacksrichtungen Cocos, Chili oder Haselnuss sein?

Eine Augenweide und höchster Genuss im „Schokolädchen" sind allerdings die appetitlich präsentierten Pralinen, die die Geschäftspartner Christine Scholz und Paul Wangler täglich frisch herstellen. 70 verschiedene Sorten sind es: feinste Sahnetrüffel, Sommertrüffel mit Limoncello oder Pfirsich-Maracuja, „Fürstenpralinen" und spezielle „Schokolädchenpralinen", Nougat- und Marzipanpralinen. Die Schokoladenwerkstatt, in der das alles entsteht, befindet sich direkt und „zum Zuschauen" im hinteren Bereich des Ladens. Dort werden auch exklusive Schokoladen, eigene Schokoladenkreationen, zarte Backwaren und Sonderanfertigungen aus Marzipan und Schokolade für alle Gelegenheiten gefertigt – eine gern in Anspruch genommene Herausforderung für die beiden ideenreichen Meister ihres Fachs.

Die Ideen gehen ihnen wahrlich nicht aus. Das „Schokolädchen" ist offizieller Hersteller von „Rautenfisch"-Produkten. Das sind besondere Pralinen und Fruchtaufstriche nach dem „Rautenfisch" des Puchheimer Maler-Künstlers Wolfgang End. Und zu guter Letzt ist da noch eine kleine amüsante Geschichte: Seit dem ersten Tag hat das „Schokolädchen" einen liebenswerten Stammgast. Es ist Frau Süß und sie mag Süßigkeiten – nomen est omen.

FÜRSTENPRALINEN

Zutaten
für die Trüffelfüllung
175 g Sahne aufkochen
50 g Butter dazugeben
420 g gehackte weiße Kuvertüre darin auflösen und erkalten lassen

für die Nougatfüllung
500 g Nussnougat leicht erwärmen
100 g aufgelöste Bitterkuvertüre hinzufügen

für die Marzipanfüllung
350 g Marzipan mit
75 g Haselnusskrokant vermengen,
mit Grand Manier dressierfähig arbeiten

Zubereitung
Die drei Füllungen werden pyramidenförmig nacheinander auf Vollmilchkuvertüre-Streifen als Stangen aufdressiert. Nach dem Erstarren in 2 cm lange Stücke schneiden und mit Vollmilchkuvertüre überziehen.

Das Schokolädchen
Inhaber: Christine Scholz und Paul Wangler
Lochhauser Straße 36
82178 Puchheim-Bahnhof
Telefon 0 89 / 80 07 03 82
Telefax 0 89 / 89 02 65 04
www.dasschokolaedchen.de

Stolberg-Schokoladen München-Altstadt

„Die Seele der Schokolade wohnt hier im Stolberg." Dieser Aussage eines Experten ist wohl nichts hinzuzufügen. Und die Seele des sehr exklusiven Ladens in der Nähe des Münchner Platzls mit seinem weltberühmten „Hofbräuhaus" ist Nicolas Stolberg, der mit seinem reichhaltigen Sortiment alle süßen Herzen höher schlagen lässt.

Nicolas Stolberg verkauft nicht nur die besten Schokoladen und Pralinen aus aller Welt, sondern erklärt dem Kunden auch ganz genau, wie man dem Geheimnis der Schokolade auf die Spur kommen kann. Es gibt für ihn fünf Schritte. Erstens: Der Augenschein – ist die Oberfläche der Tafel glänzend oder matt? Zweitens: Der Duft – sagt viel über Charakter und Qualität, die Skala reicht von erdig über fruchtig bis hin zu floralen Noten und Gewürzen. Drittens: Der Bruch – eine besonders glatte Kante weist auf sorgfältige Verarbeitung und einen hohen Kakaoanteil hin. Viertens: Der Biss – verhält sich die Schokolade weich und schmelzend? Ist sie körnig, bröselig, weich oder ölig? Fünftens: Die Geschmacksentfaltung – Wie verhalten sich Säure und Süße, sind sie gleich sehr intensiv oder brauchen sie einige Zeit? Die zunächst theoretischen Antworten werden gleich praktisch mit Probierstückchen getestet, die der Chef in kleinen Schalen bereithält.

Die Qual der Wahl stellt sich in jedem Fall: In den handgeschöpften, erlesenen Edelschokoladen vom besten Chocolatier Österreichs, Johann Bachhalm, Zartbitter mit Brombeere oder rosa Pfeffer, ja sogar mit Weißem Weihrauch aus dem Oman stecken die Glücksbotenstoffe genauso wie in den Produkten aus den Confiserien Frankreichs und in der sämigen Trinkschokolade, die man an Ort und Stelle genießen kann. Und noch eine Besonderheit: Bei Seminaren, die in regelmäßigen Abständen in der Ledererstraße stattfinden, wird auch der glücksverheißenden Frage nachgegangen: „Wie harmonieren Schokolade und Wein?" Was wir schon immer wissen wollten.

Stolberg-Schokoladen
Inhaber: Nicolas Stolberg
Ledererstraße 10
80331 München
Telefon 0 89 / 24 20 56 90
Telefax 0 89 / 24 20 56 91
www.stolberg-schokoladen.de

Pralinenschule Kerstin Spehr
München-Neuhausen

„Ich will Schokolade!", so profan verlangen nur Laien nach der süßen Köstlichkeit. Kenner und solche, die es werden wollen, finden sich im Laden „Wein + Genuss" von Kerstin Spehr und ihrem Partner Gerhard Wegscheider in der Neuhauser Schulstraße ein. Denn dort gibt es die „echten" Schokoladen und Pralinen, hergestellt aus hochwertiger Edelkuvertüre in vielen Variationen. Die Chefin ist hoch gelobte Patissière, deshalb sind ihre hausgemachten Pralinen und Schokoladensorten mit den ausgefallenen Zutaten wie Fleur de Sel, Olive, rosa Pfeffer, Portwein-Zwetschge, Marone oder die Kreation Prädium (Wein) in jedem Fall eine Sünde wert. Im neu eingerichteten Online-Shop kann man sich die sinnlichen Eigenkreationen, zudem seltene österreichische Weine, nach Hause schicken lassen.

Die Verarbeitung von Schokolade verlangt ebenso viel Fachwissen wie Kreativität. Chocolatiers verraten deshalb ihre Geheimnisse normalerweise nicht, Kerstin Spehr aber zeigt in ihrer Pralinenschule gerne und ausführlich, wie es im Reich der Schokoladen aussieht. In den Kursen, die jeden Samstag in kleiner Teilnehmerzahl stattfinden, lernen Schoko-Freaks wirklich alles, was man zur heimischen Herstellung und Veredelung von Pralinen und Co. braucht.

Es beginnt mit dem Erklären der Kakaopflanze und ihrer Frucht, wo sie herkommt, wie sie verwendet und verarbeitet wird. Über die Verkostung verschiedener Kuvertüren „erschmecken" Eleven die unterschiedlichen Qualitäten der Kakaobohnen. Ist es der Wildkakao aus Bolivien, Maracaibo aus Venezuela oder eine der Grand Cru-Kuvertüren aus anderen Anbaugebieten wie Java, Madagaskar, Ecuador? Dann folgt der praktische Teil: das Temperieren von Schokolade, die Herstellung von Trüffeln und Schnittpralinen. Alles so einfach, dass es zu Hause hundertprozentig wieder gelingt. Als Krönung zum Abschluss: sachverständiges Verkosten der feinen Stückchen.

Pralinenschule
Inhaberin: Kerstin Spehr
Schulstraße 38
80634 München
Telefon 0 89 / 12 11 16 90
Telefax 0 89 / 13 01 25 30
www.pralinenschule.de

Becks Cocoa – Münchner Cacao Gesellschaft München-West

Kakao – das ist so ziemlich das Wichtigste im Leben von Michael Beck. Und zwar nicht irgendein Kakao. Es geht um Cocoa, wie Beck seinen Kakao nennt, und der ist schon wirklich etwas ganz Besonderes.

Michael Beck ist ein „Kakao-Junkie". Schon seit frühester Kindheit diesem dunklen, geheimnisvollen Getränk verfallen, war er doch nie ganz zufrieden mit dem Geschmack der herkömmlichen Trinkschokolade. Immer am Ausprobieren, Mischen und Verfeinern, „erfand" er schließlich eine Rezeptur, die endlich seinen eigenen hohen Qualitätsansprüchen genügte. Seine Cocoa-Kreationen sind in kürzester Zeit Kult geworden, mittlerweile nicht nur in ganz München hoch begehrt, sondern auch in den besten Geschäften Europas zu finden.

Den schönsten Überblick über die schokoladigen Köstlichkeiten hat der Kakao-Liebhaber aber im trendigen Laden der Münchner „Cacao Gesellschaft" oberhalb der Theresienwiese. Dort nehmen sich gestresste Großstadt-Menschen Zeit für eine gute Tasse heißen Kakao an der kleinen Bar, entdecken dabei die Lust an der Sinnlichkeit und philosophieren mit Michael Beck über den Geschmack der verschiedensten Mischungen: 17 Sorten gibt es inzwischen mit zarten Aromen von Orange „A Chockwork Orange", „Before Nine" mit marokkanischer Minze oder „Chill Bill" (Chili), „Dschindscha" mit Ingwer und Piment, ja sogar Ingredienzien wie Lavendelöl und – ganz mutig – bitterer Kakao mit Wasabi und Bertramwurzel.

An den wenigen Tischen lässt es sich aber auch gut frühstücken, Croissants des französischen Bäckers aus der Nachbarschaft genießen, Kaffee und Tee oder hauseigene Frappés trinken, Zeitung lesen. Kleine Mittagsgerichte werden gereicht. Vor den großen Regalen mit den Kakaomischungen befindet sich der „Kaufladen": Accessoires für Küche und Garten, exklusive Mitbringsel, diverse Bücher zum Thema Schokolade. Dazu Marmeladen, Tees und eine Vielfalt von Tafelschokoladen, hergestellt aus den hochwertigsten Zutaten wie reinem Criollocacao, dem Edelsten unter den Kakaos, Zucker bzw. Fruchtzucker, Meersalz, Kakaobutter, Milchpulver, natürlichen Essenzen und Gewürzen.

Gourmet-Kakao, Glücksgefühle und Genießerzeit also, nahe der Alten Messe zu München mit dem neuen Verkehrsmuseum, dargeboten von Cocoa-Visionär Michael Beck, dem, seinem Leitspruch gemäß, „alles andere nicht gut genug" ist.

BUTTERMILCH-TRÜFFELKUCHEN

Zutaten

6 Bioeier
1/2 TL feines Meersalz
250 g Billington's Light Muscovado Sugar
175 g Santander Chocolatenibs 70 % oder andere Single Origin Bitterschokolade mit mindestens 70 % Kakaoanteil
250 g Süßrahmbutter
1 Vanilleschote
300 g Mehl
50 g Beckscocoa Criollo
2 TL Backpulver, 1 TL Natron
250 ml Buttermilch

Zubereitung

Das Eiweiß vom Eigelb trennen und mit dem Salz steif schlagen. 50 g Rohrzucker hinzugeben und weiterschlagen, bis der Schnee wieder fest ist. In den Kühlschrank stellen. Die Schokolade im Wasserbad unter Rühren schmelzen, dabei die Schokolade nicht zu stark erhitzen (maximal 45 °C). Aus dem Wasserbad nehmen und die sehr weiche bis flüssige Butter einrühren. Buttermilch auf ca. 30 °C anwärmen. Die Eigelbe mit dem übrigen Zucker dick-cremig schlagen. Butter-Schokoladen-Mischung einlaufen lassen und gut verrühren. Mehl, Natron, Salz und Kakao vermischen und abwechselnd mit der Buttermilch nach und nach in den Teig sieben und unterrühren. Dann den Eischnee per Hand darunterziehen und in eine gut gefettete Gugelhupfform füllen.

Im zweiten Einschub von unten bei 195 °C Oberhitze 50 Minuten backen. Nach 45 Minuten mit einem Holzstäbchen prüfen, ob der Teig noch klebrig ist, entsprechend die Backzeit um einige Minuten verlängern. Den Kuchen bei geschlossenen Fenstern und Türen aus dem Ofen nehmen, da er, solange er noch warm ist, sehr locker und zugempfindlich ist. Mit Bitterschokoladenglasur überziehen und langsam abkühlen lassen.

Becks Cocoa – Münchner Cacao Gesellschaft
Inhaber: Michael Beck
Kazmairstraße 24
80339 München
Telefon 0 89 / 50 00 98 94
Telefax 0 89 / 50 00 98 95
www.beckscocoa.com

Confiserie Fesl Gräfelfing

Die Praline, so meint der Meister, ist und bleibt ein Luxusartikel. Der Meister, das ist Christoph Fesl, ein original bayerischer Pralinenmacher, Konditor, Preisträger und zudem Schokoladen-Philosoph. Und seine Philosophie ist ganz einfach: Nur Qualität zählt.

Von Anfang an war diese Maxime für den jungen Konditor das Wichtigste und das wird am allerbesten in seiner Confiserie in der zentralen Einkaufsmeile von Gräfelfing, der Bahnhofstraße, sichtbar. Gräfelfinger Bürger sind anspruchsvoll, deshalb stimmt im Eckgeschäft von vorne bis hinten alles. Hinten heißt: vier kleine Tischerl, an denen man bei einem Kaffee oder einer heißen Schokolade an Ort und Stelle ein Stückchen Feingebäck aus der klassischen Konditorei probieren kann, das vorne in der großen Theke präsentiert wird. Darin sind auch die tagesfrischen Pralinen pyramidengleich aufgeschichtet, mit denen sich Christoph Fesl im Würmtal einen so bekannten Namen gemacht hat. Von klassischen Trüffeln bis hin zu ganz exklusiven und außergewöhnlichen Pralinenkreationen, und das in 75 Sorten, wird mehrmals täglich frisch aufgefüllt. 100 bis 120 Tees stehen in schönen Dosen in den Regalen, und die Trinkschokolade kommt von Oasis aus Venedig. Der Chef liebt das Gespräch mit den Kunden und ist meist höchstpersönlich da, ein waschechter Bayer und ein würdiger Repräsentant der Gartenstadt Gräfelfing. Dies wird auch durch die Firmenfarben „königsblau" und dem eigenen, von bayerischen Löwen getragenen Fesl-Wappen dokumentiert. Seine Frau Anja ist der gute Geist im Laden und beim Naschen hilft Töchterchen Philine, die sozusagen mitten ins Schokoladenland hineingeboren wurde.

Mittlerweile hat Christoph Fesl auch so um die 100 verschiedene Arten von Schokoladen im Angebot, die wie alle Produkte aus der eigenen Schokoladenmanufaktur kommen. Dort begann er 1999 seine „Hochgenüsse aus Meisterhand" zu erschaffen. Erlesene und beste Zutaten sind es auch, die ihm bei den unterschiedlichsten Qualitätsprüfungen der Konditoren-Innung Oberbayern-Franken bisher über 45 Goldmedaillen eingebracht haben: Ausgezeichnet wurden Osterfladen, Lebkuchen und seine namengeschützten „Gräfelfinger und Starnberger Stollen". Sieben Mitarbeiter unterstützen ihn bei der Produktion, und die Ideen gehen nicht aus: Zu Halloween gibt's nougatgefüllte Schokokürbisse, goldene Engel an Weihnachten und originell modellierte Schweinderl zu Neujahr.

Die kleinen und großen Fesl-Meisterwerke aus Marzipan und Schokolade – wie zum Beispiel die „patentierten" Türme der Münchner Frauenkirche – sind nicht nur in Gräfelfing zu haben: Seit einiger Zeit gibt es auch ganz in der Nähe ein Geschäft am Tutzinger-Hof-Platz in Starnberg am See.

FLORENTINER
(für 20 Stück)

Zutaten

100 g Butter
180 g Zucker
70 g Honig
60 g Orangeat
100 g gehobelte Mandeln
40 g Sahne

Zubereitung

Butter, Zucker, Honig und Sahne in einem Kessel so lange kochen, bis sich eine gleichmäßig zähe Masse ergibt. Die Mandeln und das Orangeat unterheben und den Topf vom Herd nehmen. Die Masse in möglichst heißem Zustand mit nassen Fingern entweder in gefettete Förmchen drücken oder auf einem gefetteten Blech runde Scheiben formen. Den Backofen auf 200 °C vorheizen und auf mittlerer Schiene ca. 12 Minuten goldbraun backen. Auskühlen lassen und auf der Unterseite mit Schokolade bestreichen.

Confiserie Fesl
Inhaber: Christoph Fesl
Bahnhofstraße 15
82166 Gräfelfing
Telefon 0 89 / 89 86 67 67
Telefax 0 89 / 89 86 67 68
www.confiserie-fesl.de

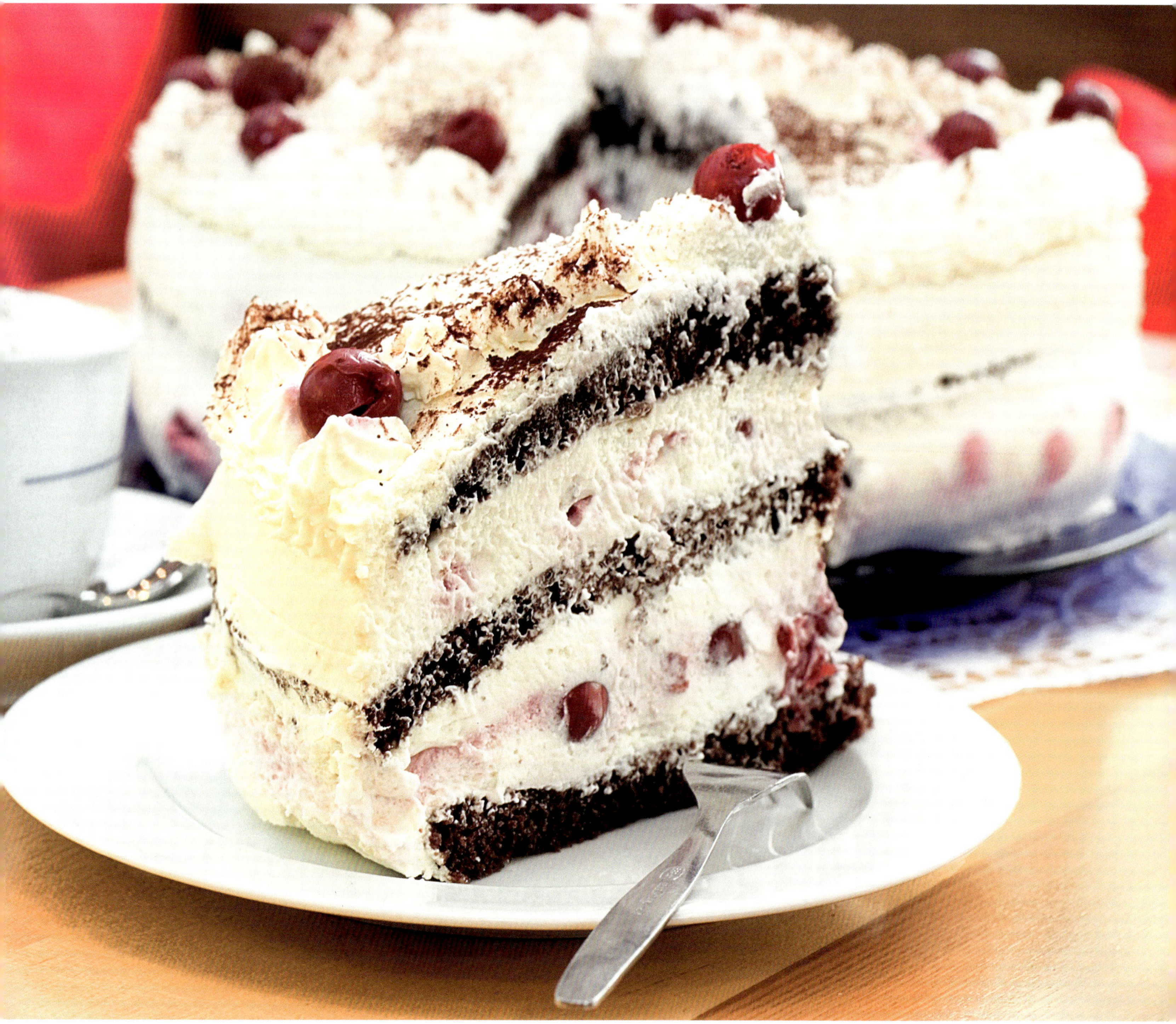

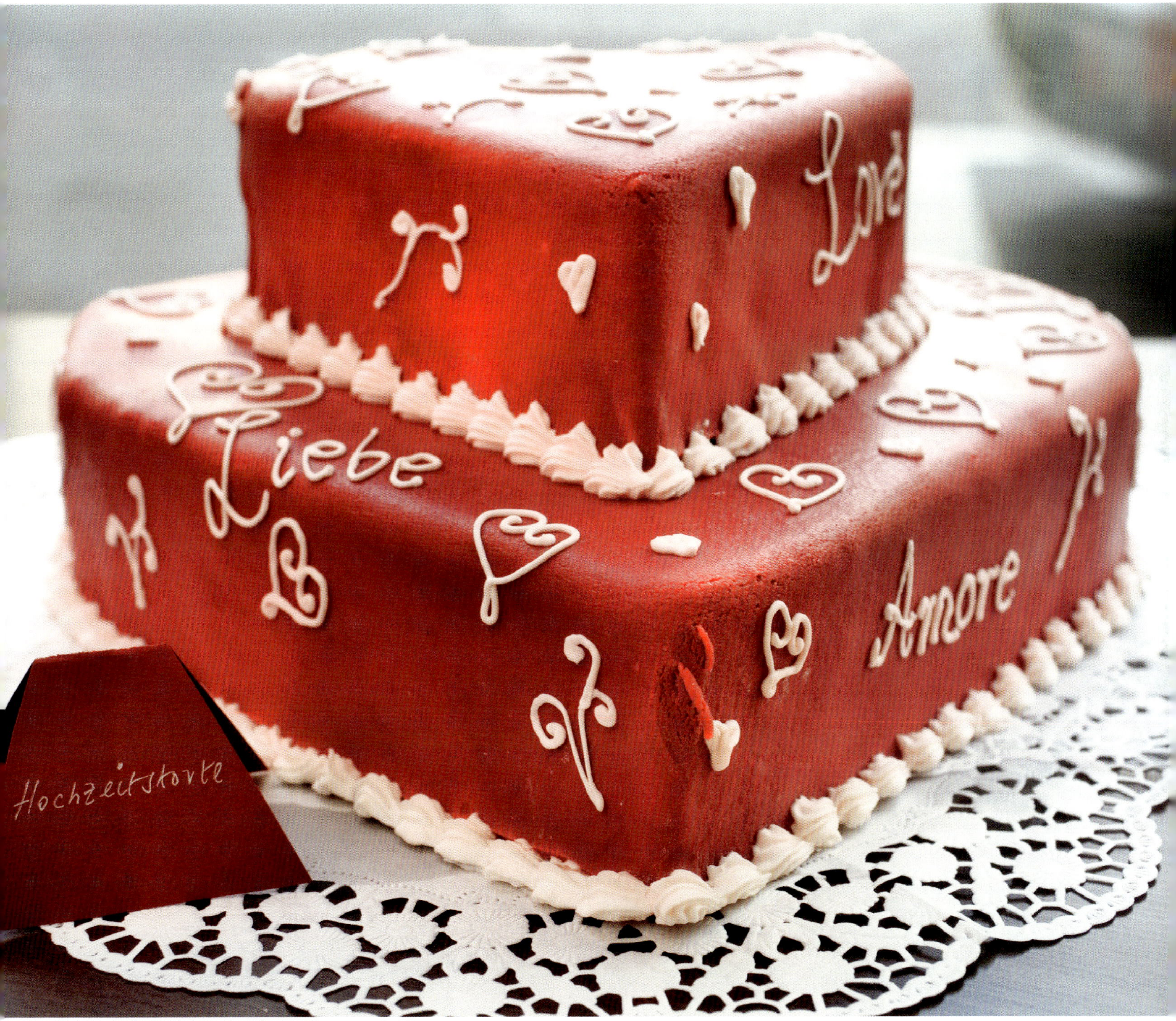
Love
Liebe
Amore
Hochzeitstorte

Schoko & Bohne München-Maxvorstadt

„Puppen-Kaufläden vermitteln mit ihrem Warensortiment, das oft in drängender Enge in einem recht kleinen Raum versammelt ist, ein Bild der Einzelhandelskultur ihrer Entstehungszeit", so erklärt das Lexikon das Miniatur-Spielzeug, wie es seit dem frühen 19. Jahrhundert bekannt ist. So ein „begehbarer Kaufmannsladen" findet sich in der Münchner Maxvorstadt: „Schoko & Bohne" – feine Pralinés, edle Schokolade und erlesener Kaffee. Auf knapp 20 Quadratmetern stapeln sich Süßes und Kaffee, Dosen und Tee, Essenzen und Liköre, Accessoires und Mitbringsel bis hoch unter die Decke. Mit verwunderten großen Kinderaugen betrachten die Kunden, die das kleine Geschäft in der Gabelsbergerstraße betreten, die angebotene Warenvielfalt. In der gekühlten Glasvitrine reiht sich Praliné an Praliné, rund und eckig, dunkel und hell, in allen denkbaren Geschmacksnuancen. In den Regalen sind nebeneinander Fruchtgummis in ungewöhnlichen Formen und Farben, Gelees, Lakritze, Glücksbärchen für unterwegs, Rumkugeln und andere Konfekte, Bonbons und Kamellen in durchsichtigen Tüten aufgereiht.

Handgeschöpfte Edelschokoladen, Trinkschokoladen, Trinkpralinés, Kakaosnacks und Bioschokoladen von Coppeneur, Tafeln von De Fries mit ganzem Mohn oder Limonen und die Spezialitäten der österreichischen Schokoladen-Manufaktur Zotter bilden nur eine kleine Auswahl, die Wolfgang Frank und seine kreative Partnerin Ines Celewitz im Programm haben. Alles Besonderheiten, dazu noch eine Rarität: In ganz München gibt es die handwerklich gerösteten Kaffeesorten des einzigen oberpfälzischen Kaffeerösters, Rehorik in Regensburg, nur bei „Schoko & Bohne".

Da kann man ihn auch trinken: als Espresso, Kaffee oder Cappuccino. Unter einer fröhlich gestreiften Markise stehen im Sommer zwei Tischchen draußen vor der Tür, drinnen hat gerade mal noch ein einziges Platz gefunden.

Schoko & Bohne
Inhaber: Wolfgang Frank und Ines Celewitz
Gabelsbergerstraße 40
80333 München
Telefon 0 89 / 30 66 64 12
Telefax 0 89 / 30 66 64 13

Confiserie Heinemann München-Altstadt

Champagner-Trüffel, allein das Wort zergeht schon auf der Zunge. Die berühmtesten und vom „Club Croqueurs de Chocolat" zu den weltbesten gewählten sind unbestritten die Champagner-Trüffel von Chocolatier Heinz-Richard Heinemann. Stück für Stück werden sie Tag für Tag in Handarbeit und wie alle anderen Produkte mit frischer Butter, erster Sahne und aus feinstem Criollo-Kakao gefertigt.

O glückliches München, denn ebenerdig in die Ecke des Kaufhauses Beck am Rathauseck integriert, befindet sich die bayerische Dependance der Konditorei Heinemann mit Stammsitz in Düsseldorf. Ein großes Schaufenster gibt den Blick frei auf die verführerischen Süßigkeiten.

Hier in der Dienerstraße, unweit des Marienplatzes, werden auch die anderen Spezialitäten wie zart schmelzende Baumkuchenspitzen, verschiedenstes Gebäck, feines Marzipan mit kandierten Walnüssen oder Pralinen offeriert, garantiert ohne Konservierungsmittel und ohne auch nur einer Spur von Aromastoffen.

Die Qualitätsmerkmale des 1932 gegründeten Familienunternehmens gelten noch heute uneingeschränkt. „Die Haltbarkeit unserer Erzeugnisse ist deshalb begrenzt und deshalb sollten sie möglichst frisch auf der Zunge zergehen", meinen die beiden „Münchner Mädels" des niederrheinischen Chocolatiers, Annegret Blank und Martha Angermaier, die die Schokoladen-Kunstwerke liebevoll in schöne Schachteln legen und große Schleifen darum binden. Aus den Tiegeln und Töpfen der Heinemannschen Backstube werden saisonale Produkte wie Osterhasen und Weihnachtsmänner individuell ausgewählt, originell verpackt und als süße Grüße auf Wunsch nach Hause geliefert, ja sogar in alle Welt versandt.

Confiserie Heinemann
im Kaufhaus Beck am Rathauseck
Chocolatier: Heinz-Richard Heinemann
Dienerstraße 20
80331 München
Telefon 0 89 / 29 87 47
Telefax 0 21 61 / 69 31 99
www.chocolatier-heinemann.de

Franz – Kontor für Schokolade München-Altstadt

Eine luxuriöse und kunstvolle Bonbonniere in sich ist das Kontor für Schokolade von Kerstin Franz im Altmünchner Hackenviertel. Mit diesem kleinen und bezaubernden Laden in einem stilvoll renovierten Gründerzeitgebäude hat sich die passionierte Schokoladengenießerin im Sommer 2006 einen eigenen Lebenstraum erfüllt. Das edle Interieur allein ist es noch nicht, das das in warmem Braun und Gold gehaltene Kontor so anziehend macht. Denn neben ganz besonderen Geschmackserlebnissen sind dort eben auch ganz besondere Momente des Innehaltens, Momente des sinnlichen Genusses und Momente der Freude zu finden.

Anregungen gibt es genug: Wundervolle als Unikate handgefertigte Bonbonnieren stehen in den obersten Reihen der Regale. Auf Kundenwunsch werden sie mit seltenen und reinen Schokoladenprodukten gefüllt. So entstehen vor aller Augen kostbare und inhaltsreiche Pretiosen. Wandert der Blick nach unten, präsentieren sich dort die über 40 Edelmarken an Tafelschokoladen, Nougats, Pralinen, hochwertige Trinkschokoladen und Couvertüren, die die Connaisseurin äußerst sorgfältig und kompromisslos aussucht, bis sie ihrem hohen Qualitätsanspruch genügen: Es gibt Wildkakao, Jahrgangsschokolade und Kakaoraritäten etablierter Edelchocolatiers wie Domori oder Amedei, aber auch schwer zu findende Produkte von Guido Gobino, Oriol Balaguer oder Prestat – dem Hoflieferanten der Queen. Biologische Schokoladen von Blanxart aus Spanien, Charlemagne aus Belgien oder die dänische Summerbird vervollständigen die große Auswahl an wirklich authentischen Schokoladenträumen aus aller Welt und auch für alle Welt: Der Online-Shop macht es möglich.

Kostbare Rohstoffe, Raritäten und die Liebe zum Detail gehören zur Philosophie von Kerstin Franz. Deshalb sind auch alle „Schokoladenaccessoires" wie Humidore, Fondues, Pralinenbestecke, Schokoladenhobel, Silberdosen und Bücher im Kontor für Schokolade ausgesprochen exklusiv und keineswegs überall zu haben.

Franz – Kontor für Schokolade
Inhaberin: Kerstin Franz
Brunnstraße 5
80331 München
Telefon 0 89 / 23 70 77 86
Telefax 0 89 / 23 70 77 85
www.kontor-fuer-schokolade.de

Meisterwerk chocolaterie Landsberg/Lech

Ein Meisterwerk ist sie, die runde, handgeschöpfte Schokolade von Michael Dillinger, Chocolatier und Konditormeister in Landsberg am Lech, rund 55 Kilometer westlich von München gelegen. In der idyllischen historischen Altstadt von Landsberg hat der Erfinder dieser außergewöhnlichen Kreation seit 2004 seine „Meisterwerk chocolaterie". Sanfte, trendorientierte Farben von Creme bis Oliv bestimmen den neu gestalteten Laden und machen neugierig auf das, was auf der ellipsenförmigen langen Theke hinter der Glasvitrine zu sehen ist. Runde Trüffel und erlesene Pralinen in allen erdenklichen Variationen. Michael Dillinger verbindet traditionelle Rezepte mit jungen wilden Geschmacksrichtungen. Nur bester Rohkakao, feinste Edelbrände und Ingredienzien werden hier verwendet. Die Spezialität des kreativen Chocolatiers sind seine runden Themen-Schokoladen, jede für sich in luxuriöse Kartonagen verpackt und durch farbenfrohe, grafisch teils witzig, teils geistreich gestaltete Banderolen verschlossen. Sie sind auch in kleinen, ausgewählt innovativen Läden zu haben oder können Tag wie Nacht im Online-Shop bestellt werden. Für spezielle Anlässe fertigt der Chef süße Verführungen nach Maß und mit individueller Gestaltung.

In der „Schokoladenküche" wird vom Meister selbst produziert, dabei können Naschkatzen durch ein Sichtfenster zuschauen. Die „Meisterwerk chocolaterie" ist eine „Erlebnis-Chocolaterie" par excellence: Im Landsberger Schokoladenclub werden neue Sorten getestet und bei Degustationsveranstaltungen die kleinen Geheimnisse der großen Handwerkskunst gelüftet. In der Schoko-Lounge kann man sich auf eine heiße Schokolade verabreden und dabei am Schokobrunnen frisch überzogene Fruchtspieße genießen. Diese Stätte der Verführung lädt Menschen ein, die den Genuss für Geist und Gaumen schätzen und Freude an Design und Perfektion haben.

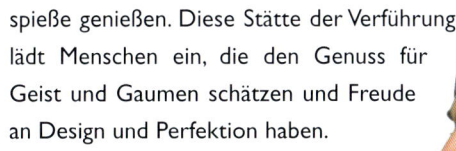

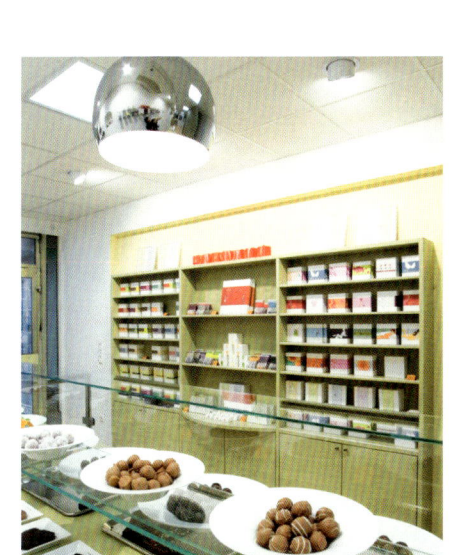

Meisterwerk chocolaterie
Inhaber: Michael Dillinger
Gogglgasse 33
86899 Landsberg/Lech
Telefon 0 81 91 / 9 70 70 88
www.meisterwerk24.com

Hussel im OEZ München-Moosach

1972, als in München zur Olympiade die ganze Welt zu Gast war, wurde auch das Olympia-Einkaufszentrum, kurz OEZ genannt, eröffnet. Die ersten Einkaufszentren entstanden in den 30er Jahren in den USA und sind inzwischen überall verbreitet. Im OEZ haben sich unter architektonisch ansprechenden hellen Glaskuppeln etwa 135 Fachgeschäfte und gastronomische Einrichtungen in einem Branchenmix zusammengefunden, um ihre Kundschaft auf zwei Ebenen mit den verschiedensten Produkten zu bedienen.

Zwischen den Läden im Erdgeschoss besticht ein Geschäft mit exklusiven Confiseriespezialitäten: Hussel Süßwaren. Für eine besonders herzliche Einkaufsatmosphäre und individuellen Service sorgt Dependance-Leiterin Jutta Graf-Krutsch. Sie und ihre drei Kolleginnen zeigen Liebhabern die Vielfalt der Hussel-Welt und verwöhnen sie mit kleinen Kostproben von Trüffeln, Pralinen und Gebäck. Frische Fruchtgummis stehen zum Selbermischen zur Auswahl, Lübecker Marzipan, Hohlfiguren und besondere Angebote zu besonderen Tagen: Valentinstag, Schulanfang, Muttertag, auch an Väter wird mit einer überdimensionalen Zigarre aus Schokolade gedacht. „Die kenne ich noch von früher", hört man oft im Laden, wenn es um traditionelle Spezialitäten geht. Neu ist die „Nahrung für die Seele" aus der Edition der Berliner Designerin Katrin Warneke, die es nur bei Hussel gibt: ermunternde Aufmerksamkeiten für jede Lebenslage. Für diejenigen, die etwas verschenken möchten, verpacken die Damen aus dem wohl sortierten Laden alles liebevoll oder geben es gar in witzig aufgemachte Motivdosen.

Im Jahr 1949 gegründet, steht Hussel heute für mehr als 55 Jahre Confiserie-Tradition. Das Unternehmen ist europaweit mit 230 Geschäften, in München noch im PEP, im Stachus-Einkaufszentrum und in den Riem-Arcaden vertreten; inzwischen auch in Starnberg in der Wittelsbacher Straße.

Hussel Süßwaren
im Olympia-Einkaufszentrum
Rießstraße 59
80993 München
Telefon 0 89 / 1 49 52 45
Telefax 0 89 / 14 34 30 63
www.hussel.de

Die Tortenfee Alling

Die verrücktesten und schönsten Torten rund um München zu zaubern, das war das Ziel von Barbara Sedlmayr, als sie 1990 ihre etwas „andere Konditorei", „Die Tortenfee", gründete. Eine Fee, der keltischen Volkssage nach ein mit höheren Kräften begabtes weibliches Fabelwesen, lebt vorzugsweise in Felsgrotten, und wer Barbara Sedlmayr und ihre Mitarbeiter in dem kleinen Alling westlich von München besucht, steigt gleichsam erst einmal über eine breite Steintreppe hinab in ihr zauberhaftes Tortenreich.

Dort fangen die Augen zu glänzen an und man fühlt sich wirklich wie im Wunderland: Geburtstagskuchen, Hochzeitstorten, Kinderträume, fruchtige Arrangements und Desserts für Firmenfeiern, Petit Fours oder große Schaustücke mit Logos für phantasievolle Events, Festtagsleckereien zu Familienfesten, Pralinés, Tafelschokoladen und Trüffelpralinen, Osterhasen oder Weihnachtsmänner werden üppig und verführerisch präsentiert, selbstverständlich alles aus eigener Herstellung.

Nach kompetenter und ausführlicher Beratung entwirft die Konditormeisterin gemeinsam mit dem Kunden nach dessen persönlichen Wünschen und Vorstellungen einzigartige Torten, Tafeldekorationen, Zuckerbäckerkunstwerke, Lebkuchenkreationen oder ihr „Anbeißerl", ein Halsschmuck aus Honiglebkuchen, verziert mit individueller Aufschrift, dem kaum einer widerstehen kann. Bleibende Eindrücke – geschmacklich wie optisch, denn dem Ideenreichtum der Tortenfee sind keine Grenzen gesetzt. Längst ist dies alles nicht mehr nur rund um München zu haben. Barbara Sedlmayr beliefert per Kühlspedition ganz Deutschland mit höchster Qualität, in perfekter Ausführung und pünktlich zum gewünschten Termin.

In der Oster- und Weihnachtszeit findet in der Chocolaterie in Alling regelmäßig das Schokoladenfest statt. Da kann jeder Besucher bei einer Tasse „Petit Chocolat" sehen und erleben, wie mit Leidenschaft zur kreativen Konditorei aus Schokolade oder Marzipan die reinsten Kunstwerke entstehen.

Die Tortenfee
Inhaber: Barbara Sedlmayr
Flurstraße 5A
82239 Alling
Telefon 0 81 41 / 8 23 54
Telefax 0 81 41 / 8 23 92
www.tortenfee.de

Confiserie Leysieffer München-Innenstadt

Vom Marienplatz aus in westlicher Richtung beginnt die Kaufinger Straße, eine der Haupteinkaufsmeilen der Münchner Fußgängerzone, die 1971 als „gute Stube" in ihrer jetzigen Form eingerichtet wurde. Sie mündet praktisch übergangslos in den zweiten Shopping-Boulevard, die Neuhauser Straße, an deren Ende sich das markante Karlstor befindet, das die Begrenzung zum ehemals verkehrsreichsten Platz Europas, dem Stachus, bildet. Große Kaufhäuser stehen neben Gebäuden mit kleinen Traditionsgeschäften, dazwischen der Blick auf die Liebfrauenkirche. Viele Bauten in der Kaufingerstraße stammen aus der Nachkriegszeit, die Mehrheit allerdings besteht aus moderner Architektur und Einkaufspassagen, eine davon ist die Kaufinger-Tor-Passage.

Die gut besuchte Flanierzone liegt in der Reihenfolge der meist frequentierten Einkaufsstraßen Deutschlands schon seit Jahren auf Platz 2. Dementsprechend hoch ist die Anzahl der Menschen aus dem Umland und aller Welt, die dort tagtäglich in einem Gewirr von Passanten, Straßenmusikanten, Händlern mit ihren bunten Verkaufsständen, Losverkäufern, Souvenirläden, Cafés und Biergärten nach Orientierung suchen. Was macht ein Münchner deshalb freiwillig in der Fußgängerzone? Die Antwort ist ganz einfach: Seelennahrung holen. Und wo macht er das? Eben an der Kaufinger-Tor-Passage in der „Confiserie Leysieffer". 1994 zog der „Pralinenmacher aus Osnabrück" in das Ladengeschäft, hier an die Ecke zur Kaufingerstraße. Große Glasschaufenster erlauben einen neugierig sehnsüchtigen Blick auf die dort präsentierten süßen Leckereien. Die Confiserie mit ihren vielfältigen Angeboten zieht die Kundschaft unweigerlich in ihren Bann, und dann ist endlich der Moment gekommen, sich alles genüsslich anzuschauen und auch zu probieren: edle Tafelschokoladen mit Haselnüssen, Kokosnuss-Raspeln, Ingwer, Trauben, Bourbon-Vanille, Mocca und Rum, Pistazien, Macadamianüssen und Mandeln. Weiße, halbherbe und Vollmilch-Schokolade mit dem Geschmack von Salz und Chili waren die Vorreiter – jetzt sind die neuesten Zutaten geröstete Walnuss, grüner Tee, Darjeeling-Tee, Earl-Grey-Tee, Machandelbeeren (Wacholderbeeren), Lavendel, Holunder, Schlehe, Rosenöl und indische Gewürze, auch feine Pralinen wie die Klassiker „Die Himmlischen" (eine schmelzige Füllung umhüllt mit Vollmilchschokolade und in Zucker gewälzt) oder „Die Paradiesischen", davon vieles für Diabetiker geeignet.

Kuchen und Baumkuchen in kunstvollen Präsentdosen, Gebäck, Tees und 23 verschiedene Fruchtaufstriche, von Himbeere über Quitte und Holunder bis hin zur Passionsfrucht, von Hand abgefüllt und verschlossen. Dazu Obstschnäpse und Schweizer Liköre wie „Rote Grütze" oder „Mocca-Geist". Alles ein wenig außergewöhnlich, was da Filialleiterin Manuela Zapf und ihr engagiertes Verkaufsteam anzubieten haben. Besondere Bestellwünsche der Stammkunden werden gleich erfüllt und stehen schon bald zur Abholung bereit. Alle Produkte sind natürlich auch im Online-Shop zu ordern, Präsente für diesen Versand werden sogar mit handgeschriebenen Gruß-

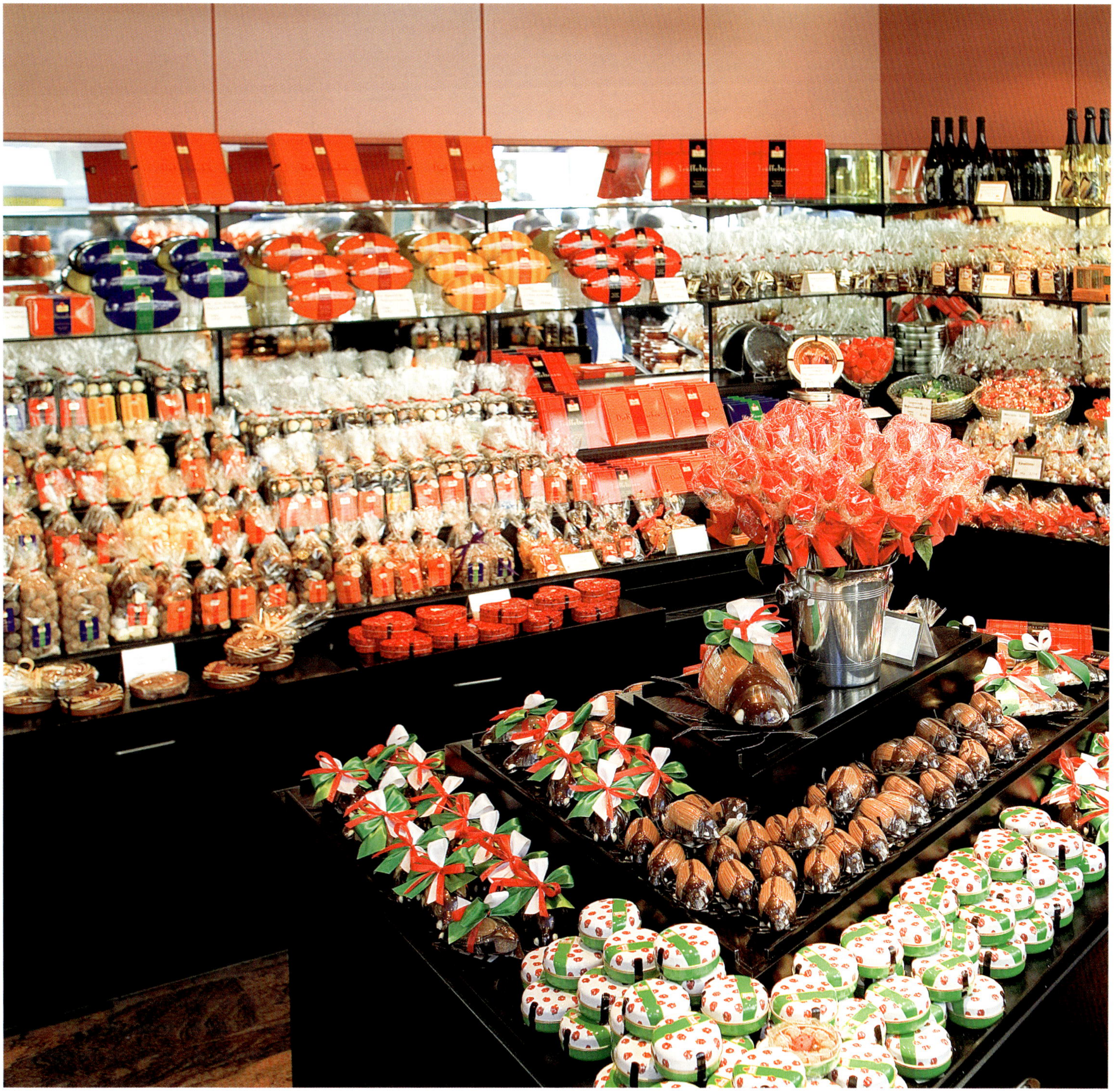

ZWETSCHGENKUCHEN MIT HASELNÜSSEN UND MARZIPAN

Zutaten

300 g Haselnusskerne
2,5 kg Zwetschgen
1 Vanilleschote
300 g Zucker
300 g Marzipanrohmasse
300 g weiche Butter
dünn abgeriebene Schale einer unbehandelten Zitrone
1 gestrichener TL gemahlener Zimt
5 Eier
300 g Mehl

Zubereitung

Die Haselnusskerne durch die Mandelmühle drehen. Die Zwetschgen waschen, halbieren und entsteinen. Die Vanilleschote mit einem scharfen Messer der Länge nach aufschlitzen und das Mark herauskratzen. Zucker und Marzipanrohmasse gut miteinander verkneten, danach Vanillemark, Butter, Zitronenschale und Zimt dazugeben und alles miteinander vermengen. Nach und nach die Eier dazugeben und mit dem Handrührer so lange rühren, bis die Masse sehr schaumig ist und sich der Zucker aufgelöst hat. Mehl und Haselnüsse unterrühren.
Ein Backblech mit Backpapier belegen, den Teig daraufgeben und glatt streichen. Die Zwetschgenhälften hochkant dicht in den Teig stecken. In den auf 175 °C vorgeheizten Backofen schieben und 55–60 Minuten backen. Auskühlen lassen und mit Schlagsahne servieren.

karten versehen; aber die angenehme Atmosphäre im Laden garantiert doch ein anderes Einkaufserlebnis, das man sich nicht entgehen lassen sollte. Modernität auf höchstem Niveau: eine nuancenreiche, ansprechende Wandfarbe, aus einem Spektrum von Rottönen, das seinesgleichen sucht, als Kontrast ein graphitfarbener Marmorboden, Regale und Verkaufstheken aus edlem, dunklem Holz.

Die Geschichte der „Confiserie Leysieffer" beginnt aber nicht in München, sondern in Osnabrück. Am 1. April 1909 eröffnete der Konditormeister Ulrich Leysieffer mit seiner Frau Emilie ein Konditorei-Café mit sechs Tischen im Zentrum der drittgrößten Stadt Niedersachsens. 1912 wurden die Backstube und auch das Café mit einem Umzug in Osnabrücks Krahnstraße 41 erheblich vergrößert – dort ist noch immer das Stammcafé. Kompromisslos war der Chef in der Frage der Qualität und Auswahl der Rohprodukte. Damals wie heute werden Leysieffer-Schokoladen aus Tradition nur mit Kakaobutter hergestellt.

Die ersten Pralinen stellte Ulrich Leysieffer bereits 1936 her, nach der Zerstörung des Geschäftes im Kriegsjahr 1944 begannen der Sohn Karl Leysieffer und seine Frau Ursula mit dem Wiederaufbau. Die Eröffnung des Konditorei-Cafés, zusammen mit der Herstellung der ersten „Die Himmlischen", begründeten 1950 eine neue Leysieffer-Ära, die ab 1969 von Axel Leysieffer fortgesetzt wurde, der auch heute noch dem Unternehmen vorsteht. In den 70er Jahren gewannen „Die Himmlischen" überregional an Bedeutung und wurden weltweit gesetzlich geschützt. Nach und nach entstanden im gesamten Bundesgebiet Filialen, bis jetzt gibt es 24 Confiserien. Bistros und Cafés sind es sechs an der Zahl. „Wir können mehr Produkte anbieten, aber keine besseren", ist der Leitspruch von Axel Leysieffer, dessen Unternehmen inzwischen in der vierten Generation auch von Jan Leysieffer unterstützt wird, einem weiteren „Pralinenmacher" in der innovativen Unternehmer-Familie.

Leysieffer GmbH & Co. KG
Inhaber: Axel Leysieffer
Kaufinger Straße 9
80331 München
Telefon 0 89 / 2 60 44 06
Telefax 0 89 / 2 60 45 37
www.leysieffer.de

Amai München-Altstadt

„Auf allerhöchste Entschließung König Max I. Joseph vom 2. Mai 1807" entstand zwischen Heiliggeistkirche und Frauenstraße der Viktualienmarkt, nachdem der heutige Marienplatz als Markt für Getreide und andere Agrarerzeugnisse zu klein geworden war.
Vom kleinen Confiserie-Geschäft „Amai" in der Frauenstraße aus könnte man bestens auf den „grünen Markt" und auf die Turmspitzen der Heiliggeist-Kirche schauen, wäre da nicht etwas, was gänzlich den Blick in die wohl gefüllte Vitrine lenkt: Köstlichkeiten für Sinne und Gaumen mit viel Liebe zum Detail.
„Amai" ist das japanische Wort für „Süßes", deshalb ist der Laden wohl auch sehr asiatisch eingerichtet. Gerade Linien, dunkle Holzborde an den in warmem Rot gehaltenen Wänden und drei kleine Tische erinnern unweigerlich an Japan. Die handgefertigten Pralinen allerdings, eng an eng hinter Glas zu bewundern, sind Pyramiden nachempfunden und auf ganz besondere Art von Hand gefertigt. Mit aufgebrachtem modernem lebensmittelechtem Graphik-Design stellt jede für sich ein kleines Kunstwerk dar. Kunstwerke auch die Kuchen und Festtorten, klein aber fein. Riesig dagegen sind die Florentiner, wahlweise aus weißer, Vollmilch- oder Bitterschokolade hergestellt, Dauer- und Sandgebäck, essbare Herzen mit Pralinen gefüllt und viel Saisonales, das den Genuss zu einem einzigartigen Erlebnis macht.

Dies alles wird genauso wie die Tafelschokoladen mit den nicht alltäglichen Geschmacksnuancen Mango, Rosencreme, Chili oder Zitrone-Pfeffer vom Konditorenteam des Markthotels in Markt Schwaben täglich frisch hergestellt und von Chefin Sabine Heinsch persönlich morgens nach München gebracht. Bis sie eintrifft, kann man bei einer Tasse heißer Schokolade aus echter Kuvertüre, einem Latte Macchiato oder einem Kaffee warten und dabei die emsigen Händler und Marktfrauen auf dem Viktualienmarkt beobachten. Gerade morgens entfaltet er einen ganz besonderen Charme.

Wer einmal im östlich der Landeshauptstadt gelegenen Markt Schwaben zu tun hat, ist bei Sabine Heinsch auch im Café-Restaurant des im Amai-Stil eingerichteten Markthotels willkommen. Hier kann man ebenfalls die hauseigenen Konditorei-Spezialitäten, röstfrische Kaffees, handgezogene Schokoladen und saisonale Gerichte aus der jungen Küche probieren – oder in einem monatlich stattfindenden Workshop lernen, selbst Pralinen anzufertigen.

ORANGEN-PREISELBEER-TORTE

Zutaten

für den Boden
10 Eigelb
50 g Zucker
Salz, Zitrone, Vanille
10 Eiweiß
150 g Zucker
100 g Mehl
80 g Weizenpuder
10 g Backpulver
100 g flüssige Butter

für die Buttercreme
1000 g Butter
500 g Puderzucker
Orangenlikör
Preiselbeermarmelade

für die Tränke
200 g Zucker
100 g Wasser
100 g Orangenlikör
Orangensaft

Zubereitung

Eiweiß mit dem Handrührgerät zu Schnee schlagen, dabei den Zucker nach und nach einrieseln lassen. In einer zweiten Schüssel Eigelb, Zucker und Backpulver darübersieben. Vorsichtig mit einem Schneebesen unterheben, zum Schluss langsam die flüssige Butter mit einrühren. In eine Springform füllen und auf mittlerer Schiene ca. 40 Minuten bei 190 °C bis 200 °C backen.
In den Läuterzucker (Zucker mit Wasser aufkochen) Orangenlikör und etwas Orangensaft geben und abkühlen lassen. Zwischenzeitlich für die Creme die Butter mit Puderzucker schaumig schlagen, mit Orangenlikör und Orangenmarmelade abschmecken.
Den ausgekühlten Boden viermal durchschneiden, die einzelnen Schichten tränken und abwechselnd mit Preiselbeermarmelade und Orangencreme bestreichen. Die zusammengesetzte Torte 1 Stunde gut kühlen, mit der restlichen Creme einstreichen und den Rand mit gerösteten Mandelblättchen bestreuen.

Amai
Inhaberin: Sabine Heinsch
Frauenstraße 12
80469 München
Telefon 0 89 / 24 21 98 59
www.markthotel.com

Der Duft der braunen Bohnen

Kaffee in all seinen Variationen – ob deutscher Filterkaffee, italienischer Espresso oder türkischer Mokka – wird vom Münchner heiß geliebt. Er startet mit Kaffee voller Tatendrang in den Tag, belohnt sich gerne mit einer Tasse zwischendurch oder krönt ein wunderbares Essen mit dem schwarzen Verführer. Kaffee ist Kult und ein Lebensgefühl: Schmeckt doch jeder Kaffee anders und birgt kleine Geheimnisse in sich. Kaffee hat seinen Ursprung im Hochland von Äthiopien und wurde dort vor mehr als 500 Jahren von Ziegenhirten in der Provinz Kaffa entdeckt. Der islamischen Legende nach heilte der Erzengel Gabriel den Propheten Mohammed mit Kaffee von einer schweren Schlafsucht. Angeblich war die Wirkung so stark, dass Mohammed in nur einer Nacht 40 Jungfrauen in die Kunst der Liebe einführen konnte.

Dieser Urkaffee wächst heute noch am Horn von Afrika nicht in Plantagen, sondern wild und unberührt im Regenwald. Die Staude wird als Unterwuchs mehrere Meter hoch und die Bohnen, die eigentlich keine Bohnen, sondern die Kerne der Kaffeekirsche sind, werden von den dort lebenden Kleinbauern noch immer per Hand gepflückt. Sämtliche Kaffeepflanzen der Erde stammen von diesem Urkaffee ab. Fünf Jahre muss ein Kaffeestrauch wachsen, bevor er das erste Mal abgeerntet werden kann. Der unverwechselbare Charakter wird von den geografischen und klimatischen Bedingungen seines Standortes geprägt. Fast alle Kaffeespezialitäten werden entweder sortenrein oder als Mischungen aus Arabica- und Robusta-Bohnen hergestellt. Der hochwertige Arabica gedeiht in einer Höhenlage zwischen 1.300 und 1.800 Metern. Er wird in Amerika, Afrika, Asien und Ozeanien kultiviert und verfügt je nach Herkunftsland über ein ganz spezifisches Geschmacksspektrum. Seine Auslesen sind kräftiger Natur und werden von leicht fruchtigen und körperreichen Aromen bestimmt. Die Robusta-Sorte benötigt tropische

Klimaverhältnisse, wächst bedeutend schneller, ist ertragreicher und widerstandsfähiger als der Arabica. Robusta wird vorwiegend in Mischungen angeboten.

Die erfahrenen Hände der Röstmeister bestimmen aber schließlich, welche Geschmacksnuancen zur Geltung kommen. Dabei ist vor allem das präzise Abstimmen von Temperatur und Röstdauer entscheidend. Die Bohnen werden bei 200 bis 260 °C in der Trommel ständig in Bewegung gehalten, um ein Verbrennen zu vermeiden. Die sorgfältige trockene Erhitzung der Kaffeebohnen verhilft nicht nur zu ihrem typischen Braunton, sondern auch zu ihrem intensiven Duft, der in der Stadt überall in der Luft zu liegen scheint.

Viele Münchner lieben es, ihren frisch gerösteten Kaffee selbst einzukaufen und genießen das schwarze Getränk erst einmal daheim. Kleinere Röstereien zeigen Kaffee-Gourmets erlebnisreich und anschaulich, wie sich exklusive Spezialitäten und Raritäten aus ganz besonderen Anbaugebieten, Wildkaffee oder neue Ernten anfühlen, wie sie riechen und schmecken. Die großen Röstereien beliefern Cafés, Hotels, Sterne-Restaurants, Trendlokale meist direkt, ebenso den Feinkosthandel. Wie auch immer, es ist Kunst, einen guten Kaffee zu brühen. Frisch gemahlen soll er sein und immer kühl, luft- und lichtgeschützt aufbewahrt werden, um sein Aroma für jede Lebenslage optimal zu erhalten: als Americano, Brauner, Café au lait, Café cortado, Café fouetté, Café frappé, Caffè corretto, Caffè ristretto, Caffè latte, Caffè lungo, Caffè macchiato, Caffè mocca, Cappuccino, Doppio, Eiskaffee, Espresso, Espresso con panna, Melange, Kapuziner, Latte macchiato, Melange, türkischer Mokka, Romano, Schümli oder Schwarzer.

SERTINS
EXPORTADORES DE CAFE
CLEAN COFFEE
PRODUCT OF GUATEMALA
PRODUCTO DE GUATEMALA
COSECHA 2005
CROP 2005
150 LBS. SPAN. NET

Espresso

Brasil
Milano
Il Gustoso
Osteria
Lazise
Napoli
Roma

Espresso decaf
Espresso Peru organico

Kaffee

Jamaica
Columbia
Äth. Mokka
Galapagos
Costa Rica
Guatemala
Maragogype
Peru organico

Nepal
Hausmischung
Premium
Wiener Mischung
entcoffeiniert
La Sera
Äthiop. Mokka

BLUE MOUNTAIN NEPAL

Dinzler Kaffeerösterei Rosenheim

Als alte bedeutende Salzhandelsstadt hat Rosenheim eine lange Geschichte. Deshalb ist für einen echten Rosenheimer Tradition schon sehr wichtig. Die Stadt am Inn gilt bis heute als wirtschaftlicher und kultureller Mittelpunkt des südostbayerischen Raums. Es verwundert also nicht, dass sich dort immer wieder junge Unternehmen ansiedeln, die neue Traditionen begründen. So geschehen mit der „Kafferösterei Dinzler", deren Ursprung eine ganz andere Geschichte ist.

Guter Kaffee war um 1950 herum immer noch Mangelware. Deshalb entschied sich Otto Dinzler, zusätzlich zu seinem Lebensmittelladen in seiner Heimatstadt Bischofswiesen im Berchtesgadener Land eine Kaffeerösterei zu eröffnen. Das kam gut an, das kleine Geschäft florierte, denn Dinzler legte bald sein Hauptaugenmerk auf den Kaffee und verstand sich zukunftsweisend auf Qualität. Ende der 90er Jahre übernahm aufgrund fehlender Nachfolger die Familie Richter die Rösterei, behielt den Namen, wechselte den Standort aber hinüber nach Rosenheim. Franz Richter selbst stammt aus Wangen im Allgäu und hatte schon über 20 Jahre Erfahrung im hochwertigen Kaffeesegment, als er begann, Dinzler-Kaffee im Stammhaus in der Innstraße zu einer Qualitätsmarke zu machen.

„Das Wissen um Kaffee, das Arbeiten mit Kaffee und das Experimentieren mit Kaffee, da braucht es Menschen und einen schönen Platz", sagt Franz Richter. So zog der Betrieb 2004 in ein stilvolles Industriegebäude im Herzen von Rosenheim, das aufwändig renoviert, dabei denkmalgeschützt belassen, zu einer feinen Kaffee-Erlebniswelt geworden ist. Dort befinden sich Rösterei, Lager und Kaffeehaus unter einem Dach. Dieses Konzept findet nicht nur bei Einheimischen großen Anklang. Es ist ein „offenes Haus", fast schon eine Sehenswürdigkeit, denn man ist tatsächlich mittendrin in der Manufaktur.

Die Kaffees von Dinzler werden von Experten sorgfältig ausgewählt. Nur hochwertige Rohware aus den besten Anbaugebieten kommt per Schiff nach Hamburg und dann auf dem schnellsten Weg in die Rösterei. Dort werden die Bohnen genauestens selektiert, dann entscheidet ein „Gremium", ob die Qualität stimmt. Erst jetzt wird mit der Verarbeitung begonnen. Röstmeister Hans Piller arbeitet mit besonderer Sorgfalt nach bewährten handwerklichen Methoden mit traditionellen Trommel-Röstmaschinen und fein abgestimmten Hitzegraden. Frische ist für erstklassigen Kaffee von entscheidender Bedeutung. Deshalb sind es immer nur kleine und „maßgeschneiderte Mengen", die den Röstofen verlassen. Es ist das Angebot an Espressos, einer davon, „Il Gustoso", ist in Feinschmeckerkreisen zum besten deutschen Espresso gewählt worden; dazu kommen Kaffeemischungen, sortenreine Kaffees und exklusive Kaffees, die Dinzler immer wieder verfeinert und ergänzt. Wie der Kaffee schmecken soll, kann man selbst bestimmen. Der Weg von der Röstung bis zum Kunden ist so kurz wie möglich. Die Bevorratung beträgt nur zwei bis drei Tage, damit der Kaffee seinen aromatischen Geschmack und die anregende Wirkung optimal erhalten kann. Das riechen und schmecken nicht nur Gäste des örtlichen Kaffeeausschanks und Bohnenkäufer, sondern auch jede Menge Kaffeegenießer in vielen bayerischen Städten, in den dortigen Spitzenrestaurants, bodenständigen Wirtschaften und gestandenen Biergärten. Dinzler-Kaffee ist für alle da. „Wir stellen uns immer wieder in Frage und sind Trendmacher", erläutert Franz Richter seine Philosophie und den damit verbundenen Erfolg.

In der „Kunstmühle", in der sich alles um die braune Bohne dreht, können aber auch verschiedenste Kaffeemaschinen besichtigt und erworben werden. Sie spielen neben der Wasserqualität eine maßgebende Rolle für die Zubereitung eines guten Kaffees. Zu diesem Thema finden auch Seminare und Veranstaltungen statt. Darüber hinaus ist der Chef, Ehefrau Isolde, Sohn Matthias oder Schwiegertochter Heike immer irgendwo und überall ansprechbar. Die beiden Jüngsten der Familie, Moritz und Philipp, werden vermutlich wohl auch schon Kaffee im Blut haben.

Dinzler – Kaffeerösterei
Inhaber: Isolde und Franz Richter
Kunstmühlstraße 12
83022 Rosenheim
Telefon 0 80 31 / 4 08 25 31
Telefax 0 80 31 / 4 08 26 43
www.dinzler.de

Dallmayr Kaffee München-Innenstadt

Wer kennt den Namen Alois Dallmayr nicht, den Namen des weltbekannten Delikatessengeschäftes mit seiner auffälligen gelben Fassade am Marienhof auf der Rückseite des Neuen Rathauses. Das Traditionshaus ist aber auch längst Synonym für Kaffee geworden und Garant für dessen Spitzenqualität.

Dass sich der gute Ruf von „Dallmayr" gleichermaßen auf Feinkost und Kaffee bezieht, ist Konrad Werner Wille zu verdanken, der 1933 als Kaffeekaufmann aus dem hohen Norden von Bremen nach München zog. Er begann beim ehemals Königlich Bayerischen Hoflieferanten eine Spezialabteilung für Kaffee einzurichten, die heute noch Anziehungspunkt für anspruchsvolle Kunden weit über Bayerns Grenzen hinaus ist. Das von ihm entwickelte Kaffeesortiment erreichte durch seine Liebe zu den schwarzen Bohnen und sein Engagement höchstes Niveau: Konrad Werner Wille kaufte persönlich Rohkaffee auf den Plantagen ein, stand selbst an der Röstmaschine, organisierte den Verkauf und machte die edelste aller Kaffeespezialabteilungen zur gefragten Erlebniswelt.

Kaffee, inzwischen wirtschaftliche Grundlage des Unternehmens, war in Kriegs- und Nachkriegszeit Mangelware. Der Siegeszug von „Dallmayr-Kaffee" begann Anfang der 50er Jahre erneut und wurde mittlerweile zur erfolgreichsten Kaffeemarke bundesweit. Um 1960 entstand im Münchner Stadtteil Giesing die größte und modernste Kaffeerösterei Süddeutschlands. Hier werden täglich rund 200 Tonnen ausschließlich feinste Hochland-Kaffees der besten Anbauregionen der Welt verarbeitet. Aus den Süd-Provinzen Äthiopiens, der Urheimat des Kaffees, stammen jene Bohnen, die den Geschmack der Spitzenmarke „Prodomo" prägen. Sie werden von noch wild wachsenden oder in bäuerlichen Pflanzungen angebauten Kaffeebäumen gepflückt, dann in einem speziellen Verfahren „gewaschen" und schließlich „vollendet veredelt", wie es im Slogan für „Prodomo" heißt. Die geheimnisvolle Mischung mit weiteren Hochlandgewächsen aus den anderen klassischen Anbaugebieten Süd- und Mittelamerika, Afrika und Asien machen den besonderen Geschmack aus.

Unter dem Begriff „Dallmayr Kaffeeraritäten" sind Kaffee-Kostbarkeiten nur zu bestimmten Jahreszeiten und in limitierten Mengen in der Kaffeeabteilung des Delikatessenhauses erhältlich. Neben der altbewährten Stammmarke „Prodomo" zeigt sich auch beim „Crema d'Oro" die Röstkunst, die Konrad Werner Wille begründet hat: Qualität, Geschmack und modernste Technologie. Hochgenuss für alle, die um das feine Aroma und den typischen Dallmayr-Kaffeegeschmack als Caffè Crema, Café Crème oder Schümli wissen. Inzwischen ist das gesamte Sortiment auch in Form von „Pads" im Handel erhältlich. In führenden klassischen Cafés, traditionellen Hotels, Sterne-Restaurants, Trendlokalen, Feinkosthandel und natürlich bei „Dallmayr" selbst können die Gäste und Kunden aus den Kaffeekompositionen wählen.

Dass dies so bleibt, dafür ist heute der versierte Kaffeespezialist Wolfgang Wille, geschäftsführender Gesellschafter im Familienunternehmen, auf der ganzen Welt unterwegs. Immer auf der Suche nach neuen Qualitäten und Spezialitäten: „Dem Geschmack verpflichtet", das ist das Gebot im Hause „Dallmayr".

Alois Dallmayr
Gesellschafter: Familien Wille und Randlkofer
Dienerstraße 14–15
80331 München
Telefon 0 89 / 21 35-0
Telefax 0 89 / 21 35-167
www.dallmayr.de

Supremo Kaffee Unterhaching

Rundherum wogt im Sommer das Getreide im Wind und die breite Landebahn des ehemaligen Militärflughafens im heutigen Landschaftspark von Unterhaching ist ein Eldorado für Skater und Radfahrer. Direkt am Rand dieses Erholungsgeländes ist im Haus der noch jungen Kaffeerösterei „Supremo" ein weiteres Eldorado zu finden, ein Eldorado für anspruchsvolle und vor allen Dingen neugierige Kaffeegenießer.

Hinter „Supremo" steht die hochengagierte Kaffeefamilie Braune. Sie ist für diese Klientel genau der richtige Ansprechpartner. Bernd Braune, schon immer leidenschaftlicher Kaffeetrinker, hat sich eines Tages aufgemacht, alles über Kaffee zu erfahren. „In der ganzen Weltgeschichte" ist er herumgereist, hat Anbau, Lagen, Qualität und Vielfalt begutachtet, Auktionen besucht und Röstbetriebe verglichen. 2006 war es dann soweit: Mit „Supremo Kaffee" öffnete sich eine wahrlich wunderbare Kaffeewelt im Süden von München. Dort ist die Liebe zur braunen Bohne in allen Details spürbar, denn mittlerweile haben sich alle Familienmitglieder dem Kaffee verschrieben.

Das Wichtigste vorweg: Das umfassende Wissen und die Akribie, mit der der Chef „seinen Kaffee" behandelt, hat die Rösterei in kürzester Zeit zu einer der besten Adressen für exklusiven Kaffee gemacht. 87 frische Sorten Rohkaffee sind zu allen Zeiten verfügbar, die Original-Säcke stehen dicht an dicht in der Lagerhalle. Wer zu einem der Kaffee-Seminare nach Unterhaching kommt, wird über Ursprung, Herkunftsländer, Kaffeebauern, Raritäten (beispielsweise aus St. Helena oder Ruanda) und Qualitäten genauestens informiert: Der schönste Kaffee der Welt kommt aus Hawaii, heißt „PU`UPU´U KULA" („Goldstückchen"), der „Kopi Tongkonan Toraja" aus Java ist einer der Teuersten, der Urkaffee aus Äthiopien nennt sich „Bonga" und wird im Kafa Forest geerntet. Eine Besonderheit ist „Kopi Luwak". Die aus Indonesien stammenden Bohnen haben bezüglich der Fermentierung eine Vorgeschichte: Schleichkatzen ernähren sich nächtens von Kaffeekirschen, scheiden die Bohnen unverdaut aus und deshalb entwickeln diese ein ganz eigenes Aroma. Der exotische Kaffee hat eine Produktion von jährlich maximal 200 Kilogramm, was auch den hohen Preis erklärt. Zum „Supremo"-Sortiment gehören Bio-, Wild-, Garten- und Waldkaffee, alles zum Anfassen, Riechen und Fühlen. Wer möchte, kann bei der Handröstung zusehen, die von Schwiegersohn und Röstmeister Reinhard Kulik „punktgenau" mit großer Sorgfalt vorgenommen wird.

Die „Supremos" sind vor allem Perfektionisten. Ein eigens eingerichtetes Kaffeelabor dient der Qualitätssicherung. Hier wird der Säurewert analysiert, der Bräunungsgrad mittels Laser geprüft und die jeweilige Temperatur gemessen. Jedem, der auch nur ein halbes Pfund Kaffee kaufen möchte, kommt dies in höchstem Maße zugute. „Supremo" hat Kaffee-Cuvées in jeder Geschmacksrichtung, dennoch werden immer wieder neue Mischungen kreiert. Der Kunde wird beraten, welche Cuvée oder welcher sortenreine Kaffee zu ihm passt. Die geschmacklichen Details erfragen die Kaffee-Sommeliers ganz direkt: „Welchen Wein bevorzugen Sie? Weiß oder Rot?" Der Antwort entsprechend stimmen sie dann die Kaffeeauswahl ab: Fruchtig, erdig, zartbitter, schokoladig, ja sogar Kaffee mit dem Geschmack von schwarzer Johannisbeere gibt es. Jede Sorte ist wie auf einer guten Weinkarte beschrieben: vollmundig, würzig, spritzig, kernig, ausgewogener Charakter, gute Fülle – um die wesentlichen Attribute zu nennen. Da kann es nicht ausbleiben, dass sich die Experten zusätzlich noch um die jeweiligen Zubereitungsmöglichkeiten kümmern: Espressomaschine? Kaffeevollautomat? Pressstempelkanne? Handfilterung? Wie ist optimaler Genuss zu erzielen?

So haben Menschen, die Kaffee schon immer mit Milch und Zucker trinken, bei einer Grand Cru-Verkostung in der Rösterei ihren persönlichen Kaffee gefunden und genießen ihn jetzt nur noch schwarz – unverfälscht und geschmackvoll. Geschmackvoll sind auch die edlen Verpackungen der exzellenten Röstungen. Die Labels stammen von Sohn Raphael Braune. Er ist Grafikdesigner und entwirft auch individuelle Etiketten für private Jubiläen oder Firmen. Mit einigen größeren Kunden wird von Fall zu Fall das „Kaffee Kinder Projekt" unterstützt. Das Engagement liegt bei der medizinischen Versorgung, schulischen Ausbildung und Hilfseinrichtungen für Kinder in den Anbaugebieten.

Aus der Welt zurück nach Unterhaching: Im ebenerdigen Café geht es wieder ganz erholsam und gemütlich zu.

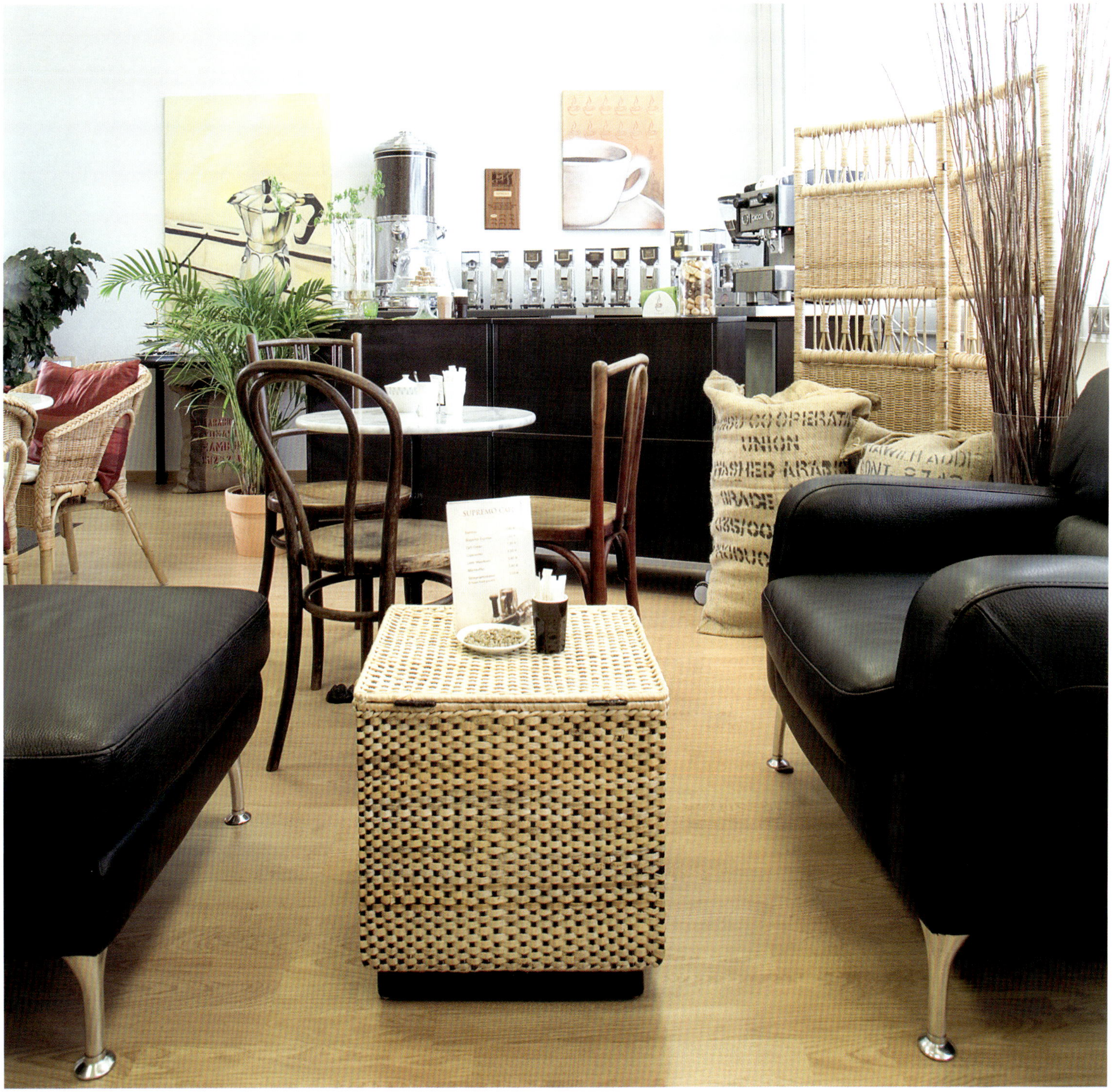
UNION

Hier nehmen alle Altersklassen, junge Mütter und ältere Herrschaften, so ganz nebenbei gerne einen Cappuccino, während sie auf ihre spezielle Mischung zum Mitnehmen warten. Selbst dabei wird genau erklärt, was in die Tasse kommt. Dazu kann man ein Stückchen des von der ältesten Braune-Tochter Bianca selbst gebackenen Kuchens probieren. Cantuccini-Liebhaber finden eine in der Toskana eigens aufgelegte „Supremo"-Linie des traditionellen Mandelgebäcks, das sich so gut in den Espresso tunken lässt. Zucker aus Maurizius, Goldfilter, hölzerne individuelle Dosen aus Sulawesi und vieles mehr rund um den Kaffee stehen wie ungefähr in den Regalen, tolle Anregungen für ein „Mitbringsel". Rahel Braune, Tochter Nummer 2, achtet auf angenehmes Wohlbefinden im ganzen Haus und inspiriert qualitätsbewusste Kunden für wahren Kaffeegenuss. Auch grüne Kaffeepflanzen fühlen sich dort so wohl, dass sie erste Früchte tragen – und das mitten in Oberbayern.

SUPREMO'S ESPRESSO SHAKERATO

Zutaten

1 doppelter Espresso (Supremo „Toskana")
3 TL brauner unraffinierter weicher Zucker (Muscovado)
Eiswürfel

Zubereitung

Espresso, Zucker und die Eiswürfel in einen Cocktailshaker geben und gut schütteln. In einem gekühlten Cocktailglas servieren.

Supremo Kaffee
Inhaber: Bernd Braune
Kapellenstraße 9
82008 Unterhaching
Telefon 0 89 / 61 18 03 25
Telefax 0 89 / 61 18 08 79
www.supremo-kaffee.de

Burkhof Kaffee Sauerlach

„So klingt es von des Daches Zinnen, da ist Burkhof Kaffee drinnen", so hieß es früher, als Wilhelm Burkhardt und Wilhelm Imhof 1928 in der Sandstraße in München ihre Kaffeerösterei gründeten. „Wie ich höre, betreiben sie ihr Geschäft in umsichtiger und solider Weise, anscheinend mit genügenden Eigenmitteln", so beurteilte damals die Industrie- und Handelskammer das Unternehmen auf eine Anfrage des Hauptzollamtes hin, da das junge Unternehmen um die Genehmigung bat, die Zollabgaben mit Schecks zu entrichten. Geschäftliche Schwerpunkte waren der Vertrieb von Kaffee und Tee an Einzelhändler und Gastronomie.

Umsichtig und solide ist sie bis heute geblieben, die Firma Burkhof, und auch die Konzeption ist noch so. 1974 „übergaben" die beiden Inhaber aus Altersgründen ihre florierende Gesellschaft an J. J. Darboven in Hamburg, wobei sie als Burkhardt & Imhof selbstständig weitergeführt wurde. Die Marke Burkhof Kaffee blieb und bleibt eigenständig und ist mit ihrer ureigenen bayerischen Firmenphilosophie erfolgreich. Dennoch gibt es unter den Fittichen des Mutterkonzerns Darboven noch vielfältigere Möglichkeiten für das Marketing: Die Angebotspalette wurde beispielsweise um Trinkschokolade, Kaffeesahne, Zucker und alkoholische Mixgetränke erweitert.

Das Verbreitungsgebiet von Burkhof Kaffee überschritt dann in den 90er Jahren mit der Wende in Deutschland die bayerischen Grenzen: Niederlassungen in Thüringen und Sachsen, im tschechischen Prag und slowakischen Bratislava mit der Burkhof Kava s. r. o wurden gegründet. Zudem entstanden Verkaufsgebiete in Südtirol und Österreich. Der Hauptsitz ist dabei aber in Bayern geblieben. Seit 1992 befindet sich das Firmengebäude in Sauerlach, ein paar Kilometer südlich von München. Alles unter einem Dach. Eine eigene umweltfreundliche Rösterei mit einer jährlichen Kapazität von etwa 5.200 Tonnen Röstkaffee, High-Tech-Produktionsstätten und die auf die Kunden spezialisierte Verpackungsabteilung. Die beiden Geschäftsführer Michael Kramer und Jürgen E. Wurst sorgen für einen reibungslosen Ablauf.

Hotellerie, Gastronomie und Großverbraucher sind die Klienten von Projekt-Manager Christian Kania. Ihm gelingt es, eine ausgewogene und gleichzeitig innovative Produktpalette zu präsentieren: Neben dem traditionellen Burkhof-Kaffee (in 14 Nuancen) den allgegenwärtigen Alfredo-Espresso, als Caffè, Super-Bar, Tipo-Bar und Cremazzurro geröstet, mit dem sich Restaurants und Cafés italienisches Lebensgefühl ins Haus holen können. Auf Accessoires um Alfredo wie Zuckersticks, Schoko-Naps und bunte Espresso-Tassen aus Porzellan oder in einer limitierten Glasserie freuen sich deren Gäste. Für große Auftritte, Events und Privatfeiern kann man den feuerwehrroten „Alfredo-Espresso-Cup", ein Marktstand auf Rädern, mieten. Dazu gehören die Marken Eilles Kaffee und Eilles Tee mit einem eigenen Wellness-Tee-Sortiment, amerikanische Kaffeearomen (J.ay-J.ay's flavored coffee), für den Café au lait die französische Variante Brosio und eine feine Trinkschokolade namens Xocao in fünf verschiedenen Geschmacksrichtungen.

Tradition und Qualität von damals stehen für die „Die Bohne mit der Krone", das Synonym für Burkhof, Qualität und Innovation für die Kaffeewelt von heute: Coffeerotic heißt eine neue Kombination „für davor und danach" – Kaffee wie eine Liebeserklärung – feurig, gehaltvoll und leidenschaftlich. Auf anregend bedruckten Zuckertütchen ist für jede Lebenssituation was draufgeschrieben: Lust? Jetzt? Solo? Wann? Wohin? Auf den Punkt gebracht: Kaffee hat was Erotisches.

Von Links: Johann Geier, Christian Kania, Robert Bensch, Wolfgang Strack, Jürgen E. Wurst, Dieter Sager, Michael Kramer.

Burkhof Kaffee
Geschäftsführer: Michael Kramer und
Jürgen E. Wurst
Rudolf-Diesel-Ring 21
82054 Sauerlach
Telefon 0 81 04 / 80 52 49
Telefax 0 81 04 / 80 51 34
www.burkhof.com

O Cafe Landsberg am Lech

Im „O Cafe" ist es einfach nur schön. Das kleine Geschäft in der Landsberger Salzgasse, direkt am Lechwehr, erinnert an den geliebten Kaufladen aus der Kinderzeit. Und genauso verkauft Torsten Adolphs eigens aufgelegte Schokoladen nach legendären Landsberger Zirnheld-Schokorezepturen, frische „Trüffelfeinereien", die in Weckgläsern auf der Theke stehen, Pralinen, Marmeladen und Chutneys. Ehefrau Uschi Fritz gestaltet als gelernte Grafikerin und Verpackungskünstlerin exquisite Schokoladenpapiere mit speziellen Motiven für jede Gelegenheit. So eingewickelt werden die Tafeln zu kleinen individuellen Kunstwerken. Die feine Schokolade wird ganz traditionell und mit handwerklichem Geschick nur mit edelsten Rohstoffen ohne jegliche Konservierungsmittel von Christian Bauer in Form gebracht.

Schokolade ist schon das Wichtigste „diesseits von Eden", dem Slogan des „O Cafe". So kann es sich beim Aufdruck „Chocoholic, please don't feed" auf dem T-Shirt des Chefs fast nur um pure Ironie handeln. Ausgesuchte Accessoires, Bücher, außergewöhnliche Grußkarten oder witzige Taschen machen Lust zum Stöbern. Der Tee kommt aus Bremen, spezielle Mischungen gibt es im Ausschank und auch zum Mitnehmen wie beispielsweise „Schokohimmel" von „Kräuterbox". Sechs Kaffeemühlen verarbeiten je nach Auswahl des Kunden die besten Arabicas aus der Veroneser Kultrösterei „Torrefazione Giamaica" für die häusliche Kaffeetafel. An der Kaffeetheke im Laden bei einem Espresso oder Cappuccino, je nach Wunsch, kommt der Chef voller Poesie und Begeisterung über seine Kaffee-Besonderheiten gerne ins Plaudern.

O Cafe
Inhaber: Torsten Adolphs
Salzgasse 139
86899 Landsberg
Telefon 0 81 91 / 9 73 43 31
Telefax 0 81 91 / 42 83 03
www.ocafe.de

Meyerbeer Coffee München-Altstadt

Brunnen – Bäume – Bänke, das sind die drei wesentlichen Faktoren, die einen schönen Platz ausmachen. Ein Platz, an dem dies alles stimmt, ist der attraktive Rindermarkt mit seiner hohen Anziehungskraft auf die Menschen. Dem Namen nach einst ein Viehmarkt, ist er wohl älter als der benachbarte Marienplatz. Dort herrscht entspanntes städtisches Leben, die Fassaden der Häuser rundherum haben ein Gesicht, die Proportionen stimmen und der Brunnen mit seinen begehbaren Terrassen lädt zum Verweilen ein.

Vermutlich den besten Blick auf dieses Stück Alt-München mit dem Löwenturm im Hintergrund hat man vom „Meyerbeer Coffee-Shop" aus, eine Eck-Lokalität mit großen Fenstern und kleinem Freisitz. Seit 2001 hat die Kaffee-Kette (bundesweit 22 Shops) hier am Rindermarkt ihre Münchener Dependance. Schick und trendy wie die Shop-Leiterin Anita Harthauser selbst ist auch das Outfit des Ladens. Im vorderen Bereich eher eine Bar für einen schnellen Kaffee, öffnet sich rückwärts eine kleine Lounge mit tiefen Ledersesseln, in denen man gemütlich den Caramel-Macchiato, das Lieblingsgetränk der meisten Gäste, auf sich einwirken lassen kann. Ein kurzes Innehalten bei klassischen Espresso-Traditionen oder bei modernen Kaffee-Spezialitäten wie Meyerbeer on Ice, Frappés, Frozen Yoghurt, Smoothies, dazu Kleinigkeiten wie Muffins, Bagels, ein Stückchen Torte oder Spezielles z. B. von den „Scharfen Schokoladenwochen". Wer sein Getränk zum Brunnen mitnehmen will, für den gibt es „Coffee to Go" aus der Spezialröstung (House Blend), die exklusiv für „Meyerbeer" hergestellt wird.

Der Name „Meyerbeer-Coffee" erinnert an das pianistische Wunderkind Giacomo Meyerbeer (1791–1864) und stammt aus der geschäftlichen Verbindung zum ehemaligen Meyerbeer Palais Café am Pariser Platz in Berlin. Hier lebte der junge Komponist und spätere Generalmusikdirektor an der Königlichen Berliner Oper mit seinen Eltern in der sogenannten „Beer-Villa".

Meyerbeer Coffee
Geschäftsleitung: Sabine Albrecht
Rindermarkt 15
80331 München
Telefon 0 89 / 23 23 07 62
Telefax 0 89 / 23 23 07 62
www.meyerbeer-coffee.de

Signor Rossi München-Innenstadt

Mit der „bottega del caffè" eröffnete 1645 in Venedig das erste Kaffeehaus Europas. Bis heute führt der Weg von dort mit immer neuen Ideen und Intuitionen über die Alpen. So erobert auch „Signor Rossi" Schritt für Schritt seine Stadt. 2003 von Stefan Cozma erdacht, gibt es in München, der „nördlichsten Stadt Italiens", nahe der Fußgängerzone im Zentrum die „Caffetteria Paninoteca Signor Rossi". In der authentischen Espressobar sorgt Geschäftsführer Florian Multerer für große und kleine Glücksmomente – fast wie in der Lagunenstadt.

Hier ist aber auch wirklich alles italienisch: der Kaffee in den verschiedensten Variationen, die Kaltgetränke wie Fruchtsäfte oder Aranciata bis Lemonsoda und vor allen Dingen die leckeren Panini, Cornetti, Focacce, Tramezzini, Ciabatte und Salate, die sich in der Sandwich-Theke in großer Auswahl verlockend aufstapeln. Zum typischen italienischen Frühstück im Stehen treffen sich dort schon morgens bei Croissants, Müsli und frischem Obstsalat Geschäftsleute, Stadtbummler, Touristen und viele Stammgäste.

Italienische Akzente setzen die warmen Farben, holzvertäfelten Wände und ein großer Deckenventilator. Von den Barhockern an der Fensterfront kann man auf den lebhaften Färbergraben schauen. Vor der Tür stehen im Sommer Tische und bequeme Stühle zum Draußensitzen.

In der Schwabinger Amalienstraße gegenüber der Uni betreibt Inhaber Stefan Cozma noch ein „Signor Rossi", etwas kleiner und doch mit identischem Flair. Ein paar Schritte davon entfernt schlägt er mit seinem stylishen Restaurant „Spoon" nach dem Vorbild einer amerikanischen Daily Bar eine ganz neue Richtung ein: Gourmet-Erlebnisse mit exklusiver Cross-over-Küche.

Signor Rossi
Inhaber: Stefan Cozma
Färbergraben 5
80331 München
Telefon 0 89 / 26 62 13
Telefax 0 89 / 26 62 13
www.signor-rossi-cafe.de

Segafredo München-Laim

„Segafredo" all überall, diesen Eindruck hat der passionierte Espresso-Genießer in München, wenn er mit offenen Augen durch die Stadt schlendert. Fast an jeder Ecke ist das auffällige Logo mit dem roten „S" über den Espresso-Bars, Cafés oder auf den großen weißen Sonnenschirmen zu sehen. Dann kann jeder sicher sein, was ihn erwartet: italienischer Espresso von gleichbleibender Qualität, mit einer unvergleichlichen Crema und immer in der klassischen „Segafredo"-Tasse serviert.

Der Zauber und das Geheimnis dieses Originals aus Italien liegen im Zusammenspiel von Mischung, Röstung und Zubereitung. Es war die Vision und Mission von Massimo Zanetti, der Anfang der 70er Jahre die „Segafredo Zanetti Gruppe" in Bologna gründete, um überall auf der Welt den Geschmack, die Kultur und die Zubereitung des „Caffè" zu verbreiten. Seit dieser Zeit ist eine durchgängige Qualitätssicherung gewährleistet: von der eigenen Kaffeeplantage in Brasilien über eine Rohkaffee-Handelsfirma, neun Röstereien bis hin zu Espressomaschinen und letztlich bis zur Tasse mit ihrem unverwechselbaren Design und Markensymbol. Seit 1990 agiert die Tochtergesellschaft „Segafredo Zanetti Deutschland GmbH" in München und beliefert über 3.500 Gastronomiekunden, darunter auch 88 Espressobars auf Franchisebasis von München bis Hamburg, davon allein im Raum München elf an der Zahl. Es gibt in der „nördlichsten Stadt Italiens" sogar eine „Scuola di Barista", in der unterschiedliche Schulungen mit einem abschließenden Barista-Diplom durchgeführt werden.

Die „Segafredo-Bars" holen Italien nach München, sind Szene-Treffpunkte für italophile Genießer und solche, die es werden wollen.

Segafredo Zanetti Deutschland GmbH
Geschäftsführer: Franz Schwaiger
Fürstenriederstraße 61
80686 München
Telefon 0 89 / 82 99 25-0
Telefax 0 89 / 82 99 25-55
www.segafredo.de

Vee's Kaffee & Bohnen München-Altstadt

Im Gästebuch von „Vee's Kaffee und Bohnen" steht zu lesen: „Hier duftet es wie im Innern einer Kaffeebohne. Ich bin froh, dass es dieses Kaffeeparadies gleich zweimal in München gibt". Das ist ganz verständlich, denn der dort täglich frisch geröstete Grand-Cru-Kaffee ist tatsächlich eine Besonderheit und es gibt ihn direkt am Viktualienmarkt und dann auch gegenüber dem „Alten Peter", der ältesten Pfarrkirche der Stadt. Die Inhaberin Kusaya „Vee" Tismer verarbeitet nur von Hand selektierte Arabica Gourmet Kaffeebohnen aus den besten Lagen Indonesiens, Ostafrikas und Lateinamerikas. Beim Rohkaffee entscheiden wie beim Wein die Lagen über den Geschmack. Die Bohnen für Vee's Grand-Cru-Kaffee reifen in auf über 2.000 Metern Höhe liegenden Gebirgsregionen unter bestmöglichen klimatischen Bedingungen langsam heran, haben deshalb erheblich mehr Finesse und Substanz. Sie eignen sich für eine intensive und aromatische Röstung, haben deutlich weniger Säure und können ihren Duft und ihre eigenwilligen Geschmacksnuancen uneingeschränkt entfalten. Die 20 Sorten werden sehr dunkel geröstet, werden als ganze Bohnen oder gemahlen angeboten und gelten bei Kaffee-Connaisseuren als „sehr empfehlenswert".

Die geschmackvolle Ausstattung ist in beiden Cafés gleich: Dunkles Holz bestimmt die Bar, die langen Borde und hohen Hocker. Auf einem großen Tischrondell sind als Erlebnis für die Sinne die Bohnen aller Kaffeesorten in kleinen Schälchen angerichtet: zum Fühlen, Riechen und Begutachten. Dazu gibt es freundlich-kompetente Beratung, die einen mit vielen Informationen rund um das Thema Kaffee versorgt.

„Ich habe gehört, hier gibt es den fantasievollsten Kuchen Münchens." Mit diesen Worten betrat kürzlich eine neue Kundin das „Vee's" am Viktualienmarkt. Sie probierte sich zu ihrem frisch gebrühten Espresso durch Klassiker wie Brownies oder Schokoladenkuchen mit Sauerkraut und versuchte auch eine von „Vee's" neuesten Kreationen, den Käsekuchen mit Lichies und einem Hauch von Zitronenthymian. Mit einem Coffee 2 Go und einem zufriedenen Lächeln verließ sie später das Café.

Alle Kuchen sind von „Vee" aus den besten Zutaten immer frisch gebacken, stets anders, aber stets gut. Sicherlich hätte sie weniger Arbeit, wenn sie denselben Kuchen in größeren Mengen herstellen würde, aber das würde sie und ihre Gäste langweilen. Auf vielfachen Wunsch hat die gelernte Physikerin mehr als 100 erprobte Rezepte zusammen mit Autorin Ulrike von Jordans in ihrem Buch „In meinem Paradies steht ein Backofen" herausgegeben. Die vorgestellten Köstlichkeiten reichen von kleinen süßen Naschereien wie Kekse, Scones und Muffins über schnelle Obst- und Rührkuchen und fruchtige Pies und Tartes bis hin zu cremigen Käsekuchen und Schokoladenkuchen aller Art. Das Backbuch ist wie das komplette Kaffee-Angebot in den Geschäften sowie online zu bekommen.

Vee's Kaffee & Bohnen
Leitung: Kusaya „Vee" Tismer und Michele Sciaraffia
Rindermarkt 17
80331 München
Telefon 0 89 / 23 00 00 70
Telefax 0 89 / 23 00 00 80
www.vees-kaffee.de

Kaffee, Espresso & Barista München-Neuhausen

„Hier kauf' ich immer meinen Kaffee, frisch gemahlenen TreForze-Espresso, sehr zu empfehlen", so ruft ein junger Mann seinem Freund zu, der vor dem Eingang eines faszinierenden Ladens in Neuhausen steht: „Kaffee, Espresso & Barista".
Faszinierend deshalb, weil der Besucher nimmermüde wird mit dem Schauen. Das ganze Geschäft ist ein großartiges Museum und der staunende Gast sitzt in einem Mobiliar-Sammelsurium bei einem perfekt zubereiteten Espresso mittendrin. Vor über 25 Jahren haben Thomas Leeb und Stefanie Doerfler angefangen, alles zum Thema Kaffee zusammenzutragen: Kaffeemaschinen, Kaffeemühlen, Porzellan, Kaffeeröster, Kaffeedosen und Emailleschilder, Grafik und Literatur. Auf dem altertümlichen Krämerladen-Tresen mit den vielen Schubladen stehen feine Schoko-Kuchen nach den Rezepten der Chefin. Delikatessen und erlesene süße Köstlichkeiten, Rohrzucker-Spezialitäten, exklusive Bitter, Liköre und – naturalmente – hochwertigste Espresso- und Kaffeebohnen sind für den „alltäglichen" Bedarf eines „Afficionados", sprich Kaffeegenießers, arrangiert. Das Frühstück und ein täglich wechselndes Mittagsgericht machen das „Kaffee, Espresso & Barista" zur klassischen Café-Bar.
Kaffee, Kaffee über alles: Die Erfahrung und Leidenschaft des Inhabers Thomas Leeb in Sachen Kaffee ist allgegenwärtig spürbar. Sei es bei der geduldigen Vorführung einer Espressomaschine, beim Restaurieren, Reparieren und Instandhalten, beim ausführlichen Beratungsgespräch zu den verschiedenen Kaffeemischungen, bei der Ausbildung von Baristi, die nach den Richtlinien des SCAE, der „Specialty Coffee Association Europe" geschult werden, oder den Kaffee-Kursen, die er für interessierte Kaffeeliebhaber regelmäßig durchführt. Jeder, der seinen Cappuccino schon immer mal mit einem Herz verzieren wollte, sollte sich einmal einen solch unterhaltsamen Nachmittag gönnen. Thomas Leebs Wissen um die Kunst der perfekten Kaffeezubereitung hat er in seinem Buch „Kaffee, Espresso & Barista" niedergeschrieben: Bohnen, Sorten, Lagerung, Mühle, Wasser, Röstung, Maschinen, die entscheidenden Handgriffe und die physiologisch-medizinische Wirkung des Kaffees. Dazu ein Zitat von Napoleon Bonaparte: „Kaffee, stark und reichlich, macht mich munter, verleiht mir Feuer, ungewöhnliche Stärke und Tatendrang".
Übrigens: TreForze, den der junge Mann, so gerne trinkt, ist der wahrscheinlich weltweit einzige über Olivenholz geröstete Espresso-Kaffee. Sein Name bedeutet „Drei Kräfte" – wer sagt's denn.

EISKAFFEE

Zutaten
2 Kugeln Vanilleeis
1 Espresso
frische Schlagsahne
Schokoraspeln

Zubereitung
Den Espresso nicht vorkühlen, sondern mit Eiswürfeln rasch herunterkühlen, da er sonst bitter wird. Vanilleeiskugeln in ein hohes Glas füllen, Espresso darübergießen und frische Schlagsahne daraufgeben. Mit Schokoraspeln dekorieren.

Kaffee, Espresso & Barista
Inhaber: Thomas Leeb und Stefanie Doerfler
Schlörstraße 11
80634 München
Telefon 0 89 / 16 43 27
Telefax 0 89 / 16 78 38 77
www.kaffee-espresso-barista.de

Kaffee & mehr

Heiß wie die Hölle, schwarz wie der Teufel, rein wie ein Engel und süß wie die Liebe – so muss ein richtiger Espresso schmecken. Espresso, die wohl leidenschaftlichste aller Kaffeezubereitungen, ist für sich schon ein Stück italienische Kulturgeschichte. Ende des 17. Jahrhunderts öffnete in Venedig die erste „bottega del caffè", da trank man den Kaffee allerdings noch türkisch aufgekocht. Dem Wunsch nach mehr Frische verdankt der Espresso seine Entstehung. Mit den vielfältigen Espressomaschinen, die im eleganten Design längst heimische Küchen erobert haben, gelingt er heute auch leicht zu Hause.

1948 erzeugte der Italiener Achille Gaggia mit seiner berühmten „E61" als erster den erforderlichen Druck durch eine elektrische Pumpe und schrieb damit Geschichte. Mit den modernen Geräten können mühelos und per Knopfdruck die köstlichsten Kaffeespezialitäten zubereitet werden. Sie arbeiten mit Druck und hoher Temperatur, sind meist mit einem Mahlwerk, einem Wassertank und einer sogenannten Brühgruppe ausgestattet. Die Bohnen werden pro Portion frisch gemahlen, das Kaffeepulver fällt in einen Zylinder und wird von einem Kolben fest hineingepresst. In Sekundenschnelle läuft dann die auf 90 bis 92 °C erhitzte Wassermenge mit sehr hohem Druck durch das Kaffeemehl und kommt als perfekter Espresso mit einer goldbraunen und feinporigen Crema in die Tasse. Durch die kurze Kontaktzeit werden nur wertvolle Aromen und keine den Magen reizenden Bitterstoffe ausgespült. Das macht den Kaffee so bekömmlich. Dem Cappuccino- oder Caffé-Latte-Liebhaber ermöglichen Kombinationsgeräte mit integriertem Behälter, aus dem die Milch angesaugt wird, Handaufschäumer oder auch Maschinen für Kaffeepads und -kapseln ein mediterranes Geschmackserlebnis.

Das Münchner Leitungswasser ist von höchster Qualität und hervorragend dazu geeignet, einen herkömmlichen Kaffee nach deutscher Art zu brühen, der heute am besten durch einen Goldfilter aufgegossen wird. Das war nicht immer so: Anfang des 20. Jahrhunderts wollte sich eine Dresdner Hausfrau nicht mehr mit dem lästigen Kaffeesatz abfinden und revolutionierte 1908 mit ihrer neuen Erfindung die Kaffeezubereitung. Sie bohrte Löcher in einen Messingtopf und legte ein Löschblatt aus dem Schulheft ihres Sohnes hinein. Bei ihrem nächsten Kaffeekränzchen stieß sie mit ihrem kaffeesatzfreien Getränk auf allgemeine Begeisterung. Das kaiserliche Patentamt erteilte bald darauf den Gebrauchsmusterschutz und Melitta Bentz wurde mit einem Eigenkapital von 73 Pfennigen zur Unternehmerin. Der Melitta-Kaffeefilter konnte seinen immerwährenden Siegeszug antreten.

Damit der Genuss des schwarzen Goldes mit seinen unvergleichlichen Aromen zu einem Erlebnis wird, sollte auch das ganze Drumherum stimmen. Dabei spielt das passende Kaffeegeschirr eine wesentliche Rolle: Die allerschönsten Tassen für Espresso und Cappuccino sind aus dem Luxusporzellan „Fine Bone China" hergestellt. Aus Haferln, Schalen und Mokkatassen wird gerne Kaffee mit Milch, Zucker, Gewürzen, Kakaopulver oder Flavours getrunken. Doppelwandige Thermogläser sorgen dafür, dass ein Latte macchiato nicht schnell abkühlt, schöne Sets, Tabletts und Untersetzer geben das richtige Feeling. All diese unerlässlichen Accessoires werden in Boutiquen und Kaufhäusern zur Schau gestellt: Dort kann man sich in den hauseigenen Cafés bei einer Tasse Kaffee und einem Stück Kuchen für den Einkaufsbummel stärken.

Waelder
GOURMET
Kaffeearoma
Waelder
GOURMET
Haselnuss
Hazelnut
Kaffee aroma
Waelder
GOURMET
SEIT 1684

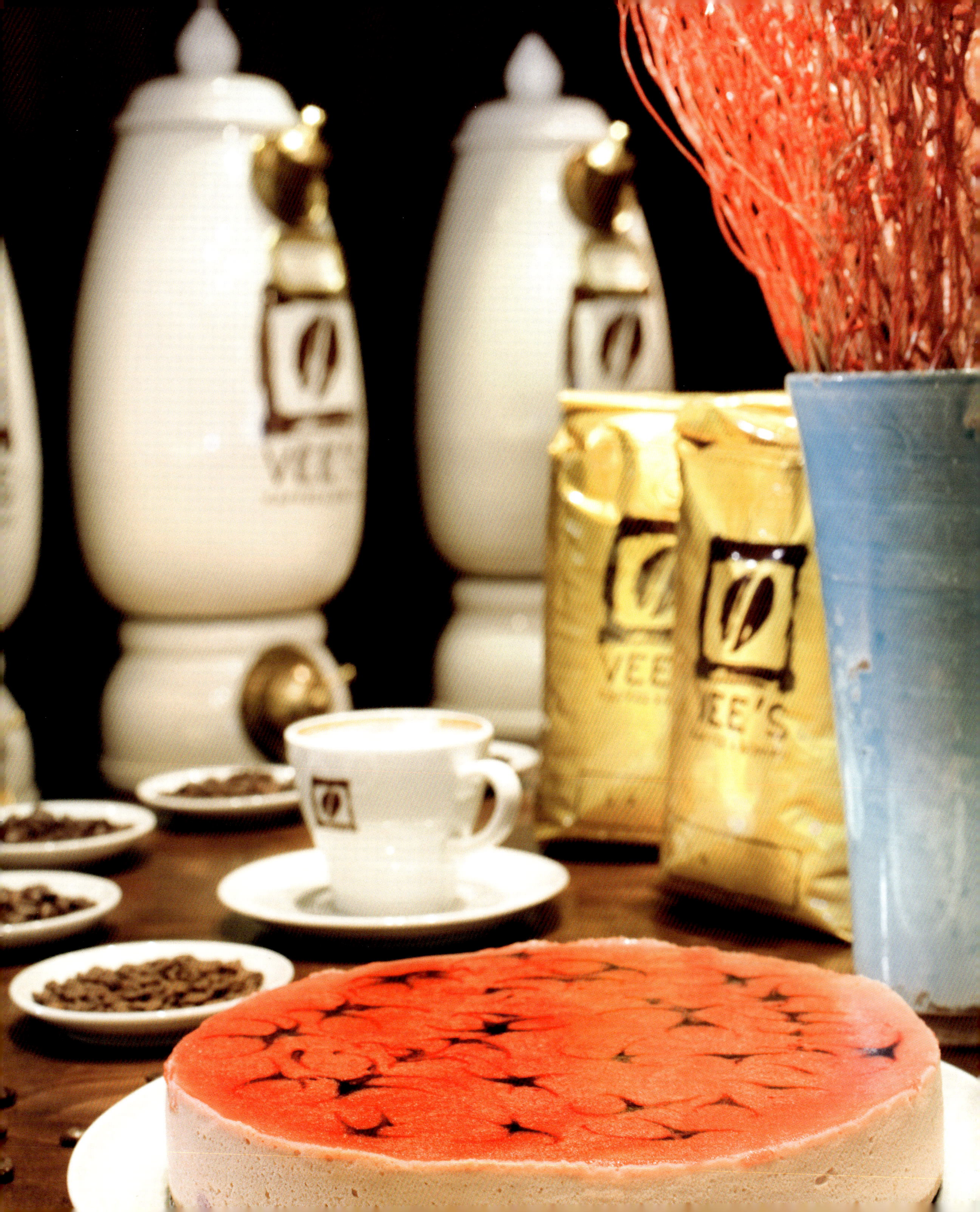
VEE'S

café meisterwerk im werkhaus Raubling

Es ist ein auffälliges, weil ganz und gar rundes Holzgebäude am Ortseingang der kleinen Inn-Gemeinde Raubling, in dem 14 Spezialisten aus dem Architekturbereich ihre exklusiven Dienste anbieten: „werkhaus" nennt es sich und hält unter seinem Dach noch eine Überraschung bereit. Eines der ungewöhnlichsten Kaffeehäuser Südbayerns, das „café meisterwerk im werkhaus". Die ideale Verbindung von Design, Kultur und Genuss ist das Besondere an diesem Café – ganz schön kultig.

Thomas Heinrich, Konditormeister, und Michael Dillinger, Schokoladenschöpfer, sind leidenschaftliche Geschmackspioniere: „Wir wollen Gutes besser, Schmackhaftes schmackhafter und Intensives intensiver machen." Dass ihnen dies gelungen ist, das können die Gäste in ihrem „café meisterwerk im werkhaus" täglich neu erleben. In einer entspannten, ausnehmend lockeren Atmosphäre und Möblierung lässt sich dort drinnen und draußen gut frühstücken und das in mindestens elf verschiedenen Variationen. Köstliche kleine Mahlzeiten stehen als Tagesgerichte an der Schiefertafel, für den Snack zwischendurch sind belegte Croissants und Bagels, auch Focacce mit unterschiedlicher Füllung wie Tomaten, Mozzarella, Serrano-Schinken und Pecorino angerichtet. Der Abend ist für Überraschungen gut: Es gibt für Einheimische und Ausflügler tatsächlich ein „Überraschungsmenü".

An der Kaffeebar kommen heimatliche Gefühle auf, wenn der Blick auf eine große Reine mit lecker-braunen Rohrnudeln fällt, einer schon fast in Vergessenheit geratenen bayerischen Hefeteig-Spezialität. Die vielen hausgemachten Kuchen und Torten erwecken auch schnell die Lust auf eine gute Tasse Kaffee, die den Alltag schlicht vergessen lässt. Wer dieses Glück noch verlängern möchte, der sollte es nicht versäumen, eine Schachtel der handgeschöpften Meisterwerke von Michael Dillinger mitzunehmen: runde Schokolade als „Genusskult"!

café meisterwerk im werkhaus
Inhaber: Thomas Heinrich und Michael Dillinger
Rosenheimer Straße 32
83064 Raubling
Telefon 0 80 35 / 90 71 70
Telefax 0 80 35 / 90 71 79
www.cafe-meisterwerk.de

S-pressimo München-Lehel

Das Lehel, einer der kleinsten, aber charakteristischsten Münchner Stadtteile, grenzt an die Altstadt. Ganz typisch sind die schönen Fassaden der restaurierten Gründerzeithäuser zwischen Isar und Englischem Garten. In einem dieser vorbildlich renovierten Eckhäuser agiert die Business-Coffee-Gesellschaft, repräsentiert durch Michael Fech und Marius Minda.

Mit ihrer Marke „s-pressimo" bieten sie nicht nur anspruchsvollen Geschäftskunden einen perfekten Espresso- und Kaffeegenuss, sondern ermöglichen auch privaten Haushalten die einfache und zugleich professionelle Zubereitung mit praktischen Caffè Cialde. „s-pressimo" ist auf portionierte Espressi spezialisiert und vertreibt unter anderem Produkte des weltweiten E. S. E. (Easy Serving Espresso) Standards, die nicht an ein bestimmtes Kaffeemaschinen-System gebunden sind. Hervorragende Kaffeemischungen und erlesene Arabica-Bohnen werden zudem angeboten.

Die Kaffees von TAG Torrefattori aus Genua, illy-Espresso aus Triest und Kaffee Hornig aus Österreich – mit teilweisem „FairTrade"-Label – werden persönlich und „vor Ort" ausgewählt und verkostet, erst dann gelangen sie ins Sortiment. Spezielle Editionen bietet „s-pressimo" ebenfalls an, wie zum Beispiel die Röstungen des ehemaligen italienischen Hoflieferanten des Königshauses Savoyen, Caffè Molinari aus Modena, die exklusiv für Deutschland vertrieben werden. Aber das ist noch längst nicht alles: Authentische Trinkschokoladen nach traditionellen Rezepturen und exzellente Bio-Tees in innovativen „Triangle-Teebeuteln" ergänzen das Repertoire und beflügeln Geist und Sinne.

Dies und einiges mehr können Kunden und Nachbarn erst einmal im puristisch ausgestatteten „S-Point" degustieren und dabei auch Accessoires und Kaffeemaschinen begutachten, die es dort zu kaufen oder auszuleihen gibt. Service wird für alle Bereiche großgeschrieben, auch bei der Reparatur und dem Kundendienst von Espressomaschinen und Kaffeevollautomaten.

s-pressimo
Business Coffee GmbH
Geschäftsführer: Michael Fech
Emil-Riedel-Straße 21
80538 München
Telefon 0 89 / 21 02 06 40
Telefax 0 89 / 21 02 06 41
www.s-pressimo.de

coffee cult Germering

Zu Beginn des 19. Jahrhunderts führte Minister Maximilian Graf von Montgelas im neu gegründeten Königreich Bayern aus staatlichem Geldmangel eine Steuerreform durch. Danach erhielten alle Haus- und Grundeigentümer innerhalb einer Ortschaft fortlaufende Nummern. Gezählt wurde kreisförmig, die 1 erhielt meistens die örtliche Gastwirtschaft, so auch in Germering, ein paar Kilometer westlich von München. Eine Gastwirtschaft befindet sich in der Frühlingstraße Nr. 1 nicht, dafür ist heute hier der Kaffee zu Hause.

„Coffee Cult" steht halbrund in großen Lettern auf dem Schaufenster zu lesen. Wer von draußen reinschaut, sieht einen geschmackvollen Laden in Rot und Weiß mit einem aparten Sonnenschirm und kunstvollen Bildern zum Thema Kaffee. Hier freuen sich Geschäftsführer Norbert Kohlross und sein Team auf Interessenten, die ganz zwanglos einen kleinen Espresso an der gemauerten Kaffeebar trinken oder einen „Coffee to go" mitnehmen wollen und sich dabei über Kaffeeautomaten informieren möchten.

Zwischen großen dekorativen Kaffeesäcken, antiken Kaffeemaschinen sowie alten Kaffeemühlen erklärt Assistentin Regina Kohlross die lange Geschichte und außergewöhnliche Kultur des Espresso, dem Getränk mit der wohl leidenschaftlichsten aller Kaffeezubereitungen. Um 1600 fing in Italien alles an. Einige Jahrzehnte lang verkauften nur Apotheker die faszinierenden grünen Bohnen zum Selberrösten. Angelehnt an diese Tradition stehen auch im großen Präsentationsraum von „Coffee Cult" noch Apothekerschränkchen aus Holz mit bester Kaffeeauswahl zum Mitnehmen: Heimbs, J. J. Darboven, Polo (Röstungen aus einem Familienbetrieb in Venedig) und Mandica heißen die Marken für Kenner. „Trinken Sie noch oder genießen Sie schon?" ist die Frage für den ebenfalls vertriebenen Bio-Kaffee von Gepa, dem Pilotprojekt des Fair Handelshauses, dem größten deutschen Importeur fair gehandelter Waren. Auf der Kundenliste stehen auch Händler, Großhändler, Gastronomie und Wiederverkäufer, die auf Wunsch beliefert werden.

Die wahre Profession der beiden Experten aber sind Kaffeemaschinen. 2003 wurde die „Coffee Cult GmbH" gegründet, um die Gastronomie und auch ganz „normale" Haushalte mit leistungsfähigen Kaffeemaschinen auszustatten. Ursprünglich wurden die Maschinen der innovativen Schweizer Firma Jura angeboten, die mit ihrem ansprechenden Design bereits heute als Klassiker von morgen gelten. Rasch folgten aber dann so bekannte Marken wie Solis, ebenfalls aus der Schweiz, oder die italienischen Kultmarken Saeco und Macchiavalley. Diese Maschinen sind Highlights in der häuslichen Küche und der professionellen Bar. Wie Schmuckstücke stehen sie in vielen Ausführungen und für jeden Bedarf gut sichtbar in der Ausstellung. Das Sortiment an Vollautomaten ist umfassend und bedarf fachlicher Beratung – die beiden Spezialisten bleiben keine Antwort schuldig.

Alles, was der Kaffeeliebhaber zu seiner Kaffeemaschine benötigt, findet er hier. Service wird großgeschrieben. In der hauseigenen Werkstatt werden Kleingeräte repariert. Gastronomiekunden werden sofort vor Ort betreut, und das 365 Tage im Jahr. Ein Kaffeemobil kann für Veranstaltungen samt Personal, Kaffee und Zubehör angemietet werden.

Bei „Coffee Cult" ist man voll und ganz auf Kaffeegenuss eingestellt, das ist der bleibende Eindruck, den der Kunde sofort gewinnt, wenn er das Geschäft nahe des „kleinen Stachus" in Germering betritt. Was er mitnimmt ist mit Sicherheit der Duft der guten Kaffeearomen – und vielleicht eine wunderschöne Maschine für perfekte Kaffeeträume: Taste drücken und genießen.

BAILEYS CAPPUCCINO

Zutaten
20 ml Espresso
50 ml Baileys
Milch zum Aufschäumen

Zubereitung
Die Zutaten mit geschäumter Milch auffüllen. Fertig.

Coffee Cult GmbH
Geschäftsführer: Norbert Kohlross und Michael Eckfeld
Frühlingstraße 1
82110 Germering
Telefon 0 89 / 89 70 92 00
Telefax 0 89 / 89 70 92 01
www.coffeecult.de

Restaurant-Café im Modehaus C&A München-Innenstadt

„Wie wahr, wie wahr", sinniert der eine oder andere, wenn er beim Hineingehen liest: „Ein kleiner Genuss kann das Größte für die Sinne sein". Kein anderer Leitspruch könnte das Konzept des „Restaurant-Cafés im Modehaus C&A" besser beschreiben. Denn es gibt vielfältige kleinere und größere Genüsse bei „C&A" in Münchens Einkaufsstraße Nr. 1, der Kaufingerstraße, lustvolle Spontankäufe inbegriffen. Seit 1952 ist das Modehaus an dieser Stelle beheimatet. Da die Streifzüge durch die Etagen manchmal etwas anstrengend sein können, finden die Kunden im 3. Stock eine wahre Oase zur Stärkung und zum Ausruhen. Man fühlt sich wie auf einer Veranda im Süden, mit prächtigem Ausblick auf die weltbekannten Türme der Frauenkirche.

Gleich morgens beginnt der Tag hier im Restaurant-Café mit einem reichhaltigen Frühstücksbüfett: verschiedene Brotsorten, Wurst, Käse, Cerealien, Marmeladen und Säfte stehen für die Gäste bereit. Rühr- oder Spiegeleier werden dazu frisch zubereitet und neben den verschiedenen Kaffees gibt's auch ein Glas warme oder kalte Milch, eine Referenz an den ältesten Energie-Drink der Welt. „Die Wurst ist die Freundin vom Bier", frei nach dem Münchner Komiker Karl Valentin, heißt es dann später zur Brotzeit mit Weiß-, Woll- und anderen Wurstspezialitäten. Aus dem Topf und aus der Pfanne kommen die täglich wechselnden Mittagsgerichte, ob Nudeln, Fisch oder Fleisch – für jeden Geschmack ist etwas dabei. An der großen Salatbar kann man sich aus dem vitaminreichen Angebot seinen Wunschteller selbst zusammenstellen. Der „Langfinger Teller" von der Kinderkarte kostet nichts. Zitat: „Lasst Euch einen Teller geben und klaut Euch das Beste von Euren Eltern herunter!" Zur Kaffeezeit verführen Torten, Kuchen und Gebäck „vom fröhlichen Meister" und Geschäftsführer Peter Husel. Die tolle Eiskarte lässt ebenfalls keine Wünsche offen.

Restaurant-Café im Modehaus C&A
Pächter: K & R Gastronomie
Kaufingerstraße 13
80331 München
Telefon 0 89 / 26 01 97-20
Telefax 0 89 / 26 01 97-21
www.KundR.info

Blick auf die Theatinerkirche

Kustermann München-Altstadt

„Kustermann" – das ist in München eine echte Institution. 1798 gegründet, wurde 1873 das wunderschöne Haus mit der Neu-Renaissance-Fassade aus rotem Marmor als Firmenstammsitz erwählt und wird heute bereits in der siebten Familien-Generation geführt. Der Weg durch das weitläufige Geschäft im Zentrum der Stadt ist in der Tat die kürzeste Verbindung zwischen den Sehenswürdigkeiten Rindermarkt und Viktualienmarkt. Wer die Empfangshalle betritt, traut seinen Augen kaum. Ursprünglich eine Eisenwarenhandlung, ist Kustermann heute ein anerkanntes Fachgeschäft für Tischkultur, trotz allem aber noch immer ein Vollsortimenter für Eisenwaren, Werkzeuge, Sanitär, Garten, Hausrat, Keramik, Glas und Porzellan in ausgewählter Qualität und schier unglaublicher Sortimentsfülle geblieben. Von der kleinsten Schraube bis zum edelsten Glas, über 100.000 Artikel werden auf den drei Verkaufsetagen mit stattlichen 5.000 Quadratmetern präsentiert und feilgeboten.

Das war schon immer so: Der Münchner geht, wenn er was braucht, einfach hin „zum Kustermann". Der unverwechselbare Charme, die gute Lage im Herzen der Stadt, die kompetente, erstklassige Beratung, das Angebot an hochwertigen Markenartikeln und der umfassende Service, das ist es, was heutzutage kaum mehr zu finden ist. Für beste Qualität zu sorgen und dafür auch zu bürgen, ist hier eine Selbstverständlichkeit. Traditioneller und zugleich zeitgemäßer Einzelhandel auf allen Ebenen und in allen Abteilungen, das ist schon wirklich etwas Besonderes.

Im Vier-Wochen-Turnus wechseln regelmäßig die Aktionsthemen, die sich die „Kustermänner" einfallen lassen: „Vital und Wellness", „Farben", „Frühling" und „Herbst", „Die Welt zu Gast" ist nur eine kleine Auswahl. Die elf großen Schaufenster und Vitrinen werden hierzu jedes Mal komplett umgestaltet und auffällig dekoriert. Dem Kunden begegnet dann im Hause selbst in allen Abteilungen immer wieder, vermeintlich willkürlich, jedoch wohl durchdacht, punktuell das Angebot zum jeweiligen Thema.

Beim Spaziergang durch das Erdgeschoss kommt man unweigerlich an großen Regalen vorbei, deren Ausstellungsstücke alle etwas mit Kaffee zu tun haben: eine übersichtliche und große Auswahl an Kaffeemaschinen aller Art, vom Espressokocher bis zum Profiautomaten, Kaffee- und Espressotassen mit ungewöhnlichen Motiven, feinstes Porzellan aus den besten Manufakturen – natürlich auch für Tee – Dosen, Sets, Tabletts und vielfältige Accessoires. Alles, was den Kaffeegenuss zu Hause perfekt macht. Jeden Tag gibt es praxisnahe Vorführungen, bei denen die Kunden den Kaffee gleich probieren können, der aus den jeweilgen Geräten in die Tasse kommt. Apropos Kaffee: Bei Kustermann kann man auch gleich alle führenden gehobenen Markenkaffees mitnehmen, Kostbarkeiten wie den italienischen Arcaffè-Kaffee, der in München nur hier zu bekommen ist, mit inbegriffen.

Ist dies und das besorgt, gönnt sich der Kunde gerne eine Shopping-Pause. Dafür haben die Inhaber mitten im Laden ein ruhiges Plätzchen geschaffen. Ein ganz und gar nicht alltäglicher Geheimtipp ist das „Caffè Siena", eine gelungene Mischung zwischen Wiener Kaffeehaus und italienischem Dolce Vita. Dort kann, wer mag, anderen beim Flanieren und Einkaufen zusehen, sich inspirieren lassen oder bei einer Tasse erlesener Kaffeespezialitäten einen Blick in die Zeitung werfen. Täglich frische Snacks, Kuchen und Torten versüßen den Aufenthalt. Ungewöhnlich, aber nicht minder interessant ist es schon, zwischen Töpfen und Tiegeln kultige Lebensart zu genießen – und Kultstatus hat „Kustermann" – unbenommen.

Kustermann GmbH
Geschäftsführer: Gerald Funk
Viktualienmarkt 8
80331 München
Telefon 0 89 / 2 37 25-0
Telefax 0 89 / 2 37 25-194
www.kustermann.de

Doppelpunkt München-Maxvorstadt

„Ein Stadtorganismus hat aber […] noch andere Verbindungswege und Aufenthaltsorte notwendig, oder zum mindesten müssten sie dem Stadtbewohner angenehm sein, wenn er sie hätte […] die zahlreichen kleinen Verbindungswege und Gänge zwischen den großen Verkehrsadern, die nicht für Wagen, sondern nur für die Fußgänger bestimmt sind und die diesem ermöglichen, nicht allein abkürzende Wege einzuschlagen, sondern neben dem Straßengewühl Wege zu finden, auf denen er seinen Schritt verlangsamen kann und auf denen er trotzdem Läden, Warenlager und Geschäftslokale findet, die er mit Muße suchen und beschauen kann." Dieses aus der Zeit um 1900 überlieferte städtebauliche Prinzip passt zur Kreittmayrstraße, die in der westlichen Maxvorstadt liegt, benannt nach dem ersten bayerischen König Max I. Joseph. Denn damals schon war die Maxvorstadt, erstmals erwähnt 1812, fast lückenlos bebaut. In der zweiten Hälfte des 19. Jahrhunderts kamen Wohn- und Geschäftshäuser dazu, und deshalb ist die kleine Straße so typisch für diesen Teil des Stadtbezirks.

Im Oktober 2006 ist in eines dieser Häuser ein Speisecafé eingezogen: „Doppelpunkt". Über dem Eingang hängt ein schmiedeeisernes Schild mit einem gekreuzten Besteck als Markenzeichen. Zwei große Schaufenster wecken bei den vorbeikommenden Fußgängern erst einmal die Neugierde auf das Innenleben. Wenn man das kleine „Geschäftslokal" betritt, fällt der erste Blick auf die reichlich mit Feinkost wie Wurst und Käse bestückte Theke. Dahinter bereitet Inhaberin Ingeborg Hähnel mit ihrem Sohn Martin Bärmoser den ganzen Tag über verschiedene Suppeneintopfgerichte und andere warme Speisen zu, die auf drei schwarzen Schiefertafeln offeriert werden. Frische Salate, Gebäcke und Semmeln, Kuchen („jeden Tag was anderes") und Eiscreme ergänzen das Angebot. Den Raum durchzieht der Duft von Kaffee, den Büroleute und alteingesessene „Maxvorstädter" an den drei eingedeckten hohen Tischen genießen können. Die rundumlaufende Eckbank aus hellem Buchenholz mit bunten Kissen verspricht launige Gemütlichkeit. Das Schildchen „Garten geöffnet" im Fenster verweist im Sommer auf eine Restauration im kleinen Hinterhof.

Es sind die alten Gepflogenheiten, auf die die Inhaber großen Wert legen. Namhafte Firmen wie der Münchner Metzger Magnus Bauch oder Andechser Molkereiprodukte beliefern den Familienbetrieb mit hochwertigen Produkten. Diese werden auch in der „Bistrothek" verarbeitet, die Mutter und Sohn noch auf der Münchner Theresienhöhe betreiben. Ebenso beim Catering für Geburtstagsfeiern und Konferenzen.

SCHOKO-GEWÜRZKUCHEN

Zutaten

500 g Mehl
1 Apfel
150 g Butter
100 g Öl
250 g Puderzucker
1 1/2 Päckchen Backpulver
1 Zitronengewürz
6–7 Eier
3 EL Nutella
1/2 Päckchen Lebkuchengewürz
2 EL Cappuccino
1 EL Kakao
1 Päckchen Vanillinzucker
1 Prise Salz

Zubereitung

Eine Kastenform mit Butter einstreichen und mit Mehl bestäuben. Butter, Öl, Puderzucker, Zitronengewürz und Vanillinzucker schaumig rühren, Eier und eine Prise Salz zugeben und weiter schaumig rühren. Apfel schälen, fein reiben und unterrühren. Backrohr mit 180 °C oder Umluft 170 °C vorheizen. Nutella, Lebkuchengewürz, Kakao und einen guten Schuss Amaretto-Likör oder Rum unter den Teig rühren. Mehl mit Backpulver mischen, darübersieben und ebenfalls unterrühren. Die Masse in die Form füllen und 60 Minuten backen. Etwas abkühlen lassen und mit Glasur bestreichen.

Doppelpunkt
Inhaberin: Ingeborg Hähnel
Kreittmayrstraße 6
80335 München
Telefon 0 89 / 52 29 33
Telefax 0 89 / 52 35 00 76

Ratschiller's Sauerlach

Weit abseits vom Großstadtverkehr und doch ganz in der Nähe der Landeshauptstadt München liegt Sauerlach, mit zwölf Ortsteilen flächenmäßig die größte Gemeinde im südlichen Landkreis. Die Menschen hier sind geprägt von gewachsenen Dorfgemeinschaften. Es wird noch bayerische Mundart gesprochen, so auch im „Café Ratschiller's", einer Filiale der gleichnamigen Konditorei mit Hauptsitz im zehn Kilometer entfernten Holzkirchen. Mit seiner rot-weiß gestreiften Markise ist das Ladengeschäft mit dem dazugehörigen Café gleich zu sehen, nahe der großen Straßenkreuzung in der Ortsmitte des sogenannten „Tores zum Oberland".

„Was deafat's denn sei?", fragen die engagierten Mitarbeiterinnen ihre Kundschaft und weisen auf das umfangreiche Kuchen- und Gebäckangebot in der langen Vitrine. Die Einheimischen wissen meist, was für ein Gebäck gemeint ist: Donauwelle, Granatsplitter, Topfenstriezl, Amerikaner, Klecks'l oder Eierschegge, Apfelstrudel und Gewürzkirsch, den „Zugereisten" und Ausflüglern ins oberbayerische Alpenvorland wird alles geduldig erklärt. Vanille-Roulade und Nusscreme, Schokosahne und Obstkuchen, Marmor- und Mohnkuchen, Sandkuchen und Bienenstich sind dann schon eher bekannt und bedürfen nicht unbedingt der Aufklärung. All diese süßen Sachen kann man mitnehmen oder zu einer frisch gebrühten Tasse Kaffee an Ort und Stelle genießen. Hier werden auch ein großes oder kleines Frühstück – sogar auf französisch mit Croissant –, Brotzeiten und kleine Mittagsgerichte offeriert.

Das Café selbst stellt sich mit seinen frischen gelbroten Wänden, lederbezogenen Stühlen und Bänken und den Tischen aus dunklem Holz ganz zeitgemäß vor. Spiegel und Grünpflanzen ergänzen das warme Ambiente. Beim Reinkommen sind für den, der keine Zeit zum Platznehmen hat, fünf Stehtische mit Sitzrollen eingerichtet. Von hier aus ist gut zuzuhören – Mundart oder auch nicht ...

Ratschiller's
Inhaber: Ratschiller GmbH
Münchner Straße 13
82045 Sauerlach
Telefon 0 81 04 / 88 87 88
www.ratschillers.de

Café-Restaurant Horn München-Haidhausen

Das „Café-Restaurant Horn" im heutigen Kaufhaus am Ostbahnhof ist eine Münchner Institution. Seinen hohen Bekanntheitsgrad verdankt es von Anfang an Anni Horn, der ersten deutschen Goldmedaillen-Gewinnerin im Eiskunstlauf. Sie war, unterstützt von ihren Söhnen, die Gründerin des einstigen Kaufhauses Horn am Haidhausener Orleansplatz und damit auch die Initiatorin des gleichnamigen Cafés.

Bereits in den 70er Jahren entstand das neue Gebäude dieses Traditionsunternehmens. Nach dem Einkaufsbummel im Kaufring-Kaufhaus finden Kunden unvermutet hoch oben ein sonnendurchflutetes Café mit Platz für 150 Gäste. An den lachsfarbenen Wänden kommen moderne Malerei und auch die bistroartig aufgehängten kleinen Bilder mit Ausschnitten zur Geschichte des Alt-Münchner Kaufhauses gut zur Geltung. Ein Nebenzimmer für Feierlichkeiten steht zur Verfügung, auch eine Konferenzbestuhlung für bis zu 50 Personen ist möglich. Außerhalb der regulären Geschäftszeit können die Galsträume für private und geschäftliche Veranstaltungen gemietet werden, fantasie- und geschmackvoll dekoriert von Betriebsleiterin Gabriele Thüring.

„Der Kaffee ist fertig", so steht es einladend unten am Eingang. Frisch gebrüht wartet nicht nur die Tasse Kaffee in der 3. Etage, sondern das gesamte Programm eines Café-Restaurants mit Frühstück, einem täglich wechselnden Mittagsgericht, dem „Schnellen Teller", dazu die „Vitamin-Tankstelle" mit knackigen Salaten und die „Kuchenknüller" mit Gebäck, Torten und Kuchen. Alles ganz flink gebracht von Gerlinde Regul, die die Wünsche ihrer Stammgäste seit Jahren ganz genau kennt.

Die schönste Zugabe – ganz umsonst sogar – ist der herrliche Blick über die Dachlandschaft des sogenannten Haidhausener „Franzosenviertels" auf den lebhaften Orleansplatz.

Cafe-Restaurant Horn
Pächter: K&R-Gastronomie
Orleansplatz 3
81667 München
Telefon 0 89 / 44 14 07 71
www.KundR.info

Kulinarische Empfehlungen

Amai 162
Frauenstraße 12
80469 München
Telefon 0 89 / 24 21 98 59
www.markthotel.com

aran Brotgenuss + Kaffeekult Fünf Höfe 102
Theatinerstraße 12
80333 München
Telefon 0 89 / 25 54 69 82
Telefax 0 89 / 25 54 69 83
www.aran.coop

Café Arzmiller 26
Theatinerstraße 22
80333 München
Telefon 0 89 / 29 42 73
Telefax 0 89 / 24 24 58 28
www.cafe-arzmiller-muc.de

Café-Konditorei Bacher 50
Clemensstraße 20
80803 München
Telefon 0 89 / 33 14 08
Telefax 0 89 / 33 54 57
www.partyservice-bacher.de

Becks Cocoa – 146
Münchner Cacao Gesellschaft
Kazmairstraße 24
80339 München
Telefon 0 89 / 50 00 98 94
Telefax 0 89 / 50 00 98 95
www.beckscocoa.com

Bodo´s Backstube 52
Herzog-Wilhelm-Straße 29
80331 München
Telefon 0 89 / 26 38 07
Telefax 0 89 / 26 36 00
www.bodos.de

Burkhof Kaffee 176
Rudolf-Diesel-Ring 21
82054 Sauerlach
Telefon 0 81 04 / 80 52 49
Telefax 0 81 04 / 80 51 34
www.burkhof.com

Butterbrot – Feine Backwaren 110
Feilitzschstraße 31
80802 München
Telefon 0 89 / 33 25 62

Restaurant-Café im Modehaus C&A 194
Kaufingerstraße 13
80331 München
Telefon 0 89 / 26 01 97-20
Telefax 0 89 / 26 01 97-21
www.KundR.info

Cafiko – Das Künstlercafé 88
Breisacher Straße 6
81667 München
Telefon 0 173 /3 68 33 95
www.cafiko.de

Coffee Cult GmbH 192
Frühlingstraße 1
82110 Germering
Telefon 0 89 / 89 70 92 00
Telefax 0 89 / 89 70 92 01
www.coffeecult.de

Alois Dallmayr 22, 170
Dienerstraße 14–15
80331 München
Telefon 0 89 / 21 35-0
Telefax 0 89 / 21 35-167
www.dallmayr.de

Konditorei Detterbeck 64
Agnes-Bernauer-Straße 89
80687 München
Telefon 0 89 / 56 02 68
Telefax 0 89 / 58 07 291

Dinzler in der Kunstmühle 117, 168
und Dinzler Kaffeerösterei
Kunstmühlstraße 12
83022 Rosenheim
Telefon 0 80 31 / 4 08 25 31
Telefax 0 80 31 / 4 08 26 43
www.dinzler.de

202

Café Dinzler 116
Innstraße 13
83022 Rosenheim
Telefon 0 80 31 / 79 75 90
Telefax 0 80 31 / 79 95 87
www.dinzler.de

Doppelpunkt 198
Kreittmayrstraße 6
80335 München
Telefon 0 89 / 52 29 33
Telefax 0 89 / 52 35 00 76

Espresso Bar 122
Sonnenstraße 29
85356 Freising
Telefon 0 81 61 / 23 30 50
Telefax 0 81 61 / 99 13 20
www.ebar.de
www.doppelz.de

Confiserie Fesl 148
Bahnhofstraße 15
82166 Gräfelfing
Telefon 0 89 / 89 86 67 67
Telefax 0 89 / 89 86 67 68
www.confiserie-fesl.de

Forum Restaurant GmbH 106
Lilienstraße 51
81669 München
Telefon 0 89 / 26 88 18
Telefax 0 89 / 26 88 37
www.forumcafe.de

Franz – Kontor für Schokolade 148
Brunnstraße 5
80331 München
Telefon 0 89 / 23 70 77 86
Telefax 0 89 / 23 70 77 85
www.kontor-fuer-schokolade.de

Kaffee Giesing 133
Bergstraße 5
81539 München
Telefon 0 89 / 6 92 05 79
Telefax 0 89 / 6 25 95 65
www.kaffeegiesing.de

Café Glas 78
Planegger Straße 15
81241 München
Telefon 0 89 / 88 82 96
Telefax 0 89 / 88 94 95 48

Café Glyptothek 95
Königsplatz 3
80333 München
Telefon 0 89 / 5 23 72 14
Telefax 0 89 / 52 31 01 23

Confiserie Heinemann 153
im Kaufhaus Beck am Rathauseck
Dienerstraße 20
80331 München
Telefon 0 89 / 29 87 47
Telefax 0 21 61 / 69 31 99
www.chocolatier-heinemann.de

Bäckerei-Konditorei-Confiserie Hoffmann 58
Reutterstraße 43
80687 München
Telefon 0 89 / 58 00 80-0
Telefax 0 89 / 58 00 80-20
www.baeckerei-hoffmann.de

Cafe-Restaurant Horn 201
Orleansplatz 3
81667 München
Telefon 0 89 / 44 14 07 71
www.KundR.info

Hussel Süßwaren 156	Kistenpfennig 72	Café Kunsthalle 84

Hussel Süßwaren   156
im Olympia-Einkaufszentrum
Riesstraße 59
80993 München
Telefon 0 89 / 1 49 52 45
Telefax 0 89 / 14 34 30 63
www.hussel.de

Kaffee, Espresso & Barista   184
Schlörstraße 11
80634 München
Telefon 0 89 / 16 43 27
Telefax 0 89 / 16 78 38 77
www.kaffee-espresso-barista.de

karo – Das Kaffee-Haus   131
Nordendstraße 24
80799 München
Telefon 0 89 / 27 37 38 00
Telefax 0 89 / 27 37 38 10
www.karo-daskaffeehaus.de

Kistenpfennig   72
Leopoldstraße 144
80804 München
Telefon 0 89 / 32 66 74 49
Telefax 0 89 / 32 66 74 49
www.kistenpfennig.net

Das Kranz   108
Hans-Sachs-Straße 12
80469 München
Telefon 0 89 / 21 66 82-50
Telefax 0 89 / 21 66 82-57
www.daskranz.de

Kreiller`s Café Bar Bistro   134
Kreiller Straße 21
81673 München
Telefon 0 89 / 45 45 83 33
Telefax 0 89 / 45 45 83 34

Kreutzkamm Café-Konditorei   28
Maffeistraße 4
80333 München
Telefon 0 89 / 29 32 77
Telefax 0 89 / 99 35 57-80
www.kreutzkamm.de

Café Kunsthalle   84
Theatinerstraße 8/Die Fünf Höfe
80331 München
Telefon 0 89 / 20 80 21 20
Telefax 0 89 / 20 80 21 21
www.muenchner-freiheit.de

Kustermann GmbH   196
Viktualienmarkt 8
80331 München
Telefon 0 89 / 23 72 5-0
Telefax 0 89 / 23 72 5-194
www.kustermann.de

Café Lenbachhaus   94
Luisenstraße 33
80333 München
Telefon 0 89 / 5 23 72 14
Telefax 0 89 / 52 31 01 23
www.cafe-lenbachhaus.de

Leysieffer GmbH & Co. KG   158
Kaufinger Straße 9
80331 München
Telefon 0 89 / 2 60 44 06
Telefax 0 89 / 2 60 45 37
www.leysieffer.de

Mariandl – Café am Beethovenplatz 36
Goethestraße 51
80336 München
Telefon 0 89 / 54 40 43 48
Telefax 0 89 / 54 40 43 96
www.mariandl.com

café meisterwerk im werkhaus 190
Rosenheimer Straße 32
83064 Raubling
Telefon 0 80 35 / 90 71 70
Telefax 0 80 35 / 90 71 79
www.cafe-meisterwerk.de

Meisterwerk chocolaterie 155
Gogglgasse 33
86899 Landsberg/Lech
Telefon 0 81 91 / 9 70 70 88
www.meisterwerk24.com

Cafe Luitpold 20
Briennerstraße 11
80333 München
Telefon 0 89 / 24 28 75-0
Telefax 0 89 / 24 28 75-10
www.cafe-luitpold.de

Meyerbeer Coffee 179
Rindermarkt 15
80331 München
Telefon 0 89 / 23 23 07 62
Telefax 0 89 / 23 23 07 62
www.meyerbeer-coffee.de

Sammlung Café Luitpold 86
Briennerstraße 11
80333 München
Telefon 0 89 / 24 25 76-6
Telefax 0 89 / 2 91 38 12
www.luitpoldblock.de

Maria 118
Klenzestraße 97
80469 München
Telefon 0 89 / 20 24 57 50
Telefax 0 89 / 29 16 36 89

Café Mozart 97
Pettenkoferstraße 2
80336 München
Telefon 0 89 / 59 41 90
Telefax 0 89 / 51 51 89 79
www.cafe-mozart.info

Café-Restaurant im Müller`schen Volksbad 90
Rosenheimer Straße 1
81667 München
Telefon 0 89 / 44 43 92 50
Telefax 0 89 / 72 94 95 99 99

Café Münchner Freiheit 30
Münchner Freiheit 20
80803 München
Telefon 089/33 00 79 90
Telefax 089/33 00 79 9-22
www.muenchner-freiheit.de

Nespresso Boutique Bar 104
Residenzstraße 19
80333 München
Telefon 0 89 / 21 11 49 89
Telefax 0 89 / 21 11 49 68
www.nespresso.com

Pralinenschule Kerstin Spehr 145
Schulstraße 38
80634 München
Telefon 0 89 / 12 11 16 90
Telefax 0 89 / 13 01 25 30
www.pralinenschule.de

Ratschiller`s 60
Gewerbering 14b
83607 Holzkirchen
Telefon 0 80 24 / 47 49-21
Telefax 0 80 24 / 47 49-30
www.ratschillers.de

Ratschiller´s 79
Hohenlindner Straße 11c
85622 Feldkirchen
Telefon 0 89 / 90 13 95 30
Telefax 0 89 / 90 13 95 32

Ratschiller´s 200
Münchner Straße 13
82045 Sauerlach
Telefon 0 81 04 / 88 87 88
www.ratschillers.de

Residenzladen 96
Kulturgut AG
Residenzstraße 1
80333 München
Telefon 0 89 / 24 20 56 56
Telefax 0 89 / 24 20 56 57
www.schloesser-bayern-shop.de

Café Richter 48
Bahnhofstraße 47
82152 Planegg
Telefon 0 89 / 8 59 8-4 25
Telefax 0 89 / 8 59 3-3 90
www.cafe-richter.de

Konditorei-Bäckerei Riedmair 68
Freisinger Landstraße 22
80939 München
Telefon 0 89 / 32 56 22
Telefax 0 89 / 52 03 58-19
www.riedmair.de

Café am Nordbad 115
Schleissheimer Straße 142a
80797 München
Telefon 0 89 / 12 70 04 33
Telefax 0 89 /18 95 62 91
www.cafeamnordbad.de

O Cafe 178
Salzgasse 139
86899 Landsberg/Lech
Telefon 0 81 91 / 9 73 43 31
Telefax 0 81 91 / 42 83 03
www.ocafe.de

Petite Patisserie 140
Karl-Theodor-Straße 40
80803 München
Telefon 0 89 / 33 36 54

Rischart´s Backhaus 24
Marienplatz 18
80331 München
Telefon 0 89 / 23 17 00-0
Telefax 0 89 / 23 17 00-509
www.rischart.de

s-pressimo 191
Business Coffee GmbH
Emil-Riedel-Straße 21
80538 München
Telefon 0 89 / 21 02 06 40
Telefax 0 89 / 21 02 06 41
www.s-pressimo.de

Konditorei-Café Walter Schmid 74
Hirschgartenallee 24
80639 München
Telefon 0 89 / 17 33 51
Telefax 0 89 / 27 29 29 25

Konditorei-Bäckerei Paul Schmidt 66
Ismaninger Straße 91
81667 München
Telefon 0 89 / 45 99 12-18
Telefax 0 89 / 45 99 12-30

Schoko & Bohne 152
Gabelsbergerstraße 40
80333 München
Telefon 0 89 / 30 66 64 12
Telefax 0 89 / 30 66 64 13

Das Schokolädchen 142
Lochhauser Straße 36
82178 Puchheim-Bahnhof
Telefon 0 89 / 80 07 03 82
Telefax 0 89 / 89 02 65 04
www.dasschokolaedchen.de

Café Schwabing 128
Belgradstraße 1
80796 München
Telefon 0 89 / 3 08 88 56
Telefax 0 89 / 35 66 33 20
www.cafe-schwabing.de

Segafredo Zanetti Deutschland GmbH 181
Fürstenriederstraße 61
80686 München
Telefon 0 89 / 82 99 25-0
Telefax 0 89 / 82 99 25-55
www.segafredo.de

Selig Café Bar 121
Hans-Sachs-Straße 3
80469 München
Telefon 0 89 / 23 88 88 78
Telefax 0 89 / 26 01 18 36
www.einfachselig.de

Bäckerei-Konditorei Sickinger 70
Aubinger Straße 4B
82166 Gräfelfing-Lochham
Telefon 0 89 / 8 97 06 60
Telefax 0 89 / 89 70 66 26
www.baeckerei-sickinger.de

Signor Rossi 180
Färbergraben 5
80331 München
Telefon 0 89 / 26 62 13
Telefax 0 89 / 26 62 13
www.signor-rossi-cafe.de

Stacherias 76
Karlsplatz 8
80365 München
Telefon 0 89 / 51 50 59 30
Telefax 0 89 / 51 50 59 32
www.stacherias.de

Stadt-Café im Stadtmuseum 93
St.-Jakobs-Platz 1
80331 München
Telefon 0 89 / 26 69 41
Telefax 0 89 / 2 60 91 57
www.stadtcafe-muenchen.de

Café Bistro Stemmerhof 132
Plinganserstraße 6
81369 München
Telefon 0 89 / 74 65 43 99
Telefax 0 89 / 76 75 70 36
www.stemmerhof.de

Stolberg-Schokoladen 144
Ledererstraße 10
80331 München
Telefon 0 89 / 24 20 56 90
Telefax 0 89 / 24 20 56 91
www.stolberg-schokoladen.de

Supremo Kaffee 172
Kapellenstraße 9
82008 Unterhaching
Telefon 0 89 / 61 18 03 25
Telefax 0 89 / 61 18 08 79
www.supremo-kaffee.de

Tahitian Noni Café Deutschland GmbH 126
Sonnenstraße 9
80331 München
Telefon 0 89 / 2 55 51 9-3 10
Telefax 0 89 / 2 55 51 9-5 00
www.tncafe.com

Café Tela 56
Tegernseer Landstraße 62
81541 München
Telefon 0 89 / 62 08 14-20
Telefax 0 89 / 62 08 14-22
www.fototorten.de

Die Tortenfee 157
Flurstraße 5A
82239 Alling
Telefon 0 81 41 / 8 23 54
Telefax 0 81 41 / 8 23 92
www.tortenfee.de

Traublinger in den RiemArcaden 54
Willi-Brandt-Allee 5
81829 München
Telefon 0 89 / 95 92 75 99
Telefax 0 89 / 95 92 79 74
www.traublinger.de

Café Trötsch 130
Schönfeldstraße 24
80539 München
Telefon 0 89 / 50 08 05 91
Telefax 0 89 / 21 02 58 33

Café an der Uni 114
Ludwigstraße 24
80539 München
Telefon 0 89 / 28 98 66 00
Telefax 0 89 / 28 98 66 01
www.cadu.de

Vee's Kaffee & Bohnen 182
Rindermarkt 17
80331 München
Telefon 0 89 / 23 00 00 70
Telefax 0 89 / 23 00 00 80
www.vees-kaffee.de

The Victorian House 38
Frauenstraße 14
80469 München
Telefon 0 89 / 25 54 69 47
Telefax 0 89 / 25 54 69 78
www.victorianhouse.de

The Victorian House Brown`s Tea Bar 120
Türkenstraße 60
80799 München
Telefon 0 89 / 25 54 38 39
Telefax 0 89 / 25 54 69 78
www.victorianhouse.de

The Victorian House Café Klenze 92
Barerstraße 27
80799 München
Telefon 0 89 / 12 13 49 80
Telefax 0 89 / 25 54 69 78
www.victorianhouse.de

Widmann Konditorei-Café 46
Heiglhofstraße 11
81377 München
Telefon 0 89 / 7 14 64 09
Telefax 0 89 / 71 90 94 25
www.konditorei-widmann.de

Wiener`s – der Kaffee 40
Münchner Straße 27
82335 Starnberg
Telefon 0 81 51 / 26 82 84
Telefax 0 81 51 / 26 82 85
www.wieners.de

Woerner`s Caféhäuser 34
Marienplatz 1
80331 München
Telefon 0 89 / 22 27 66
Telefax 0 89 / 29 57 29
www.woerners.de

Das Siegestor – die Pforte nach Schwabing

Vater-Rhein-Brunnen an der Ludwigsbrücke

Rezeptverzeichnis

American Cheesecake	106
Apfelstrudel	34
Baileys Cappuccino	192
Bayerische Apfeltorte	48
Bodo´s Käsekuchen	52
Bratapfel-Ragout mit Topfenmousse und Kirschgelee	46
Buttermilch-Trüffelkuchen	146
Cafiko`s Schokokuchen	88
Calvados-Sahne-Torte	54
Cappuccino-Roulade	50
Cranberry Walnut Cake	38
Dresdner Eierschecke	28
Eiskaffee	184
Eiskalter Kaffee mit gewürzter Milch	104
Erdbeer-Rhabarber-Sorbet	64
Florentiner	148
Fürstenpralinen	142
Herrentorte	68
Honig-Rosmarin-Mango-Sahnetorte	58
Japansahne	56
Kreiller`s Kokos-Panna Cotta	134
Kuppeltorte Stacherias Spezial	76
Luitpold-Torte	20
Mousse au Chocholat-Coconut	126
Nusszopf	102
Obstkuchen	72
Orangen-Preiselbeer-Torte	162
Osterfladen	24
Panna Cotta mit Erdbeeren	128
Paul´s Karottenkuchen mit Philadelphia-Creme	118
Prinzregententorte	74
Ratschiller Spezial	60
Rote Grütze	66
Sauerrahm-Rhabarberkuchen	70
Schoko-Gewürzkuchen	198
Schokoladenkuchen	122
Schokoladentörtchen mit flüssigem Kern	108
Schokosahne	140
Supremo`s Espresso Shakerato	174
Vanille-Rahm	32
Vanillesoße zum Apfelstrudel	36
Vanille-Wirbelwind	104
Waldbeerenmousse à la Chef	90
Warmes Laugen-Croissant	110
Wiener Kirschkuchen	84
Zwetschgenbavesen	26
Zwetschgenkuchen mit Haselnüssen und Marzipan	160

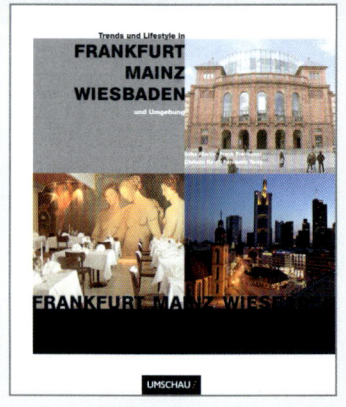

ISBN: 978-3-86528-357-3
24,1 cm x 27,6 cm

ISBN: 978-3-86528-353-5
24,1 cm x 27,6 cm

ISBN: 978-3-86528-351-1
24,1 cm x 27,6 cm

ISBN: 978-3-86528-342-9
24,1 cm x 27,6 cm

KULINARISCHE ENTDECKUNGSREISEN...
...DURCH DIE SCHÖNSTEN URLAUBSREGIONEN

ISBN: 978-3-86528-361-0

ISBN: 978-3-86528-358-0

ISBN: 978-3-86528-337-5

ISBN: 978-3-86528-344-3

ISBN: 978-3-86528-356-6

ISBN: 978-3-86528-352-8

ISBN: 978-3-86528-359-7

ISBN: 978-3-86528-346-7

IM HERBST 2007

ERSCHEINEN...

ISBN: 978-3-86528-336-8
24,1 cm x 27,6 cm

ISBN: 978-3-86528-303-0
24,1 cm x 27,6 cm

ISBN: 978-3-86528-339-9
24,1 cm x 27,6 cm

ISBN: 978-3-86528-317-7
24,1 cm x 27,6 cm

Christine Schroeder, Ulrike Kirmse
Handwerk, Design, Kunst & Tradition in Hamburg
184 Seiten, 350 Farbfotos und 1 Karte
ISBN: 978-3-86528-401-3

Magdalena Ringeling, Eva Friedewald, Mechthild Schneider
Advent und Weihnachten in Pfalz und Kurpfalz
152 Seiten, 300 Farbfotos und 1 Karte
ISBN: 978-3-86528-364-1

Hanne Bahra, Rainer Hackenberg
Eine kulinarische Entdeckungsreise auf Mallorca
128 Seiten, 300 Farbfotos, Rezepte und 1 Karte
ISBN: 978-3-86528-355-9

Karl Winter, Stefan Kristoferitsch
Eine kulinarische Entdeckungsreise durch die Obersteiermark
128 Seiten, 200 Farbfotos, Rezepte und 1 Karte
ISBN: 978-3-86528-377-1

Christian Klehr, Magdalena Ringeling, Verena Scholze
Trends und Lifestyle in der Metropolregion Rhein-Neckar
184 Seiten, 350 Farbfotos und 1 Karte
24,1 cm x 27,6 cm
ISBN: 978-3-86528-397-9

Katrin Lipka, Max Mertens
Trends und Lifestyle in Hamburg und Umgebung
Besonderheiten einer Großstadt
216 Seiten, 450 Farbfotos und 1 Karte
24,1 cm x 27,6 cm
ISBN: 978-3-86528-390-0

* Sofern nicht anders angegeben, haben alle Titel ein Format von 24,1 cm x 30,6 cm.

Alle Titel erhalten Sie bei Ihrer örtlichen Buchhandlung. Für weitere Informationen über unsere Reihe wenden Sie sich direkt an den Verlag:

UMSCHAU

Neuer Umschau Buchverlag | Theodor-Körner-Straße 7 | D-67433 Neustadt/Weinstraße
Telefon +49 (0) 63 21 / 877-852 | Telefax +49 (0) 63 21 / 877-866
e-mail: info@umschau-buchverlag.de | www.umschau-buchverlag.de

Impressum

© 2007 Neuer Umschau Buchverlag GmbH, Neustadt an der Weinstraße

Alle Rechte der Verbreitung in deutscher Sprache, auch durch Film, Funk, Fernsehen, fotomechanische Wiedergabe, Tonträger jeder Art, auszugsweisen Nachdruck oder Einspeicherung und Rückgewinnung in Datenverarbeitungsanlagen aller Art, sind vorbehalten.

Herausgeberin
Katharina Többen, Neckargemünd

Autorin
Barbara Kagerer, München

Fotografie
www.foodline.de
Yves Hebinger, Bad Wörishofen
Christian Schneider, Bad Wörishofen

Redaktionelle Mitarbeit
Alfred Brems, München

Lektorat
Viola Pusceddu

Gestaltung und Satz
DTP Team, Martinsried

Reproduktion
Repro Studio Fichtner, München

Karte
Thorsten Trantow, Kenzingen
www.trantow-atelier.de

Druck und Verarbeitung
Nino Druck GmbH,
Neustadt/Lachen-Speyerdorf

Printed in Germany
ISBN: 978-3-86528-385-6

Die Ratschläge in diesem Buch sind vom Autor und dem Verlag sorgfältig erwogen und geprüft, dennoch kann eine Garantie nicht übernommen werden. Eine Haftung der Autoren und des Verlages für Personen-, Sach- und Vermögensschäden ist ausgeschlossen.
Die Rezepte sind üblicherweise für 4 Personen ausgerichtet.

Besuchen Sie uns im Internet
www.umschau-buchverlag.de

Umschlagfotografie:
Yves Hebinger, Bad Wörishofen
Christian Schneider, Bad Wörishofen

Wir bedanken uns für die freundlicherweise zur Verfügung gestellten Fotos bei:

Cafe Luitpold (S. 21 unten rechts); Dallmayr (S. 22/23, S. 170/171); Rischart's Backhaus (S. 24 unten links drei Bilder); Luitpold Hausverwaltung (S. 83 oben links und unten rechts, S. 87); Cafiko – Das Künstlercafé (S. 89 oben rechts und unten rechts); Café Restaurant im Müller'schen Volksbad (S. 91); Forum Restaurant GmbH (S. 107 linke Spalte, Mitte); Pralinenschule Kerstin Spehr (S. 145); Werbefotografie Weiss-Henseler (S. 153 oben und unten rechts); Meisterwerk chocolaterie (S. 155 oben); Bianca Kulik, Supremo Kaffeerösterei (S. 175 unten rechts); Burkhof Kaffee (S. 177 oben zwei Bilder und unten rechts); Segafredo Zanetti Deutschland GmbH (S. 181); Café meisterwerk im werkhaus (S. 190); s-pressimo (S. 191 Mitte); Restaurant-Café im Modehaus C&A (S. 194 Mitte); Café Restaurant Horn (S. 201 oben und unten links).